Ester

BETH MOORE

LifeWay Press®
Nashville, Tennessee

Publicado por LifeWay Press, © Copyright 2009 Beth Moore•.
Publicado originalmente en inglés en 2008 bajo el título: Esther: It's Tough Being a Woman

Ninguna parte de este libro puede ser reproducida o copiada, bien sea de manera electrónica o mecánica, incluyendo fotocopias, grabaciones, digitalización y/o archivo de imágenes electrónicas, excepto cuando se autorice por la Editorial. Las solicitudes de permisos para realizar reproducciones o copias deben hacerse por escrito y enviarse a: LifeWay Press, One LifeWay Plaza, Nashville, TN 37234-0175.

ISBN 978-1-4158-6603-0
Item 005168047
Este libro es el texto para el curso CG-1450 en el área de Vida Personal y Enriquecimiento Espiritual en el Plan de Estudio de Desarrollo Cristiano

Clasificación Decimal Dewey 248.843
Subdivisión: Biblia, A.T. Ester/Estudio/Vida cristiana

Editor: Óscar J. Fernández Ph.D.
Traductor: José Luis Martínez
Correción de estilo: Luisa Ruíz
Diseño: Dale Royalty

A menos que se indique lo contrario, todas las citas bíblicas se han tomado de la Santa Biblia, Versión Reina Valera de 1960, propiedad de las Sociedades Bíblicas en América Latina, publicada por Brodman & Holman Publishers, Nashville, TN., Usada con permiso.

Para ordenar copias adicionales escriba a LifeWay Church Resources Customer Service, One LifeWay Plaza, Nashville, TN 37234-0113; FAX (615) 251-5933; teléfono 1-800 257-7744 ó envíe un correo electrónico a customerservice@lifeway.com. Le invitamos a visitar nuestro portal electrónico en WWW.lifeway.com/espanol donde encontrará otros muchos recursos disponibles. También puede adquirirlo u ordenarlo en la librería LifeWay de su localidad o en su librería cristiana favorita.

Impreso en los Estados Unidos de América

Equipo de Recursos en Otros Idiomas
Leadership and Adult Publishing
LifeWay Church Resources
One LifeWay Plaza
Nashville, TN 37234-0175

A mis dos admirables hijas, Amanda y Melissa—

Si lo que sostenéis en vuestras manos es un libro, entonces vosotras sois los sujetalibros.

Melissa, tu arduo trabajo fue realizado antes de escribir cada lección.

Tu brillante investigación de un gran número de recursos para ayudarme fue incomparable. Tu erudición, impecable, y tu amor por las Escrituras, notable. Todo autor en la tierra debería estar tramando sustraerte de mi lado. Tu hermana tiene razón: Eres una estrella.

Amanda, tu arduo trabajo fue realizado después de escribir cada lección

Tus ojos fueron los primeros en los que confié para leer y verificar cada lección. Tus palabras de ánimo me ayudaron a seguir adelante cuando los meses se hacían tan largos y el proceso se hacía inevitablemente —y apropiadamente— más duro. Tu espíritu amable, tus ojos agudos y tu amor por las palabras correctamente usadas hacen que tú seas insustituible en este ministerio. Tu hermana tiene razón: Eres una estrella.

A través de los nueve capítulos que siguen,
las tres hemos trabajado como un equipo indivisible con una meta firme:
Ver corazones llenos con el amor de Cristo
por medio de la emocionante exploración de su Palabra.
He esperado todos estos años para dedicaros
el estudio de la Biblia adecuado para vosotras.
Ninguno podía haber sido más apropiado que este.
Vosotras sois las dos mujeres más maravillosas que conozco.
Mis amadas Esteres.
Manantiales de misericordia que nunca cesan invitan a los cantos más elogiosos.

Acerca de la autora

Beth Moore ha escrito estudios bíblicos que son un gran éxito de librería sobre David, Moisés, Pablo, Isaías, Daniel, Juan y Jesús. Sus libros *¡Sea libre!* y *Cuando los cristianos hacen cosas que desagradan a Dios* están enfocados en la guerra que Satanás ha lanzado contra los cristianos. Los libros *Creer en Dios* y *Al fin libre* hacen hincapié en cómo los cristianos pueden vivir triunfantes en el mundo de hoy.

Beth tiene una gran pasión por Cristo, por el estudio de la Biblia y por ver a los cristianos vivir las vidas que Cristo Jesús sueña para ellos. Dios le bendiga al unirse con Beth para explorar juntos *Ester: Una mujer que supo enfrentar las adversidades de la vida.*

ÍNDICE

Prefacio 6

El Megillah de Ester. Introducción al estudio 7

Semana 1
Un desastre real 8

Semana 2
Concurso para una reina 32

Semana 3
Una gran pasión por el honor 56

Semana 4
Si guarda silencio 80

Semana 5
Una mesa puesta para la providencia 104

Semana 6
Se cosecha lo que se siembra 128

Semana 7
¿Quién es ese hombre? 152

Semana 8
El derecho de estar preparado 174

Semana 9
Se invirtieron los papeles 198

Nota del editor sobre las notas bibliográficas . . . 222

Acróstico de PURIM 225

PREFACIO

¡Bienvenido al estudio bíblico! Hoy hace 82 semanas que estoy entregada a la investigación del libro de Ester. Lo he dado todo para embarcarme en este viaje con usted, pero mi viaje como asistente de investigación termina cuando empieza el suyo. Me gustaría darle a conocer unas cuantas cosas antes de cerrar este capítulo preciado de mi vida.

En primer lugar, este no es un estudio típico porque Ester no es un libro típico. Es único en su género y contribución al canon bíblico. Ester es una narración asombrosa en que alternan tragedia y triunfo. Encontrará intriga, ambigüedad y exceso, todo en una forma teatral. El hilo de misterio que entreteje esta historia producirá un torbellino en su mente. Si usted termina una porción con más preguntas que cuando comenzó, sabrá que está en la línea correcta de interpretación.

En segundo lugar, en Ester no se menciona el nombre de Dios ni nos da ninguna explicación sobre cómo podríamos vivir la vida cristiana. Puede estar seguro de que hay muchas palabras oportunas en Ester, pero las cosas más significativas que aprendemos probablemente se relacionen con la naturaleza y la actividad de Dios en la historia humana. Ester nos invita a pensar más allá de nuestras vidas individuales. Este libro nos da una visión más amplia e inspiradora que fortalecerá nuestras vidas en lo individual y profundizará nuestra relación con Dios.

En tercer lugar y lo cual es lo más importante, confío que usted tome a Ester de forma personal. Quizá se pregunte qué tiene que ver el imperio extravagante de Jerjes con nuestras vidas. Ester nos relata la dramática preservación de los judíos persas cuando estaban a punto de ser aniquilados. Esa amenaza nos recuerda que hace unos 70 años seis millones de judíos fueron asesinados en la Alemania nazi. Ester termina con el establecimiento de la fiesta de Purim, que los judíos todavía celebran en todo el mundo. La importancia del libro, sin embargo, no se circunscribe exclusivamente a los judíos.

A la luz de Cristo Jesús nosotros leemos el libro de Ester no como extranjeros sino como ciudadanos de la familia de Dios. Amán amenazó con aniquilar al pueblo de Dios. Si los judíos persas hubieran sido aniquilados, nuestro Salvador Cristo Jesús nunca habría nacido. Permitamos que esa realidad penetre en nuestro entendimiento; y por favor siéntase libre, si no obligado, a tomar la ofensa de Amán en serio.

He tenido el privilegio de pasar el último año y medio estudiando a detalle el libro de Ester y de ser una de las primeras en leer el presente estudio bíblico. Creo que es un *complemento* dado por Dios, culturalmente relevante, del texto de Ester. Conociendo a la autora bastante bien, puedo asegurarle que cada uno de estos estudios bíblicos fue escrito con el fin de regresar a las Escrituras, no para remplazarlas o eclipsarlas en ninguna forma. Tienen el propósito de exaltar el poder de Dios por medio del texto bíblico. Confío en que renovarán su asombro de las Sagradas Escrituras durante las próximas 10 semanas. Ningún otro libro es como la Biblia, porque sólo ella tiene la habilidad de transmitirnos con exactitud la naturaleza y carácter de Dios. Sólo la Palabra estaba destinada a alimentar nuestras almas, porque "no sólo de pan vivirá el hombre, sino de toda palabra que sale de la boca de Dios" (Mt. 4.4).

Alabado y bendecido sea el único y sabio Dios, el Señor Jesucristo que nos da esperanza, y al Espíritu Santo que nos llena de poder.

Con amor y respeto,
Melissa Moore Fitzpatrick,
Asistente de investigación de Beth Moore

EL MEGILLAH DE ESTER

Introducción al estudio de Ester

¿Qué mayor gozo podría tener yo que darle la bienvenida a una aventura con Dios en su Palabra? El mejor de los libros en mi buró nunca me emocionó tanto como el libro inspirado por Dios. Si este es su primer estudio a fondo de la Palabra, le hago una advertencia: Quizá esté a punto de empezar algo que no pueda detener después. La Biblia difiere de todo lo demás que usted haya estudiado jamás. Inspirada por Dios en una revelación progresiva perfectamente sincronizada a lo largo de cientos de años y sesenta y seis libros, la Biblia es mucho más que historia o literatura. Es un lugar de encuentro con Dios divinamente inspirado donde Él se manifiesta a sí mismo y nos invita a la relación con Él.

Las Escrituras no pueden venir sin afectar al alma receptiva. Dios está dispuesto a algo profundo en su vida o usted no se encontraría sosteniendo en sus manos este estudio de la Biblia. Él no sólo tiene el deseo de enseñarle a usted, sino también de transformarlo. Su Palabra es viva, sana, restaura, ilumina, dirige, fortalece y da poder. Si la dejamos, inundará cada parte de nuestra vida. Nada excepto la salvación tiene un efecto más profundo en la vida de la persona que ha vivido hundida en un hoyo. Ya no soy la persona que era y esa es una de las razones por las cuales me apasiona el estudio de la Biblia. Déjeme hacerle esta promesa: Usted nunca perderá el tiempo cuando lo dedica a abrir su corazón a la Palabra de Dios.

La Biblia es única; en consecuencia, decir que entre sus páginas Ester es singular sugiere la aventura inigualable que tiene por delante. Antes de descubrir la ubicación de los libros en los corazones del pueblo judío, consideremos su lugar en la Biblia judía, llamada tradicionalmente la *Tanakh*. La palabra *Tanakh* es un acrónimo de las tres palabras que representan sus tres secciones:

Torah (que se pronuncia *to-RAH*): Los libros de Moisés, conocidos también como la Ley.

Nevi'im (que se pronuncia *neh-VEEM*): El libro de los Profetas.

Ketuvim (que se pronuncia *KET-to-veem*): Los Escritos.

Para encontrar a Ester tenemos que abrir la Biblia judía por el *Ketuvim* o *Escritos*. Cinco libros componen esta sección: Cantar de los Cantares, Rut, Lamentaciones, Eclesiastés y, por último, Ester. Esta colección de libros es conocida como Los Cinco Rollos o, en la terminología hebrea, el *Megillot* (que se pronuncia *MEG-eh-lote*).

Cada uno de estos rollos se lee públicamente en las sinagogas en ciertos días del año, pero de los cinco, ninguno es más amado por los judíos que el de Ester. En realidad, se le llama comúnmente el *Megillah* o "el rollo por excelencia". Cada palabra se lee en voz alta durante la fiesta de Purim. De hecho, esta larga lectura pública inspiró una figura de lenguaje. Usted utilizaría esta figura de lenguaje si llegara tarde a un compromiso después de la clase y le dijera a la persona con quien quedó de verse: "¡Beth tuvo que darnos todo el *Megillah*!"

De manera que aquí lo tienen, mis amados hermanos, y no habremos recorrido todo el camino si no hemos estudiado antes todo el *Megillah*. Pero no se asusten. Lo más probable es que no los invada el tedio, sino disfruten uno de los momentos de mayor bendición en su vida. Prometo que no leeremos los 10 capítulos de una vez. Todo lo contrario, tendremos el gozo de considerar sólo un segmento de las Escrituras en un lapso determinado, lo estudiaremos minuciosamente, reflexionaremos sobre el contenido y aprenderemos cómo aplicar el conocimiento que resulta de eso. Cuando lea la última página, conocerá tan a fondo esta fascinante historia como su propia mano. Llegará, incluso, a encontrar su propia historia dentro del libro, si es que está dispu ello. ¿Lo está? ¡Así, pues, empecemos!

Beth

Semana 1
Un desastre real

Entra Vasti, la reina coronada de Persia. Piense en la mujer más bella que usted haya visto jamás, y ustedes señoras no actúen como si no la hubieran visto, porque nosotras nos fijamos más en la apariencia de otras mujeres que los mismos hombres.

Preguntas clave

1. ¿Cuál era la ocasión y el clima político de la historia en la que Ester entraría pronto?
2. Según Ester 1, ¿quiénes asisten al banquete del rey Jerjes?
3. Desde la perspectiva de usted, ¿por cuál de tres posibles razones podría haber rehusado obedecer Vasti la orden del rey Jerjes?
4. ¿Qué es lo que le aconsejó Memucán al rey que hiciera?
5. ¿Cómo podría demostrarse que el pensamiento "es difícil enfrentar adversidades cuando otra persona nos hace sombra" resultaba cierto sobre todo para las esposas en Persia?

Día uno

Aconteció en los días de...

EL TESORO DE HOY

"Aconteció en los días de Asuero, el Asuero que reinó desde la India hasta Etiopía sobre ciento veintisiete provincias". Ester 1.1

Para información sobre las Notas bibliográficas, lea la página 224.

"Hay algo delicioso en escribir las primeras palabras de una historia".[1] Quizá el escritor anónimo escogido por Dios para escribir las palabras de Ester pensó de forma similar en las frases iniciales a Rene Zellweger de la película ***Miss Potter***. A primera vista, las palabras iniciales de la historia de Ester no parecen deliciosas para nada. Ni siquiera dignas de notarse. ***Aconteció en los días de***... ¿Y qué? "Pero, aunque parece perfectamente natural empezar una narración de esa forma, en realidad es rara. Las narraciones bíblicas empiezan por lo común con 'Aconteció' pero omiten 'en los días de...' El libro de Ester, sin embargo, se abre con ambos segmentos entretejiéndose. El resultado según algunos eruditos es un comienzo parecido al de un cuento popular con el aura de 'Había una vez, en los días del gran y glorioso rey Asuero, rey del vasto Imperio Persa' ".[2]

Asuero

nombre hebreo del rey Jerjes.

El inicio de Ester se asemeja al de un cuento popular porque relata una gran y auténtica historia. En verdad, el gusto de Dios por una gran historia queda bien evidenciado en los pasajes narrativos que componen el 40 por ciento de la Biblia.

En su libro How to ***Read the Bible for All Its Worth***, Fee y Stuart señalan la diferencia crucial entre las narraciones bíblicas y todas las demás porque fueron inspiradas por el Espíritu Santo: "La historia que cuentan no es tanto la nuestra sino la de Dios, pero se convierte en nuestra al insertarnos en ella. Las narraciones bíblicas nos cuentan la historia suprema, una historia que, aunque a veces es compleja, es completamente cierta y de importancia crucial. Es, en verdad, una historia magnífica como las grandes epopeyas épicas, rica en su trama y más significativa en sus personajes y descripciones que cualquier otra historia compuesta por humanos".[3]

Allí en las páginas sagradas de Ester, Dios tomó en la suya una mano humana e insertó la historia de una mujer joven en su propia historia.

Según Fee y Stuart, ¿en qué difieren las narraciones bíblicas como la de Ester de todas las demás?

Abra su Biblia y su mente en el libro de Ester. Invite a todo sentido de su imaginación a encenderse con color, textura, fragancia y sonido hasta que pueda oler el temor y luego oír los aplausos. Allí en las páginas sagradas de Ester, Dios

tomó en la suya una mano humana e insertó la historia de una mujer joven en su propia historia.

A medida que usted y yo pasemos las próximas nueve semanas con Él en las páginas de la historia de Ester, de una manera maravillosa, incluso milagrosa, Dios escribirá algo nuevo e inesperado de nuestra propia historia en la suya. Su historia personal escrita en los anales épicos de Dios respecto a la historia humana será diferente porque usted escoge encontrarse con Él en 10 de los capítulos más distintivos de su Palabra.

Pregunta clave

Si "había una vez", ¿cuál era ese tiempo? Lea Ester 1.1-3 y escriba en el margen todo lo que usted pueda deducir sobre la oportunidad y el clima político de la historia en la que Ester entraría muy pronto.

El año era el 483 a. C., el tercer año del reinado de Jerjes y el año treinta y cinco de su privilegiada vida. Su camino de ascensión al trono es significativo para nosotros. No fue el hijo primogénito de Darío I, pero fue el primer hijo que le nació a Darío siendo ya rey de Persia. Por las venas de Jerjes corría una doble porción de sangre real. Su madre fue Atosa, la hija de un rey que, entre los gentiles, difícilmente podía haber tenido más importancia para los judíos en la época de su reinado. La primera parte de libro de Esdras nos habla de la identidad y acciones del hombre Atosa llamado "padre" y Jerjes llamado "abuelo".

Por favor lea Esdras 1.1–2.1. Lea hasta el final del primer segmento. ¿Qué había ocurrido con los israelitas según Esdras 2.1?

¿Cuál es el rey identificado y mencionado por Esdras 1? (Señale uno.)

Ciro　　Belsasar　　Nabucodonosor　　Artajerjes

¿Qué gran importancia tuvieron sus acciones sobre los israelitas?

Ciro el Grande nació en unas condiciones que al final favorecerían su carrera política. Su madre era meda y su padre era persa, convirtiéndole en una opción aceptable para unificar a los pueblos medo y persa. Con una sorprendente facilidad, en el año 539 a. C., Ciro conquistó Babilonia, que era el hogar de los israelitas desterrados. Entonces promulgó el decreto que encontramos en Esdras 1 que permitía a los exiliados regresar a Jerusalén. Algunos nunca regresaron, un hecho que fue clave en la historia de Ester. Muchos historiadores a lo largo de los siglos explicaron la aparente tolerancia de Ciro como una astuta maniobra política para ganarse el favor de los extranjeros.

Sin tener en cuenta la razón por la que Ciro haya podido promulgar el decreto, ¿cómo explica Isaías 44.24-28 sus acciones?

Al regresar al "había una vez" de Jerjes, resuma las tres generaciones reales que nos llevan hasta el momento histórico de Ester 1.1:

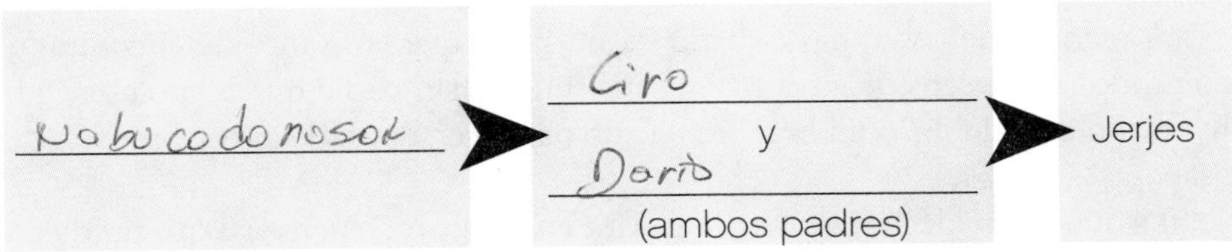

Herodoto, el gran historiador griego, escribió la historia de las guerras persas (Guerras médicas) sólo 25 años después del reinado de Jerjes. Aunque no contamos con ninguna fuente paralela para verificar si lo que él escribió fue exacto y sin prejuicios, sus escritos arrojan mucha luz sobre el rey y el reino de Persia durante el "había una vez" de Ester. Según Herodoto, Jerjes no sólo era alto, moreno y atractivo, sino que era el más alto y atractivo de los persas. Como tal un calavera malcriado. Si usted, como la mayoría de nosotros, deseara tener una oportunidad de echarle un vistazo al estilo de vida de los ricos, los famosos y excesivamente consentidos, va a querer seguir leyendo. Acerque el oído mientras digo en secreto: Yo también.

Durante este proceso, no olvide mirar hacia adentro para encontrar algo de usted mismo en estas páginas. Al principio nos parecerá que las vidas de Jerjes y de Ester tienen poco que ver con nosotros, pero si eso fuera cierto, el libro de Ester podría ser el único caso del Antiguo Testamento en el que Romanos 15.4 no tiene aplicación.

No olvide mirar para encontrar algo de usted mismo en estas páginas.

En nuestra sesión introductoria hablamos sobre este versículo. Ya sea que usted pueda unirse o no a nosotros, en lo concerniente a Ester, ¿qué significa Romanos 15.4?

Una pregunta para usted

Amigo, ¿qué espera usted encontrar al empezar este estudio bíblico?

los secretos de una Reina

¿Algún suceso negativo o alguna espera casi eterna le ha hecho perder la esperanza en algo que es importante para usted? ¿Tiene usted una razón natural para pensar que su "había una vez...", no puede ser ahora?

¿Recuerda las primeras palabras de Ester: "Aconteció en los días de Asuero" y su semejanza con "había una vez, en los días del grande y glorioso Asuero"? En mi investigación aprendí que las palabras hebreas ***wayhi bime*** aparecen cinco veces en las Escrituras. Prepárese por un momento. Sin ninguna excepción todas "hablan de catástrofes o condena inminente".[4]

Nuestra primera reacción puede ser el pensamiento: ¿Quién quiere entonces una gran historia? ¡Olvídese del había una vez! Pero me gustaría sugerir que

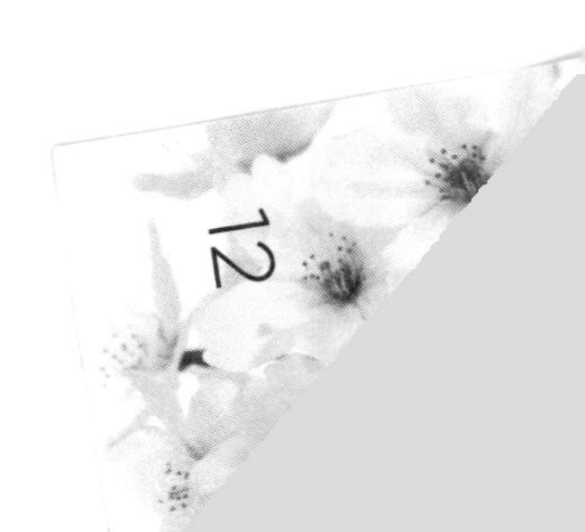

la naturaleza de la vida en el planeta tierra arremolina cierto aire de catástrofe inminente en cada hospital del mundo. Siga conmigo por un momento porque esta perspectiva puede hacerle sentir mejor en lugar de peor.

> Cuando confiamos nuestras vidas al Dios que está siempre presente, aunque no lo veamos, Él insertará nuestras vidas dentro de su historia y cada una de ellas al final resultará algo digno de leerse. Con un gran final.

A menos que usted haya vivido en un lugar que yo nunca he encontrado, y con todos los deseos de su corazón satisfechos y sin nadie que le moleste, Job tenía razón cuando dijo: "El hombre nacido de mujer, corto de días y hastiado de sinsabores" (Job 14.1).

Lo que quiero decir: Con frecuencia me encuentro con personas que me dicen que "recientemente" se han sentido impulsados a orar por mí e invariablemente preguntan: "¿Ha sucedido algo malo?"

Mi amigo, ¡siempre hay algo que anda mal! Todavía vivo en el mundo real en el que los sentimientos quedan heridos, hay que ir a funerales, uno es rechazado, se contagia de virus y envejece de la noche a la mañana. La vida aquí está llena de adversidades ya sea una montaña de pequeñas molestias o un terremoto de crisis que abren la tierra. No vamos a escapar de ello hasta que no salgamos de nuestros cuerpos mortales. Pero estas son las buenas noticias. También aprendí que en esas cinco ocasiones en que las mismas palabras hebreas se asociaron con catástrofes inminentes, "el final de cada historia es feliz, pero antes de que llegue ese final feliz, hay gran pena y dolor".[5]

Pienso que conocemos bien la parte de "gran pena y dolor", pero en las próximas semanas confío en que percibamos que ninguna vida está libre de adversidades, sin importar cuál sea la religión, raza o nación. En realidad, como dice Job, toda vida está llena de eso. Cuando confiamos nuestras vidas en las manos y a la pluma del Dios que siempre está presente, aunque no lo veamos, Él insertará nuestras vidas dentro de su historia y cada una de ellas al final resultará algo digno de leerse. Con un gran final, y no sólo a pesar de esas catástrofes, sino con frecuencia a causa de ellas. No sólo espere y vea, viva y vea.

Día dos

Preparación de una fiesta real

EL TESORO DE HOY

"Para mostrar él las riquezas de la gloria de su reino, el brillo y la magnificencia de su poder, por muchos días, ciento ochenta días". Ester 1.4

Hoy vigile su reloj porque estamos invitados a una fiesta y no queremos llegar tarde. Ester es el libro equivocado para un estudiante de la Biblia que es demasiado piadoso para ir a una fiesta. Siete de los diez capítulos de Ester se refieren a alguien que organiza una fiesta. Eso no quiere decir que todas las fiestas serán divertidas. No todas las fiestas lo son, aun cuando aparentemos lo contrario y nos hinchemos de comida. Sin embargo, podemos contar con algo de drama, y si coincidimos en gustos, esa va a ser su diversión.

Por si acaso usted todavía no está seguro de si va a disfrutar un plato de estudio bíblico servido con una guarnición de entretenimiento, quizá la siguiente cita le dé permiso: "El libro de Ester es en todos los sentidos una historia muy bien escrita, para saborearla, incluso con risas. El lector que desee aprender puede combinar aquí los negocios con placer".[6] ¡Bellas palabras para todo optimista! Que esas sean palabras intrigantes para todos nosotros hasta que la historia nos cautive lo suficiente como para estar de acuerdo.

¿Qué cree usted que el escritor quiere decir con disfrutar y reír al leer Ester?

El estudio de la Palabra de Dios es un asunto serio para mí... y la delicia más pura de toda mi vida.

El estudio de la Palabra de Dios es un asunto serio para mí. Llena por completo mi vida. Es medicina para mi mente quebrantada. Bálsamo para mi alma herida. Pero Dios también ha hecho que sea la delicia más pura de toda mi vida. Los encuentros con Cristo en las Escrituras abarcan toda la gama del espectro para mí. ¿Cuántas veces he sido reprendida en un párrafo de las Escrituras para luego quedar restaurada en el siguiente? ¿Cuántas veces he suspirado con una aceptación reacia sobre una porción para elevarme a alturas de euforia en el siguiente?

Puede ser que usted sepa exactamente de lo que estoy hablando, o quizá nunca ha experimentado otra cosa que la lectura de un libro rancio y anticuado que usted abre principalmente porque se supone que las buenas personas leen la Biblia. Si leer las Escrituras para usted significa más una ley que algo que le da vida es un candidato perfecto para la lectura de Ester. Está a punto de combinar negocio y placer en las páginas del texto más sagrado del mundo.

Lea por favor Ester 1.1-8

Antes de deleitarnos con la escena, veamos si podemos determinar la ocasión. Una mirada más de cerca a quiénes estaban invitados al "banquete" en el versículo 3 nos dará algunas pistas.

Pregunta clave

¿Quiénes iban a asistir?

En este tiempo del reinado de Jerjes, Grecia era la única parte del mundo conocido que no se encontraba bajo su dominio. Los libros de historia, las noticias de la tarde y nuestra experiencia personal sugieren cuán obsesionados nos volvemos por algo que irónicamente es inaccesible. Jerjes quería Grecia, y para conseguirlo necesitaba mucha ayuda.

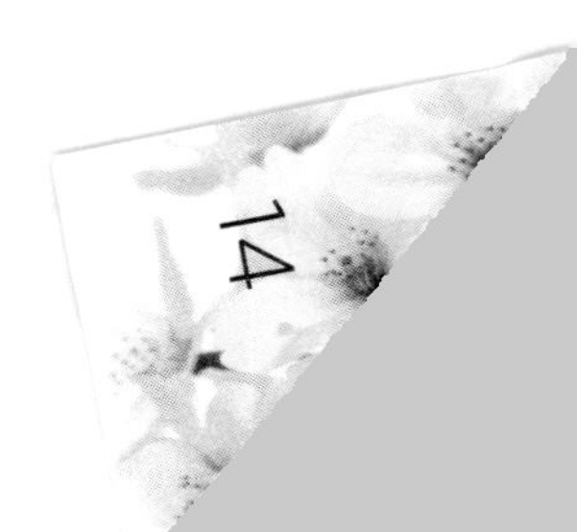

Dado que esta ocasión coincide con el gran concilio de guerra del año 483 a. C., los eruditos sugieren que Jerjes montó una exposición de sus grandes riquezas y poder durante 180 días con la finalidad de "inspirar confianza a los persas y prepararlos para la campaña militar masiva —y al final desastrosa— contra Grecia… que empezó en el mismo año que el banquete (483 a. C.)".[7] Según el historiador griego Herodoto, Jerjes prometió copiosas recompensas a todos aquellos que le ayudaran a apoderarse de Atenas, y la gran exhibición que desplegó tenía el fin de probar que él podía cumplir sus promesas.[8]

Si usted examina con detenimiento los versículos 3 y 4, encontrará dos referencias al tiempo en que se celebró la fiesta de Jerjes. ¿A cuál se refiere cada una de ellas?

La fiesta pública de siete días fue probablemente la culminación de la exhibición de 180 días. Imagínese cuán agotadora sería una fiesta de siete días, en especial después del drama de sacar del armario todas las prendas de vestir, tratando de decidir qué ponernos. Piense en las ampollas y el dolor de pies por haber elegido zapatos bonitos en vez de cómodos. Pero si las señoras aguantaban los tacones de tres pulgadas, despertarían gran admiración.

Disfrute esta cita de Michael V. Fox en su comentario sobre Ester: "La escena de apertura es extensa para la narración bíblica. En vez de informar sobre las acciones y las conversaciones, el autor explora el lugar como un camarógrafo, moviéndose con lentitud para describir en gran detalle lo que un testigo presencial en el palacio hubiera podido observar".[9]

Me gusta la comparación de Fox sobre la perspectiva del texto con la de un camarógrafo. Antes que el proyector de películas dominara la gran pantalla y manipulara nuestra imaginación, había libros como Ester. La imaginación tenía que ejercitarse para continuar atrayéndola, y la recompensa era muy superior.

Lea los versículos 5-8 una vez más, pero esta vez léalos como los hubiera visto un camarógrafo. Imagínese la escena en alta definición y la cámara moviéndose como Fox lo ha descrito: con lentitud, deliberadamente desde un ángulo al otro. Deje que los ojos de su mente se fijen en una dimensión y luego en otra. No tenga prisa, dedíquele tiempo, combinando negocio con placer. Imagínese los colores y la textura. Entre a uno de los escenarios de más alto presupuesto en todas las Escrituras.

Indique en el margen algunos de los detalles que le habrían parecido más impresionantes si usted hubiera asistido a la gran fiesta en los jardines del rey Jerjes.

La lengua original es mucho más impresionante que nuestras traducciones modernas. Fox dice que la descripción en los versículos 6-7 es una forma hebrea poco común, es una frase larga en forma de exclamación que transmite el asombro del narrador y crea una masa de imágenes que abruma los sentidos.[10] El ***Word***

Biblical Commentary está de acuerdo con la siguiente traducción de esta porción: "Oh, las cortinas blancas y violetas de lino y algodón, sostenidas por cordones blanco y púrpura de lino fino sobre barras de plata y columnas de alabastro; los sofás de oro y plata sobre un suelo de mosaico de pórfido, alabastro, mármol y turquesa. Y los vinos reales se servían en copas de oro".[11]

Deténgase en las bebidas por un momento. Imagínese servir a sus invitados bebidas en copas que eran diferentes a propósito. Hasta nuestra última remodelación de la casa, ninguno de nuestros vasos tampoco eran iguales, pero no por la fineza de mi cocina. Las vasos que recibimos como regalo de bodas hacía tiempo que habían desaparecido y habían sido sustituidos por la más extraña combinación de elementos de mesa que usted se pueda imaginar. He visto muy pocas casas en mi vida en que todas las piezas hicieran juego y formaran un conjunto armónico. Quizá usted lo sepa muy bien. Cuando, como dice el *Word Biblical Commentary*, todo lo que saldrá de su boca será "¡Oh!"

Una de mis colaboradoras y yo vimos una de esas casas de "¡Oh!" no hace mucho. La encantadora —y a riesgo de causar amargura— y piadosa esposa de un atleta profesional me había invitado a hablar en una cena. Había estado en casas muy bellas en mi vida, pero nunca antes había visto nada semejante. Si el Espíritu Santo no hubiera aparecido para ayudarme, pienso que no habría sido capaz de abrir la boca para decir palabras inteligibles.

La experiencia fue mucho más divertida porque mi amiga me acompañaba. Intercambiamos miradas varias veces que expresaban: "¿No es esto increíble?" Dios, por supuesto, captó toda nuestra atención, pero Él nos dejó unas reservas que aún nos hacen reír. Por ejemplo, poco antes de marcharnos, nuestra alegre anfitriona, divertida con nuestro aturdimiento, sabía que nos iba a dejar pasmadas si nos preguntaba: "¿Os gustaría ver mi armario?" Nos quedamos con la boca abierta al ver aquel conjunto de zapatos, pulseras y caprichos. Estábamos como dos niñas de seis años saliendo del castillo de la Cenicienta en una calabaza.

Una pregunta para usted

Describa un momento en que haya recorrido un lugar o haya asistido a una fiesta que lo dejara diciendo: "¡Oh qué Maravilla!"

Sin duda alguna es mucho más divertido si lo acompaña alguien que sabe compartir con usted. Ahora, tomemos nuestras experiencias, unámoslas y multipliquémoslas por 100, y así quizá nos hagamos una idea aproximada de la fiesta en los jardines de Jerjes. Los persas eran famosos por sus jardines lujosos. En realidad, nuestra palabra paraíso viene de la misma raíz que ellos usaban para sus jardines, ***paradeisoi***. Los jardines reales de Persia no eran como los jardines bien podados de nuestras casas, sino más bien como "grandes parques con árboles, animales y fuentes de agua".[12]

En medio de esta belleza, quizá todo esto les recordara su derrota a los exiliados que todavía permanecían en Susa. Según el hebreo ***midrash***, las columnas de mármol del versículo 6 eran las del templo de Salomón en Jerusalén que un siglo antes Nabucodonosor se había llevado al saquear la ciudad.[13]

La esposa del atleta profesional usaba su casa para mostrar la gloria de Dios. El rey Jerjes organizó una fiesta para mostrar su propia gloria. Dicho sea de paso, Jerjes no ganó ni un centavo de su fortuna. Lo heredó todo de su padre Darío. Muy pronto descubriremos que Asuero era la prueba número uno de lo que sucede cuando todo lo que tiene alguien se lo han puesto en charola de plata. Él lo tenía y eligió exhibirlo.

Llene los espacios en blanco según el versículo 4: "Para mostrar él las ____________________ gloria de ____________, el brillo y la ____, por muchos días, ciento ochenta días".

Para aquellos que estamos familiarizados con la Palabra de Dios, esas descripciones son escalofriantes. Estamos acostumbrados a enlazar palabras tales como gloria, brillo y magnificencia sólo para Dios. A Jerjes le hubiera ido bien envolverse a sí mismo en el rollo del Salmo 49 y quedarse ahí hasta que se hubiera encogido su ego, pero su oportunidad llegó y pasó. La nuestra no.

La tendencia de nuestra sociedad de poner tanto interés en la acumulación de riqueza no es diferente de la antigua Persia, y la riqueza a nuestro alrededor llega a ser tan embriagadora como el vino real de Jerjes. Al poner la lección de hoy bajo la luz de una lámpara posmoderna, prestemos atención a las palabras eternas del Salmo 49.6-20.

Indique en el margen las razones enunciadas en el salmo por las cuales dar prioridad a los bienes y riquezas materiales es una pérdida de tiempo precioso.

Puedo hablarle de algo que nunca será una pérdida de tiempo: Atribuirle a Dios su inconmensurable valor. Por extraño que parezca, lo más libre que podemos hacer es renunciar al trono de nuestros reinos de miniatura. Nuestra posición es infinitamente más elevada como siervos del reino de Dios que la de un rey nuestro

Atribuirle a Dios su inconmensurable valor nunca será una pérdida de tiempo.

Concluya escribiendo con sus propias palabras el Salmo 96.4-6.

Día tres

Decir no a un rey

EL TESORO DE HOY

"Mas la reina Vasti no quiso comparecer a la orden del rey enviada por medio de los eunucos; y el rey se enojó mucho, y se encendió en ira".
Ester 1.12

En la lección anterior la cámara del camarógrafo se movió desde el suelo de mosaico hasta las columnas de mármol al ser atraído por las extravagancias que rodeaban al banquete de siete días de Jerjes. Pero la mejor parte de la fiesta no es el lugar sino las personas. Hoy la cámara cambia su enfoque de las cortinas a los rostros y donde usted encuentra personas —especialmente individuos embriagados— pronto encontrará problemas.

En cualquier obra teatral se requieren al menos dos cucharadas para espesar la trama. Eso es exactamente lo que tenemos hoy cuando un segundo protagonista aparece en la escena real. Sin embargo, si se enciende un fuego bajo una trama espesa, seguramente va a hervir y se desbordará. Este es un lío que usted no va a querer perderse.

Puesto que tenemos el lujo de dedicar nueve semanas para estudiar los 10 capítulos de Ester, nuestra lectura de las Escrituras se va a traslapar con frecuencia para conservar claro el contexto. Por favor, lea Ester 1.1-12. Después de que haya leído todo el segmento, deténgase en los versículos 7 y 8. A primera vista, la escena que gira alrededor del vino no parece significativa, pero pronto veremos que sugiere más de lo que nuestros ojos ven.

En el margen, escriba todo lo que estos dos versículos le dicen acerca del vino.

La costumbre entre los pueblos antiguos como los persas establecía que los invitados al banquete real levantaran sus copas cuando el rey lo indicaba. Jerjes renunció a la costumbre y dejó a los invitados en libertad para beber. Una traducción de Ester 1.8 dice: "Beber se hizo conforme a la regla: Sin impedimentos".[14] En otras palabras, la única regla de Jerjes en cuanto a la bebida es que no hubiera reglas. Sin esta aportación de eruditos e historiadores, podríamos haber dado por supuesto que sencillamente había sido generoso. Consideremos otra perspectiva: "Aunque la declaración del rey podía parecer una expresión de gracia, era en realidad una señal sutil de debilidad. Mientras que otros reyes persas demandaban estricta adherencia a esta costumbre, Asuero, quizá sintiéndose inseguro del apoyo de sus príncipes, consideró necesario suavizar la costumbre como parte de sus esfuerzos para ganarse el favor del pueblo".[15]

Jerjes era como un joven que ofrece una fiesta mientras sus padres no están en casa y deja a sus invitados hacer lo que quieran porque es demasiado inseguro para hacer cumplir la ley. Lamentablemente, usted y yo no tenemos necesidad de ser adolescentes para caer en esa misma tentación. Como Jerjes, todos nosotros hemos actuado de la misma manera. Tratar de ganarse el favor, a riesgo de perder los límites, es una tentación entre los compañeros de trabajo o de escuela. Imagínese la presión si usted y yo hubiéramos tratado de impresionar a los demás durante siete días de diversión. ¡Qué posibilidad tan embarazosa!

Justo cuando ya nos estábamos aburriendo de Jerjes y de su maratón de bebida, un nuevo personaje entra en la narración.

Anote todo lo que aprenda acerca de ella y que pueda inferir basándose en los versículos 9-12, empezando desde luego con su nombre y posición.

Entra Vasti, la reina coronada de Persia. Piense en la mujer más bella que usted haya visto jamás, y ustedes señoras no actúen como si no la hubieran visto, porque nosotras nos fijamos más en la apariencia de otras mujeres que los mismos hombres.

¿Está o no de acuerdo? ____________________ ¿Por qué?

Vasti tenía esa clase de belleza que hace que todos volteen a verla cuando entra en el salón. Su perfil era impresionante, sus caderas estaban perfectamente proporcionadas con su busto. Los dedos de sus manos y sus pies eran simétricos y bien torneados. Podía llevar cualquier prenda de vestir y lucirla con gran elegancia. Vasti era esa clase de mujer con una dentadura perfecta y unos labios sensuales. Tenía un cabello que siempre estaba bien peinado aun en un clima húmedo a 150 millas de la costa. La reina Vasti. Una mujer trofeo que a todos los hombres les gusta ver.

Los eruditos sugieren que su belleza superaba incluso a la de Ester, la protagonista que muy pronto entraría en escena. ¿Se quedó sin aliento? Un erudito dice que la dificultad al estudiar historias tan familiares como esta de Ester es que a veces no la conocemos tan bien como pensábamos. Seamos cuidadosos al no imponer todo lo que pensamos que sabemos acerca de este libro en nuestro estudio presente. Tengamos el valor de pensar distinto a lo acostumbrado si tenemos bases sólidas para otras perspectivas.

Una razón por la que algunos eruditos suponen que la belleza de Vasti podría haber sido superior a la de Ester es que, en un género donde las palabras significan mucho, a Vasti se le atribuye dos veces una gran belleza y a Ester sólo

una.[16] Para nuestro alivio muy pronto descubriremos que Ester no era sólo una cara bonita.

Observe la portada de su libro por un momento. Entonces escriba el subtítulo de nuestro estudio: ____.

En las siguientes semanas añadiremos escenarios en los que es difícil enfrentar adversidades. Ya sugerí una en nuestra sesión introductoria. Si usted participó en la sesión de la Semana 1, por favor complete la siguiente frase:

Es difícil enfrentar las adversidades cuando ______________________

Si no pudo asistir, encontrará la frase completa al final de la lección de hoy. Una mujer no tiene que ser muy hermosa, como Vasti, para proyectar una sombra que dificulte que otra mujer la siga. Una mujer mezquina también puede hacer que sea muy difícil la vida para su "sucesora". No obstante, no minimicemos las dificultades de seguir a una Vasti "clásica" especialmente en una sociedad centrada en la apariencia como la nuestra y dominada por los medios de comunicación.

Una mujer no tiene que ser muy hermosa para proyectar una sombra que dificulte que otra mujer la siga.

¿Por qué sería difícil para una mujer que una Vasti le hiciera sombra?

No puedo imaginar una sociedad que genere más inseguridad que la nuestra debido a la comparación entre personas. ¿Y usted?

Una pregunta para usted

En una escala de 1 a 10, ¿cuán obsesionado se siente usted con las imágenes de perfección física que le rodean?

1 2 3 4 5 6 7 8 9 10

No me afecta — Me afecta en gran manera

Hagámoslo ahora más personal. ¿Vive usted, trabaja, sirve o se recrea cerca de una persona que lo lleva a usted a sentirse muy inseguro? Si es así, y sin mencionar su nombre, ¿en qué sentidos?

Una meta de nuestro estudio es dejar que Dios sane las almas torturadas por el mundo y nos haga experimentar su seguridad en nuestra realidad.

Yo también he estado en esa situación y me sentí miserable. Vacilé desconsoladamente entre aborrecer a esa persona o aborrecerme a mí. No tengo duda de que me vería de nuevo en esa situación si no dejo que Dios me ayude en mi inseguridad. Una meta de nuestro estudio es dejar que Dios sane las almas torturadas por el mundo y nos haga experimentar su seguridad en nuestra realidad. Esté abierto a todo lo que Él quiere hablarle sobre cómo sentirse más seguro en su mundo durante las siguientes nueve semanas. Mientras tanto, me alegra saber que Vasti tenía algo más que una linda apariencia. También era competente.

¿Qué estaba haciendo Vasti según Ester 1.9? ____________________

En este momento en el banquete de siete días, Jerjes se ocupaba de ofrecer entretenimiento a los hombres y Vasti hacía lo mismo con las mujeres. Puesto que en las antiguas fiestas persas por lo general se incluían ambos sexos, la segregación aquí fue obviamente intencional. La reina estaba llevando a cabo una reunión exclusiva para mujeres cuando el rey inesperadamente la mandó llamar.

Verifique el versículo 10. ¿A quién mandó Jerjes que fuera a buscar a la reina? (No necesita escribir los nombres.) ____________________

¿Por qué esta caprichosa llamada de repente? Recuerde que la intención de la festividad de seis meses era exhibir las riquezas de Jerjes. A él le quedaba todavía una joya incomparable que exhibir.

"La bellísima Vasti, llevando su diadema real, era un trofeo viviente de su poder y gloria. Él envió a siete eunucos para ir a recogerla, quizá ese fuera el número necesario para llevarla sentada en su litera real".[17] En el mundo antiguo de la realeza, una litera era una especie de camilla con cortinas y varillas a los costados que se usaba para transportar a un pasajero único con gran pompa.

"Eso crearía una entrada impresionante y majestuosa de la reina delante de los hombres a quienes se les pedía que fueran a la guerra por el imperio. Quizá la visión de la reina con toda su gloria y majestad encerrara la intención de inspirar patriotismo y lealtad, como suele suceder hoy con las presentaciones en público de la reina de Inglaterra".[18]

Tal vez debamos darle al rey, evidentemente en este momento bajo la influencia de la abundancia de vino, el beneficio de la duda (hablaremos más de ese tema en un momento). Hemos llegado a un punto de la narración en que nos damos cuenta que Vasti no sólo era una mujer bella y competente, sino además tenía una voluntad de hierro.

Las Escrituras responden a algunas preguntas con absoluta claridad pero dejan otras en el aire.

¿Qué sucedió cuando los eunucos le comunicaron la orden del rey?

Eso sí que fue un rechazo real. Toda la pompa de llevarla en la litera añadió un insulto al agravio. Me gusta la manera en que las Escrituras responden a algunas preguntas con absoluta claridad pero deja otras en el aire, tan denso que se podría incluso cortar con un cuchillo. A lo largo de los siglos los estudiosos del libro de Ester se han quedado con el rechazo de Vasti justo como estamos nosotros hoy: preguntándonos por qué. Antes de empezar a proponer explicaciones tradicionales que van desde lo razonable hasta lo absurdo, quiero que usted le dé a la trama algo de pensamiento creativo. Recuerde, Vasti recibió una orden de parte del rey.

Pregunta clave

Ofrezca tres posibles razones desde su perspectiva independiente sobre por qué Vasti podría haber rehusado cumplir la orden del rey Jerjes:

1.

2.

3.

Considere ahora algunas explicaciones históricas entre las más persistentes respecto a la negativa de Vasti:

1. Se negó a la indignidad de aparecer en una reunión exclusivamente para hombres y muchos de ellos embriagados.
2. "Vasti, que era la nieta del rey Nabucodonosor, se consideraba a sí misma la heredera legítima del trono más que Asuero, a quien consideraba un usurpador".[19]
3. No tenía ningún respeto hacia Jerjes como rey ni como hombre.
4. La orden era que ella apareciera desnuda llevando sólo la corona real.
5. Prepárese para esta: Se negó a aparecer porque "Gabriel [el ángel mensajero] la había visitado y había hecho que le creciera una cola".[20] (Después de todo, me gustaría sugerir que bajo esas circunstancias le resultaría algo difícil encontrar el atuendo adecuado para una presentación pública. Usted sabe cuán sensibles somos las mujeres acerca de nuestras caderas.)

¿Cuál de las cinco propuestas se acerca más a su propia opinión?

Yo pienso que la reina, por varias razones, consideró que presentarse en aquella reunión era una afrenta a su dignidad. Me pregunto si Jerjes no sabía cómo llegar a un final culminante de la fiesta de siete días después de una exhibición de 180 días. Quizá buscara algo impresionante y, bajo la influencia del vino, se pasó de la raya con una reina que tenía su propia manera de pensar. "Sin duda alguna, para una mujer, la presuntuosidad y la embriaguez no son una combinación muy estimulante en un hombre".[21] ¿Se puede usted identificar con eso?

J. G. McConville sugiere que la orden despertó en Vasti una división en las lealtades: "Ser leal al sistema de autoridad en cuyo centro se encontraba su exigente esposo y la lealtad a su propia dignidad".[22]

Mi hija Melissa comentó que Vasti se encontraba en una situación en la que no había manera de ganar. Si pensamos seriamente en la situación veremos que nos podemos identificar en algún nivel. La mayoría de nosotros nos hemos visto en momentos en que la lealtad a, o estar de acuerdo con, alguien por quien nos preocupamos podía costarnos mucho de nuestra propia dignidad. Me gustaría plantear una pregunta en una forma intencional que nos lleve a pensar en una ocasión similar, pero evite compartir (si corresponde) algo que sea gráfico.

Piense por ejemplo en una situación de su vida en la que no podía ganar; entonces, sin describirla, relate qué es lo que estaba en juego para ambas partes.

Sea cual sea la razón de la reina para negarse, la reacción del rey fue inmediata. Si él tenía la boca llena de vino, entonces los siete eunucos probablemente hayan estado manchados de vino cuando dieron la noticia. Un erudito relata la escena con colores vívidos: "Asuero es como un pavo real que nunca le parece suficiente la admiración que recibe de otros. No tiene límites para su exhibicionismo; todos y cada uno le pertenecen. Cuando alguien se atreve a establecer un límite, se enoja mucho y se acaba la fiesta".[23]

Al escribir esta porción de la lección de hoy, me encuentro volando a medio camino de mi destino (sí, otra vez). Miré al otro lado del pasillo y pude ver una revista para mujeres abierta en un artículo ilustrado por una pareja de famosos. Se titulaba: "Llamando al doctor del amor". Los que llamaban podían haber sido dos moradores del palacio en Susa.

(Respuesta: "es difícil enfrentar adversidades cuando otra persona nos hace sombra.)

Día cuatro
Ataque de cólera real

EL TESORO DE HOY

"Y entonces dirán esto las señoras de Persia y de Media que oigan el hecho de la reina, a todos los príncipes del rey; y habrá mucho menosprecio y enojo". Ester 1.18

Bienvenido a la continuación de la mini-saga de Jerjes y Vasti, al drama de los reyes de Susa. Nuestro segmento anterior de las Escrituras terminó con una trama tan espesa que se convirtió en un estofado real.

¿Qué es lo que causó el drama y cómo cambió el ánimo de Jerjes entre Ester 1.10 y 1.12?

Imagínese los gritos de los que se han subido a una montaña rusa que se eleva a más de 400 pies en una parque de diversiones; esta se para y luego desciende con la velocidad de una caída libre. Agregue excesiva bebida a la escena y las emociones de la caída libre se duplican. Eso es lo que le sucedió a Jerjes. El rey no sólo estaba furioso. Estaba que ardía por dentro. No necesitamos saber de Jerjes para recordar cómo la bebida excesiva intensifica los arranques de cólera, ¿no es así? Hemos sido testigos de eso o lo hemos experimentado.

Indique en el margen otras razones por las cuales piense usted que el rey se enfureció tanto por el rechazo de Vasti.

Dios es fiel para recordarnos que Él solo es el Señor.

Quizá todos estemos de acuerdo en que Jerjes debió sentirse humillado públicamente y temía dar la impresión de ser débil. El punto débil en la armadura del rey que salió a relucir al no ejercer su liderazgo respecto al consumo público del vino en el versículo 7 se convirtió en un gran agujero cuando su propia esposa se negó a obedecer sus órdenes en el versículo 12. Me gusta cómo un erudito describe el suceso como la manifestación de la "primera puntada en el tejido del traje de poder del rey".[24]

Medite por un momento en esas palabras. Hay ocasiones en que todos nos ponemos nuestro traje de poder de una clase u otra. No me refiero a asumir una responsabilidad apropiada. Nos ponemos el traje de poder cuando nos aprovechamos de la creencia falsa de alguien de que es inferior a nosotros. Porque Dios es fiel para recordarnos que Él sólo es el Señor, un día el traje de poder se manifiesta incluso si sólo nosotros somos conscientes del hilo que cuelga. Nuestro texto de hoy empieza exactamente donde terminó nuestro segmento anterior. Por favor, lea Ester 1.13-20.

¿A quiénes pidió consejo el rey Jerjes? ______________________________

¿Quién se convirtió en el portavoz entre ellos? (Señale uno.)

Carsena Setar Admata

Tarsis Meres Marsena Memucán

Su nombre me suena a mí como un suplemento dietético de fibra, pero quizá la asociación de palabras logre que recordemos más fácilmente el nombre de Memucán.

Según el versículo 16, en la opinión de ellos ¿a quiénes había perjudicado Vasti?

¿Qué efectos pensaba Memucán que tendría la negativa de Vasti (vv. 17-18)?

Pregunta clave

¿Qué le aconseja al rey que haga?

¿Qué piensa usted que Memucán quiso decir por "otra que sea mejor que ella"?

Considere la ironía: Jerjes había mostrado sus vastas riquezas durante 180 días, "pero se ve impotente para mostrar la belleza de su propia esposa: Esa impotencia viene con la persona; se requiere habilidad en las relaciones humanas. Sin embargo, Jerjes había demostrado triste y claramente que carecía de ella. Lo que es todavía peor, complicó el problema al tratar su deficiencia personal a través de medios oficiales, convirtiendo su situación embarazosa en una crisis de estado y su problema con la reina Vasti en un problema de todos los hombres con sus esposas (vv. 13-20). El absurdo resultado es que el hombre que no puede gobernar a su esposa se convierte en el emperador todopoderoso que impone formalmente a todos sus súbditos varones gobernar a sus mujeres (vv. 21-22)".[25]

¿Cómo complicó Jerjes el problema?

Los consejeros de Jerjes sin darse cuenta tratan su bochorno con una dosis doble de lo mismo. Con expertos como esos, ¿quién necesita enemigos? ¿Ha tenido usted alguna vez un socio, que en vez de ayudarle a calmarse y pensar con claridad alimenta las llamas furiosas de sus emociones y lo introduce a dificultades mayores? Seamos cuidadosos de no convertirnos en un consejero como Memucán cuando la gente nos pida consejos.

¿Qué puede usted hacer para guardarse de dar consejos incendiarios a otros cuando la tentación es fuerte?

La absurdidad de la escena en la reunión de consejeros de Jerjes tiene un lado divertido. Adele Berlin sugiere que la disposición de los nombres de los siete eunucos en el versículo 10 y ahora los siete consejeros en el versículo 14 tiene el sonido de un "arreglo gracioso, como los nombres de los siete enanos en el cuento de Blanca Nieves".[26] A la luz del razonamiento ridículo que ofrecieron al rey, el paralelismo resulta entretenido. Otro autor fue incluso más lejos y dijo que los sonidos de los nombres extranjeros de los siete consejeros "sonarían ridículos a oídos de los hebreos… dando la impresión de un coro de bufones en una ópera cómica".[27]

Cualquiera de nosotros que haya vivido o trabajado entre personas de otras lenguas sabe cuán ridículas pueden sonar algunas de nuestras palabras para otros. Por ejemplo, Beth se pronuncia "Bet" en francés y suena como la palabra "bête", que significa "idiota" o "imbécil". (En ocasiones le queda a uno el saco.)

¿Conoce un ejemplo similar? Si es así, compártalo.

Usted ya ve lo que quiero decir. Ahora véalo en el contexto de hoy. Disfrute descubriendo que la "forma hebrea del nombre de Jerjes (que se pronuncia Asuero)" tiene un sonido cómico cuando se pronuncia en hebreo y "correspondería con algo parecido al rey Dolor de Cabeza en español".[28] Puede estar seguro que ese juego de palabras no pasaría inadvertido para el pueblo hebreo. ¿Se imagina a los hebreos en cada esquina de una calle durante un desfile real burlándose del rey Dolor de Cabeza a sus espaldas? ¿No es el humor, después de todo, una buena manera de lidiar con una situación difícil?

El humor es una buena manera de lidiar con una situación difícil.

¿Cuándo fue la última vez que el humor le ayudó a usted a salir adelante?

Una pregunta para usted

Sea correcta o no, una perspectiva cómica puede ser una habilidad bastante eficaz porque pinta a una figura imponente en forma de caricatura que la reduce psicológicamente a una medida mucho más manejable. Usted advierte cómo funciona cada vez que ve una tira cómica política. El esbozo de la segunda parte del primer capítulo de Ester tiene la intención de pintarnos una antigua caricatura política. Podemos fácilmente imaginar al rey Dolor de Cabeza y a los siete enanos de Blanca Nieves deliberando sobre qué convendría hacer con la reina Vasti.

He aprendido algo por mi investigación que encuadra la consulta en una luz todavía más extraña. El historiador griego Herodoto escribió que los persas solían "deliberar sobre los asuntos más importantes cuando estaban embriagados, y lo que ellos aprobaran en sus reuniones de consejo era lo que el señor de la casa les proponía al día siguiente, cuando se encontraran sobrios, y si lo aprobaban estando sobrios, lo llevaban a cabo, y si no lo descartaban. Por otro lado, si habían deliberado sobre algo cuando se encontraran sobrios, decidían sobre ello cuando se hallaran embriagados".[29] Con todo lo extraño que la idea pueda parecernos, los antiguos persas creían que podían penetrar más profundamente en el mundo espiritual cuando se encontrabran embriagados. Antes de que nos echemos a reír por esa idea, recordemos que esa misma versión fue divulgada respecto al LSD en la década de 1960.

Varios eruditos suponen que la reunión entre Jerjes y sus consejeros tuvo lugar cuando muchos de ellos estaban borrachos. En otras palabras, no sólo estaban bajo los efectos del vino cuando sucedió el rechazo real, sino también se encontraban bajo la influencia del alcohol cuando determinaron lo que iban a hacer sobre ello. Dos comentaristas se refieren al consorte como "un borracho dirigiendo a los borrachos".[30]

Proverbios 31.4-5 transmite un consejo muy diferente a los reyes o a los que están en lugares de gran autoridad. ¿Cuál es?

Los "expertos" de Jerjes quizá no hubieran aconsejado esas medidas extremas sólo porque estaban embriagados, sino tal vez sintieran la necesidad de cortar un problema en ciernes. La actitud desafiante ante los maridos puede que ya fuera una tendencia en los círculos de mujeres de ese tiempo. Aristófanes escribió una comedia popular griega titulada ***Lisistrata*** que circuló décadas más tarde por muchas partes del mundo entonces conocido. La comedia se centraba en mujeres que se unían y se organizaban en una huelga en contra de sus maridos. La asombrosa negativa de Vasti sucedió muy posiblemente en un mundo donde un grupo de maridos inseguros vigilaba celosamente el mal comportamiento de las mujeres.

Nunca piense en que el surgimiento repentino de la cultura popular no tiene impacto en los que parecen ser los pilares inamovibles de la sociedad: el gobierno y la religión. Lo popular ejerce más poder del que esas dos robustas ramas estarían dispuestas a concederles. Un ensanchamiento de opinión popular es una fuerza con la que hay que lidiar en una u otra forma. Sin embargo, tenemos un Dios soberano que reina sobre todo y no se siente amenazado por nada ni nadie. Permitamos que las sabias palabras de Michael V. Fox den el toque final a la lección de hoy.

Tenemos un Dios soberano que reina sobre todo y no se siente amenazado por nada ni nadie.

"Por ahora, sin embargo, el mundo muestra cierta estabilidad. La primera perturbación de lo estático no parece amenazante; es una crisis falsa de poca consecuencia. Pero en realidad expone las semillas del peligro. Revela una sociedad desestabilizada con facilidad. Muestra que debajo de la superficie jovial y trivial residen egos peligrosamente tiernos. Nos presenta hombres cuya necesidad de honor pueden provocar al rey a poner en marcha la máquina inexorable del imperio. Nos muestra a individuos que tratan de imponer su voluntad en otros y que identifican fortaleza con rigidez, que tienen temor que la flexibilidad se confunda con debilidad y que consideran la obstinación como la esencia de la ley. La rigidez de esta clase pondrá barreras severas delante de los libros de los héroes, que se verán forzados a trabajar a su alrededor en una manera que Vasti no podía o no lo haría".[31]

Subraye en el párrafo precedente la frase "egos peligrosamente tiernos" y esté vigilante en su interior.

Día cinco

Envío de represalias

EL TESORO DE HOY

"Envió cartas a todas las provincias del rey... a cada pueblo conforme a su lenguaje, diciendo que todo hombre afirmase su autoridad en su casa". Ester 1.22

Mi entrenadora de la secundaria saltó a la conclusión de que yo era buena para las carreras porque tenía piernas largas. Mi hermano y mi hermana, ambos mayores que yo, eran excelentes con la música, y dado que yo tenía el dudoso honor de sentarme en la penúltima silla de los flautistas, en una banda llena de ellos, pensé que mi gran talento se había descubierto en otra parte.

Poco antes de mi primera carrera una de mis amigas me aconsejó cómo sacar ventaja. Me dijo que si en verdad quería ganar la carrera, debería caminar las primeras tres cuartas partes y esperar hasta el último minuto para correr a toda velocidad. Argumentó que los otros correrían con todo ímpetu desde el principio y se cansarían al final, permitiéndome a mí ir a la cabeza. Hice exactamente lo que me dijo.

Mi entrenadora me gritaba: "Por amor del cielo, Beth, ¿qué estás haciendo? ¡Corre!" Mientras yo deambulaba diciendo para mis adentros que ella parecía no tener mucha experiencia. Cuando mis oponentes se iban perdiendo en el horizonte, me imaginaba cómo al final los dejaría mordiendo el polvo, con la lengua de fuera, al tiempo que yo llegaría a la meta como una gacela. Miré a mi derecha e izquierda a los asombrados espectadores y les sonreí con un sentido de suficiencia. Transmitiéndoles confianza. Imaginé que me aplaudirían con locura al final de la carrera y dirían cosas como: "¿No es ella en verdad la más lista? ¡Qué atleta tan natural!" Quizá el plan habría funcionado si hubiera tenido la oportunidad de correr.

Para el tiempo en que se suponía que yo tenía que poner a plena marcha mis motores, mis oponentes cruzaron la línea de la meta. Cada vez que intenté culpar a mi amiga, alguien me decía: "¿Qué te hizo pensar que tu plan funcionaría?" El consejo de Memucán fue bastante malo. Pero que Jerjes lo tomara fue mucho peor. La diferencia estaba en que nadie tendría el valor de censurar al rey por pensar que un plan tan necio funcionaría. Lea Ester 1.16-22, permitiendo que su superposición le ayude a refrescar la memoria.

Compare Daniel 6.12b con Ester 1.19. ¿Qué era distintivo acerca de las leyes de Media y Persia? Señale una. No podía ser...

abrogada   incluía la pena de muerte   no ética

¿Qué tenía que ser pregonado en la lengua de cada pueblo (v. 22)?

¿Puede usted pensar en el abuso potencial que una proclamación como esa podía haber propiciado?

Pregunta clave

En nuestra primera semana de estudio, hemos sugerido que "es difícil enfrentar adversidades cuando otra persona nos hace sombra. Describa en el margen cómo esto resultaba cierto para las esposas en Persia.

De todas las repercusiones que Vasti experimentó por causa de su negativa, me pregunto si ella se preocupó en verdad por la licencia real de severidad que iba a llegar a todos los hogares en el reino. Irónicamente, su determinación de ejercer sus propios derechos personales fue usada para privar a otras mujeres de sus derechos. La esencia de la opresión es castigar a uno perjudicando a muchos.

Vuelva a leer el versículo 19. ¿Puede usted pensar en algo particularmente irónico acerca del castigo de Vasti en este versículo? Explique.

No sabemos lo que sucedió con Vasti. Algunos eruditos y rabíes creen que la pena de muerte estaba implícita en el destierro. Todo lo que sabemos con seguridad es que nunca más estuvo en la presencia del rey. Curiosamente, ella recibió de forma permanente lo que deseó temporalmente. El rechazo originó una represalia.

El polvo levantado por los mensajeros cayó por todos los rincones de Persia. Al ir llegando con las noticias en cada rincón del reino, llegamos al lugar perfecto

para dejar en claro un aspecto monumental: Los conflictos que estudiemos en nuestra peregrinación por medio de Ester no se convertirán en guerra entre los sexos. A pesar de la gran cantidad de tinta usada en libros que abordan Ester con un enfoque feminista, en el marco de este estudio no nos colgaremos el letrero de "Mujeres contra hombres". Convertir el libro en una guerra de géneros no sólo produciría resultados erróneos, sino además significa que no se entiende el mensaje.

Los conflictos en Ester son los que aparecen en el fuego cruzado entre la sabiduría y la necedad, la modestia y el libertinaje, la valentía y la cobardía, esperar y actuar, vivir y morir. Los géneros son secundarios y sus funciones pueden intercambiarse, como sucede en el caso de la reina Jezabel y el profeta Elías en el libro de 1 Reyes. Celebremos el valor de ser mujer sin mutilar a los varones. Dicho eso, el siguiente pasaje seleccionado arroja luz sobre el tema que tenemos entre manos:

Convertir el libro en una guerra de géneros significa que no se entiende el mensaje.

"El decreto del rey de que cada hombre debería ejercer el dominio en su propia casa no es una afirmación del patriarcado sino un comentario cínico sobre el carácter del liderazgo en la corte persa. En verdad, el autor presenta como contraproducente la exigencia por parte de los hombres en el poder de que las mujeres los respeten. La visión de Memucán del respeto y cómo obtenerlo revela el funcionamiento del poder en Persia como fuerza brutal, fomentado por la necesidad de controlar. Le tiene temor a la falta de respeto de las mujeres (v. 18) y al parecer cree que el respeto puede ser adquirido por medio de la fuerza bruta de un decreto real. Sin embargo, esas tácticas son superficiales y contraproducentes".[32]

¿Por qué podría una táctica así ser superficial y contraproducente?

Una pregunta para usted

El pasaje seleccionado continúa con la siguiente explicación: "Porque si un hombre tiene que ordenar a una mujer que lo respete, entonces cualquier 'respeto' que se consiga así no tiene sentido. Los que obtienen el respeto y la obediencia sólo mediante el ejercicio del poder suficiente para ordenarlo viven en constante ansiedad de perderlo".[33]

No nos equivoquemos. La Biblia enseña que las esposas honren a sus maridos, pero lea Efesios 5:22-30 cuidadosamente y anote en el margen todas las formas en que ese pasaje del Nuevo Testamento pinta un cuadro diferente al de Ester 1.19-22.

Imagínese estar casada con alguien que tiene grabada esta inscripción acerca de sí mismo en uno de sus palacios: "Soy Jerjes, el gran rey. El único rey, el rey de [todos] los países que hablan toda clase de lenguas, el rey de toda esta tierra grande y extensa, el hijo del rey Darío, un aqueménida, un persa, hijo de persa, un ario y descendiente de ario".[34]

Esos son los peligros de exaltar tu propia publicidad terrenal. Dios exaltó a Jesús a la más alta posición de honor y le dio un nombre que es sobre todo nombre, no obstante, considera la manera tan diferente en que el Hijo de Dios ejerce la autoridad sobre su esposa.

Reyes como Jerjes vieron a las mujeres como objetos para ser exhibidos o despedidos por cualquier capricho. Aun cuando una mujer fuera lo suficientemente afortunada como para retener la corona, la esperanza de fidelidad era por lo general un chiste. Los abusos de Jerjes de las mujeres son tema de los libros de historia, así como otras acciones extrañas que nos llevan a preguntarnos qué es lo que movía a este hombre. Por ejemplo, una vez en que una tormenta destruyó un puente que él había construido sobre el estrecho del Helesponto (o Dardanelos), ordenó que le dieran al agua 300 latigazos y que cortaran la cabeza a los ingenieros que lo habían diseñado.[35] Sólo Dios conoce si esa idea se le ocurrió al rey Dolor de Cabeza o fue original de los siete enanos.

Me siento cautivada por esta historia, y confío que usted también. Al ir pasando las próximas ocho semanas en las páginas de Ester, nuestra peregrinación será doblemente rica según estudiamos ciertos elementos. A lo largo de cada unidad mantenga sus ojos abiertos para captar los siguientes conceptos que se repiten y componen el acróstico de PURIM en la última página desplegable del libro. [Nota del editor de la versión española: Los lectores observarán que la letra inicial de las dos primeras palabras (fiestas, desconocidos) no concuerda con la letra correspondiente del acróstico (P, U). Sin embargo, se han dejado esas palabras con la finalidad de apegarse a los ejercicios creados por la autora.]

Purim =

Fiestas

Desconocidos

Rescates

Ironías

o Momentos

Fiestas: Haga la lista de cada banquete, fiesta o cena (pública o privada) en el libro de Ester y una sinopsis de quiénes asisten y lo que sucede. Al concluir Ester 1, usted ya cuenta con varios elementos que puede anotar.

Desconocidos: Anote cada vez en que algo se oculta, ya sea temporal o permanente, en el libro de Ester. Uno de los ejemplos más profundos de algo oculto en Ester es la mano de Dios, pero según usted vaya observando descubrirá muchos más elementos escondidos o desconocidos. (Pista: Esté alerta a identidades e intrigas ocultas.)

Rescates: Tome nota de cuando sucede un rescate de alguna clase —obvio o inferido— en los capítulos de Ester.

Ironías: Las ironías están esparcidas en toda la historia. De hecho, usted no tiene que esperar hasta el siguiente capítulo. Usted ya cuenta con una ironía que anotar: Jerjes ordenó a otros esposos que hicieran lo que él no pudo hacer.

Momentos: El libro de Ester está lleno de momentos únicos que pueden aparecer aislados o independientes en ese momento pero que terminan impactando profundamente los destinos de muchos. Estos "momentos" ocurren siempre que una decisión, encuentro o acción se convierten en fundamentales en la historia.

Esté atento a los momentos que tienen un impacto permanente en el estudio de Ester y anótelos en el acróstico, pero no sólo como una herramienta de estudio. Permita luego que le despierten a momentos de su propia vida en que parecían desconectados de todo lo que Dios estaba haciendo en ese tiempo pero que terminó siendo crucial en su propia historia. Antes de que terminemos nuestro estudio veremos cómo la providencia divina está obrando por medio de una multitud de momentos en la vida que brotan juntos del mismo tronco. En

sus manos soberanas fieles, incluso momentos negativos de decisión, encuentros o acciones pueden convertirse en escalones engañosos hacia un gran destino en el reino.

Cada vez que descubra un elemento PURIM en el estudio, vaya por favor al diagrama del acróstico y anote la ocasión bajo el encabezado correspondiente. Al empezar cada lección, usted puede anotar el acróstico en la parte superior de la página y eso le ayudará a estar alerta. Al final de nuestro estudio los temas de su acróstico compondrán un álbum de fotos que ilustrarán el verdadero mensaje de Purim: La providencia de Dios. Si, en los años venideros, usted asocia Purim con la providencia divina, el estudio de Ester habrá cumplido su propósito más elevado en usted.

Por favor tenga en cuenta que nuestro ejercicio de acróstico será de alguna manera subjetivo. En ocasiones quizá usted reconozca un desconocido, una ironía o un momento de otra persona que esté llevando a cabo el estudio. Otras veces los conceptos pueden superponerse. No se sienta presionado a escribir respuestas exactas. La idea es que usted se mantenga alerta y anote los elementos en una forma que mejore su proceso de aprendizaje. Dejemos ahora de hablar sobre el ejercicio y empecemos a hacerlo. Repase nuestra primera semana de estudio y vea si tiene algunas Fiestas, Desconocidos, Rescates, Ironías o Momentos que necesite apuntar en el acróstico. Dedique tiempo a anotarlos ahora. Este ejercicio no debe ocuparle mucho tiempo, y a partir de ahora, usted lo irá anotando según vaya avanzando.

Los elementos de PURIM tienen también el propósito de un efecto personal sobre usted. Confío que sirva para entrenar los ojos de su corazón para ver cómo el Dios invisible trabaja en formas semejantes en las experiencias de su propia vida y le recuerde que Él nunca está más presente que cuando parece extrañamente ausente. De eso se trata en realidad la providencia.

Estoy entusiasmada por estudiar la Palabra de Dios con usted, mi hermano. Al llegar a su fin la primera semana de nuestra peregrinación, le decimos adiós a la reina Vasti con tanta rapidez como le dijimos hola. Su torbellino de "había una vez" en las páginas sagradas fue breve pero monumental. Irónicamente, sin Vasti no tendríamos a Ester. Sí, "es difícil enfrentar adversidades cuando otra persona nos hace sombra", pero a veces, allí en lo oculto, Dios forma un ser que de otra manera no habría existido.

Semana 2

Concurso para una reina

El libro de Ester parece arrancarnos las costras de las heridas que la sociedad nos ha causado, pero creo que Dios también lo usará para limpiar esas heridas a fin de que puedan sanar. Empezaremos a ver que algo mucho más grande que la belleza puso a Ester como protagonista de esta narración.

Preguntas clave

1. ¿Qué pasos específicos fueron propuestos en los versículos 3-5 para la selección de una nueva reina?
2. ¿Qué datos menciona Ester 2.5-7 acerca de Mardoqueo y Ester?
3. ¿Por qué deseaba Mardoqueo mantener el secreto del judaísmo de Ester?
4. ¿Cuáles fueron las tres respuestas de Jerjes que llevaron a Ester al reinado?
5. ¿Qué sucedió después de que Ester dio a Mardoqueo el mérito por descubrir el complot?

Día uno
Cuando se le pasó el enojo

EL TESORO DE HOY

"Y la doncella que agrade a los ojos del rey, reine en lugar de Vasti".

Ester 2.4

Cuando se calmó la polvareda causada por el rechazo de Vasti, el reino no tenía reina y el trono carecía de consorte. Las habladurías sobre la humillación del rey Dolor de Cabeza pasó de las calles al cuarto privado como un mercader zigzagueando en su camino a casa después de un día de trabajo. Las asombrosas noticias fueron perdiendo interés excepto para los amantes de los chismes. Ciertas mujeres se callaban, excepto para decir la versión persa de "¡Maldita sea Vasti!" a fin de que las oyeran sus maridos, que escuchaban disimuladamente. Después de todo, las cosas se habían puesto muy serias después de la proclamación de que "todo hombre afirmase su autoridad en su casa" (1.22).

La Sesión 1 nos catapulta al segundo capítulo de este libro tan intrigante de Ester, y sin importar cómo lo ve usted, la realidad nos deja boquiabiertos. Usted probablemente no se va a dormir durante el estudio bíblico de esta semana. Para cuando llegue al final, se habrá emocionado tanto que quizá desee canalizar su entusiasmo en una actividad tal como un deporte. Hoy vamos a empezar a estudiar el capítulo sección por sección en nuestra tarea personal. Por favor, lea Ester 2.1-4.

¿Cuándo "recordó" el rey Jerjes a Vasti (v. 1)?

Puesto que podemos estar seguros que él no había olvidado a su propia esposa, sobre todo a la luz de la ofensa previa, ¿qué piensa usted que quiere decir este pasaje del Antiguo Testamento (2.1) con la frase "Asuero, se acordó de Vasti"?

Que aun la quería

¿Quién propuso la búsqueda de una nueva reina (v.2)? Elija uno:

- ☑ El eunuco del rey
- ☐ Los siete nobles
- ☐ Los guardias
- ☐ Los sirvientes personales

Mencione los pasos específicos mencionados en los versículos 3-5 para la selección de la nueva reina.

Pregunta clave

Paso 1	Paso 2	Paso 3	Paso 4

Mire ahora a la referencia del tiempo en el versículo 1: "Pasadas estas cosas". Un buen momento para lanzarnos a nuestra segunda semana es preguntarnos ¿qué cosas? La conclusión obvia es todos los sucesos del capítulo 1, pero una mirada más detenida a la historia en oposición al tiempo que se infiere en Ester podría sugerirnos algo más.

¿Qué años del reinado de Jerjes se especifican en las dos siguientes citas bíblicas?

1.3 ________ 2.16 _________

Para nuestra sorpresa, Jerjes no coronó a la siguiente cara bonita que se presentó en la primera oportunidad política. Pasaron cuatro años entre el destierro de Vasti y la elección de la nueva reina. Durante este tiempo el rey llevó a cabo una expedición a Grecia que no tuvo éxito, sufrió una derrota naval en Salamis y lo persiguieron en Platea. Fracasó en el matrimonio y en la guerra, pero al parecer no fue sino hasta el segundo fracaso cuando Jerjes despertó a su fracaso matrimonial.

La posibilidad de que Jerjes haya experimentado algo de remordimiento o quizá un poco de dolor se sugiere en varios elementos de esta sección. La palabra hebrea que se traduce acordarse implica una nota de compasión, "que Asuero se había puesto melancólico ante la ausencia de su esposa y arrepentido por la severidad de su castigo".[1]

El lenguaje del texto sugiere que Jerjes "pensó acerca de lo que se había decretado contra Vasti". El verbo en forma pasiva "se acordó... de la sentencia contra ella" sugiere que transfiere la culpa a sus consejeros, un hábito que manifestará en otras ocasiones.[2]

Dejemos que el hebreo le proporcione una imagen. La palabra que se traduce como "sosegada" en Ester 2.1 es la misma palabra "disminuyeron las aguas" en Génesis 8.1. Es interesante que en ese versículo también se usa la misma palabra para "recordar".

Examine Génesis 8.1 y describa el contexto de la palabra "disminuir".

Todos hemos vivido terribles experiencias en que fuimos arrastrados por las aguas del enojo, pero descubrimos otras emociones debajo de ellas cuando al final disminuyeron. Piense en un ejemplo específico en su propia vida. ¿Qué otras emociones afloraron una vez que se pasó el enojo?

La disminución del enojo con frecuencia revela diferentes emociones.

Cuando el enojo de Jerjes se "sosegó", puede ser que le invadiera el remordimiento junto con sentimientos de pérdida y soledad. En su despertar, Jerjes no necesitaba lo que pudieran darle cien concubinas. Necesitaba una esposa, y sus sirvientes personales lo sabían.

La reacción de los sirvientes sugiere que Jerjes sentía dolor por la pérdida de Vasti. También había mayordomos que lo observaban detrás del escenario. Si alguien vio a Jerjes mostrar debilidad y derramar lágrimas, fueron ellos. La imagen de un hombre elevado y poderoso sintiéndose decaído los llevaba a buscar soluciones.

Si usted alguna vez percibió un viso de vulnerabilidad en alguien que muestra un exterior duro, sabe bien cuán abrumadora puede ser la tentación de buscar una solución rápida. Cuando se tambalea el que parece inconmovible, nosotros también nos estremecemos. Así es como la compasión de los sirvientes de Jerjes se convirtió en un concurso de belleza.

Lea en el margen el segundo escenario que presentamos.

Es difícil enfrentar las adversidades cuando se da gran importancia a la belleza física.

El término hebreo que se traduce como "sus atavíos" en Ester 2.3 significa "tratamiento cosmético de belleza con aceites especiales y jabón de baño". Si usted se encuentra en casa ahora mismo, vaya a su cuarto de baño, mire en sus armarios, y haga una lista de todos los artículos que encuentre allí bajo esas categorías. No sean tímidos. Ustedes podrían muy bien ganar este concurso si se lo proponen. Si no están en casa, compilen su lista tan pronto como lleguen, pero por favor no lo olviden. Y mientras lo están haciendo, diviértanse un poco.

No piensen que les estoy tendiendo una trampa para condenarlos. No voy a ser hipócrita con ustedes. Justo esta mañana yo usé casi todas esas ayudas cosméticas que solemos encontrar en la sección de belleza de los grandes almacenes. Estoy muy agradecida por todos esos recursos para cuidar de mi persona, y mi esposo también.

Mi meta es demostrar cuán completa y absolutamente los hemos aceptado. Los artículos de belleza y cuidado personal son un negocio estimado en 29 billones de dólares al año sólo en los Estados Unidos.[3] Lo que es más, esa gran cantidad de dinero no la usan solamente las personas que pueden necesitar un poco de ayuda. Irónicamente, nadie siente más presión para lucir bien que aquellos que tienen una presencia agradable. Usted y yo conocemos hombres y mujeres atractivos que son tan inseguros que es doloroso estar cerca de ellos.

Según Ester 2.2, ¿qué clase de mujeres estaban buscando para recibir estos tratamientos de belleza? Señale una respuesta.

- ☐ Aquellas que en verdad necesitaban ayuda.
- ☐ Aquellas que ya eran jóvenes y bellas.

Lo que quiero resaltar es que nunca nos sentiremos lo suficientemente atractivos en nuestro mundo estilo persa para sentirnos satisfechos. Siempre necesitaremos más tratamientos.

Una pregunta para usted

¿Cuál sería una manera razonable de lidiar con las presiones, aun si no tenemos una convicción religiosa que nos lleve a desechar todos nuestros cosméticos o artículos de arreglo personal?

Los tratamientos de belleza no eran ni la mitad en el reino de Jerjes. Eran un medio para un fin preocupante. Lamentablemente, no podemos decir que el concurso convocado por los siervos de Jerjes sea un insulto anticuado para la sensibilidad moderna. Para ver hoy Ester 2.2-4 prenda la televisión en uno de esos reality-shows en los que un soltero conoce a varias mujeres sensuales. Usted tendrá una imagen en alta definición. Nos guste o no, el propósito de la búsqueda de Ester 2 fue para formar un harén. Partes de esta historia revelan aspectos que actúan en contra de nosotras las mujeres; sin embargo, nos enseñan mucho acerca de la condición femenina. A veces aquello que nos enciende de indignación abre un agujero en la pared de la revelación.

Dios hace que la historia fluya sin interrupción, incluso mediante intervenciones de juicios morales.

El resto de nuestra lección hace hincapiés en un hecho acerca de la narración bíblica. Dios hace que la historia fluya sin interrupción, incluso mediante intervenciones de juicios morales. Por favor lea esa declaración otra vez hasta que en verdad la oiga. Dios no interrumpe, por ejemplo, a lo largo de las narraciones patriarcales en Génesis. A veces quiero que Dios intervenga en una historia e indique con claridad su opinión concerniente a lo que ha sucedido.

Yo quería que Dios se detuviera y expresara su enojo porque Jacob no sólo tenía dos esposas que eran hermanas sino que también dormía con sus sirvientas. Yo sabía que Dios no aprobaba esa acción; no obstante, honró a los hijos de las siervas con su bondad y aceptación como herederos legítimos. Con todo, yo quería zapatear hasta conseguir una declaración divina, si no por mí, por aquellos que eran nuevos en el estudio bíblico.

¿Puede mencionar un ejemplo de cuando usted se sintió de forma semejante?

Dios a veces permite que nuestra confusión nos induzca a un estudio más completo de toda su Palabra. Sólo examinando esas acciones a la luz de otros fragmentos de las Escrituras podemos aclarar lo bueno o lo malo en ciertas narraciones ambiguas desde el punto de vista moral. Así es como Dios quiere que funcione la Biblia. Todas las Escrituras están inspiradas por Dios, pero diferentes partes —tales como la Ley, los Profetas, los Salmos, Proverbios, los Evangelios y las Epístolas— tienen propósitos diferentes. Sólo juntas son completas.

Para hacer las cosas más desafiantes, algunos eventos permanecen grises para nosotros a pesar de nuestra investigación por todas las Escrituras, dejándonos

sin formas definitivas para medirlos. En esos momentos, podemos suponer que Dios quiere enseñarnos una lección histórica o espiritual más bien que una ética o moral. A veces Dios se reserva el derecho de contarnos lo que ocurrió sin decirnos cómo reaccionó Él. Dios es tan absolutamente seguro en su propia impecable integridad que se siente muy cómodo con darnos a conocer los hechos sin hacerse a sí mismo responsable ante nosotros por ellos. Siempre podemos descansar completamente seguros de que Dios nunca compromete su santidad o suspira ante el pecado.

¿Por qué abordo esa tangente sobre un simple concurso de belleza? Para prepararlo sobre unos acontecimientos desconcertantes que aparecen en el libro de Ester cuando usted y yo queramos que nuestros héroes sean perfectos y nos preguntemos en nuestra intimidad qué pasa si no lo son. Respondamos con claridad a esta inquietud y digamos desde el principio: No lo fueron. Incluso en esos momentos cuando las Escrituras no nos dicen nada al respecto. Y nosotros tampoco lo somos, incluso en nuestros mejores momentos.

Aun aquellos que son los más serios en la búsqueda de Dios y de la vida espiritual fallan en ser ejemplos perfectos todo el tiempo. Esa es la razón por la que Dios está tan ocupado conformándonos a la semejanza de Cristo. Ninguno de nosotros puede llevar la carga de la constancia. El misterio no es que algún héroe terrenal sea defectuoso y caiga bajo las presiones de la sociedad sino que Dios, en su misericordia, elige quedarse sólo con las instantáneas que Él tomó cuando se mantenían firmes en su presencia. Entonces, cuando los estudiantes como nosotros pasemos las páginas del álbum fotográfico de las figuras bíblicas, podemos tomar esos momentos, no toda su vida, como ejemplos bellos.

Día dos
Se ganó su favor

EL TESORO DE HOY

"Y la doncella agradó a sus ojos, y halló gracia delante de él". Ester 2.9

Jerjes respondió a la propuesta de su ayudante personal: "Esto agradó a los ojos del rey, y lo hizo así" (Ester 2.4). Para captar el contexto de la lección de hoy, piense de nuevo en la propuesta que le hicieron al rey. El concurso era en realidad un poco fuera de lo normal incluso para los persas de aquel tiempo.

En teoría, la búsqueda de una reina para Jerjes debió limitarse a siete familias nobles. En vez de eso, se llevó a cabo una búsqueda de las mujeres más bellas de todo el reino. Al parecer la cualidad principal es que adornara la corona, para

Mardoqueo:

decirlo de forma modesta. Quizá una o dos de las mujeres que estudien este libro sean jóvenes, hermosas y con deseos suficientes para imaginarse ser seleccionadas, pero el resto de nosotras es comprensible que tengamos una reacción indignante.

Lo último que necesito es más afirmación de que una mujer sólo es valiosa en la medida que es bella. O, peor aún, que sólo es valiosa en la medida que sea sensual. De hecho, si yo no supiera hacia dónde van estas Escrituras y este estudio, no estoy segura que iba a querer seguir adelante. Después de todo, ¿no obtenemos ya suficiente presión del mundo? ¿Quién la necesita en un estudio bíblico?

No se vaya. Sí, el libro de Ester parece arrancarnos las costras de las heridas que la sociedad nos ha causado, pero creo que Dios también lo va a usar para limpiar esas heridas a fin de que puedan sanar. Empezaremos a ver que algo más grande que la belleza puso a Ester como protagonista en esta narración. Por favor lea Ester 2.5-9. De la sesión 1 recordará que ya hemos hablado de los versículos 5-7. Por tanto, realizaremos la siguiente actividad basándonos en esos tres versículos, pero nos reservaremos nuestros comentarios para los que siguen.

Ester:

Pregunta clave

Escriba en el margen todo lo que Ester 2.5-7 nos dice acerca de Mardoqueo y Ester.

Tiene la oportunidad perfecta para anotar al menos un rescate bajo su acróstico PURIM. En Ester 2.8 aprendemos que la propuesta de los siervos de Jerjes se convirtió en un decreto real que se envió por toda Persia.

No tome el decreto a la ligera. Imagínese la extensa reacción que tuvo la noticia en todas las provincias del país, para no mencionar el espectáculo auténtico de innumerables jóvenes —todas vestidas con sus mejores galas— convocadas por los comisionados porque eran muy bonitas o rechazadas porque no lo eran. Ese pensamiento me produce escalofríos.

Apuntarse para un concurso de belleza es una cosa; pero ser obligada a participar en uno es muy diferente. Esta escena no es el cuento del Príncipe encantado que busca por todas partes el pie que calza perfectamente el zapato de cristal. Era como un concurso de selección de ganado. Por lo que sabemos, los comisionados examinaron los dientes de las jóvenes como un comprador revisa la dentadura de un caballo. No obstante, quizá la mayoría de las chicas se sintieran atraídas por el ensueño de romance y esplendor que aquello encerraba.

¿Cuáles se imagina usted que pudieron haber sido algunas reacciones positivas a este concurso de belleza?

¿Cuáles se imagina que pudieron haber sido algunas reacciones negativas?

"Muchas jóvenes fueron llevadas al palacio de Susa". No se requerían permisos ni firmas. A un buen número de ellas las llevaron como vaquillas mimadas hasta los patios de Susa, sin preguntas de ninguna clase. Las llevaron cautivas con tanta seguridad como lo fueron los judíos años antes, aun cuando algunas de ellas eran ignorantes como para sentirse felices por ello.

Muchas de esas jóvenes y sus familias sin duda estarían emocionadas. Después de todo, ¿qué más podía esperar una joven que llegara a ser reina? Piense, sin embargo, en los planes deshechos de matrimonios comprometidos y el pánico de los padres que temían que sus hijas pudieran ser tan desechables como Vasti. Muchas de ellas no sólo perderían su virginidad con un hombre que quizá nunca más volvería a llamarlas, sino que también perdían el derecho a tener una familia normal. Lo siento mucho, pero es verdad.

No me asombra que la comentarista Joyce Baldwin describa su estado como "viudez más que matrimonio".[4] Baldwin también presenta la otra cara de la moneda: "El prestigio de vivir en el palacio real era una pequeña compensación por el abandono del rey, aunque las mujeres con pasión por el lujo podían disfrutarlo mucho".[5] Fox dice que estas mujeres vivían un "encarcelamiento lujoso pero sin sentido".[6] Él describe sucesos que incluyen injusticias, tales como: "Lo más opresivo es que su voluntad, cualquiera que sea, no es de interés para nadie. Van de acá para allá, de la casa al harén... a la cama del rey. Sus cuerpos pertenecen a otros, tanto que nunca se habla de que sean forzadas. Pero no sólo las mujeres fueron tratadas de esa manera. Herodoto (III 92) habla de quinientos jóvenes varones que eran sacados de Babilonia y Asiria cada año y los castraban para el servicio de la corte persa. La sexualidad de cada uno, y no sólo la de las mujeres, estaba a disposición del rey. La brutalidad del sistema en este sentido no es lo que nosotros reconocemos como sexismo".[7]

¡Hable de derechos reales! ¿Quiénes pensaban el rey y sus comisionados que eran? Dé un gran respiro de alivio si usted vive bajo un gobierno democrático donde se supone que tiene el derecho de ejercer ciertos derechos inalienables. Los que conocemos a Jesús personalmente vivimos bajo la dirección divina donde todos nosotros somos considerados príncipes y princesas. Averigüemos ahora lo que ocurrió cuando las jóvenes llegaron a Susa.

Las que conocemos a Jesús personalmente vivimos bajo la dirección divina donde todas nosotras somos consideradas princesas.

¿Quién era Hegai? Lea Ester 2.3, 8-9.

¿Cuáles eran algunas de sus responsabilidades obvias?

Para nuestro gran alivio, Hegai no es un personaje desfavorable en la narración. Su papel más importante en esta historia, sin embargo, es en relación con Ester, una joven judía que fue llevada a un harén persa y forzada a sufrir la pérdida del padre que la adoptó. Ester 2.9 nos ofrece dos claves para empezar a desvelar los misterios debajo de su belleza. "Y la doncella agradó a sus ojos, y halló gracia delante de él". Subraye las frases "agradó a sus ojos" y "halló gracia"; luego piense en las implicaciones.

Que un eunuco quedara contento con Ester nos dice mucho, no acerca de su sensualidad sino de su encanto. Él vio algo mucho más profundo que atracción física. La disposición del eunuco de darse prisa e incrementar las posibilidades de que Ester fuera la elegida transmite exactamente lo que el texto describe en Ester 2.9. Ella se ganó su simpatía.

Preste mucha atención porque la descripción del desarrollo de Ester mediante estos términos será crucial. Cuando leemos en Ester 2.9 que la "doncella agradó a sus ojos, y halló gracia delante [del eunuco]", [8] el hebreo transmite la idea de que ella se ganó su simpatía y apoyo. Dice Ester 2.9 en la N V I: "La joven agradó a Jegay y se ganó su simpatía". "La expresión idiomática (que encontramos sólo en Ester) sugiere la idea de acción para ganarse el favor. Era algo que ella estaba haciendo, más que algo que se hacía por ella".[9] Establezcamos con certeza este concepto.

Describa la diferencia que usted encuentra entre "hallar" y "ganarse el favor".

Ester no se acurrucó en un rincón y recibió pasivamente el favor de Hegai ni tampoco se mezcló tanto con las demás que habría sido difícil encontrarla y favorecerla. Algo que brotaba activa y abiertamente de ella le ganó el favor del eunuco, encargado de las mujeres del rey.

¿Qué cree usted que fue?

Entre las cosas que usted ha mencionado, Ester tenía habilidad para tratar con las personas. Nunca subestime el impacto de la presencia de Dios y la capacidad de las Escrituras para ayudar en la habilidad de trato con las personas incluso en los encuentros humanos más incómodos. A pesar de la desaprobación con ceño fruncido del insoportable religioso, no tenemos que ser carnales para caer bien a la gente, ni faltos de sinceridad para ser encantadores. Podemos amar a Dios y todavía caerle bien a la gente.

Nuestro estudio de Ester no tiene el propósito de enseñarnos cómo manejar a las personas, sino cómo trabajar bien con las personas. No es el único libro en la Biblia que nos ofrece esa oportunidad. Proverbios está repleto de indicaciones de sentido común sobre la interacción humana.

¿Cómo describe cada uno de estos ejemplos la habilidad de trato con las personas?

Proverbios 16.21, 23

Proverbios 29.11

Los conceptos de sabiduría en el Antiguo y Nuevo Testamentos incluyen habilidad en el trato con las personas la cual se extrae de pozos de comprensión, buen juicio, prudencia y diplomacia. Quizá la mejor manera de definir la habilidad de trato con personas desde un punto de vista bíblico es la sabiduría espiritual expresada por medio de las relaciones humanas. Lucas 2.52 describe la sabiduría expresada por medio de las relaciones humanas en la vida de Cristo Jesús, que es nuestro ejemplo supremo.

Lo que Cristo poseyó en perfecta plenitud, Ester debió poseerlo en parte. Desde las primeras páginas de Ester el favor fluyó ante ella como la tinta en una página sedienta. ¿Podría ser la clave el que ella nunca lo exigiera? Algo hizo que ella se destacara entre cientos de jóvenes bellísimas y consentidas, cada una de ellas tratando de ser la más hermosa.

No sé usted, pero si yo hubiera sido Hegai, es muy probable que hubiera hecho mi mejor esfuerzo por una joven humilde, de personalidad agradable que derribara sus defensas y obtuviera mi favor sin exigirlo. A medida que sigamos leyendo las Escrituras trace un bosquejo de Ester: Creo que cada vez estaremos más convencidos de que una parte integral de su habilidad con las personas fueron —y me arriesgo a usar un término que hoy nos se emplea mucho— sus buenos modales.

Jesús crecía en sabiduría y en estatura, y en gracia para con Dios y los hombres.

LUCAS 2.52

Una pregunta para usted

Con sus propias palabras, ¿cómo definiría usted el término "buenos modales"?

¿Cuáles son algunos términos opuestos?

Modales. Creo que, más importante que definirlos, es que Dios puede aumentar nuestro favor con las personas refinándolos. La gracia social es un arte que se ha perdido en el ambiente de afirmarse a uno mismo, decir lo que uno piensa cuando lo que pensamos a veces es mucho mejor no decirlo. Algo acerca de vivir en un mundo que es cada vez más crudo es que una mujer con buenos modales, incluso una que sabe cómo hacer presentaciones o ser la anfitriona de una reunión (siga con Ester 5), puede sobresalir como una piedra preciosa rara en un barril de carbón. Dios puede concederle un favor que otra mujer con una pared cubierta de diplomas nunca va a conseguir.

En las páginas de Ester, usted y yo tenemos una invitación inspirada y grabada a desarrollar una actitud y comportamiento lleno de gracia pura y no adulterada.

Día tres
Preparándose para el rey

EL TESORO DE HOY

"Ester no declaró cuál era su pueblo ni su parentela, porque Mardoqueo le había mandado que no lo declarase". Ester 2.10

En mi iglesia tengo la bendición de amar a todo un grupo de chicas que van desde los cuatro a los dieciséis años. Una de ellas me envió un mensaje esta mañana para recordarme que orara por ella porque se sentía nerviosa, pues ese iba a ser su primer día en la preparatoria. Aunque me gustó que me recordara que orara por ella, no era necesario. Ya lo había hecho con gozo en las últimas 12 horas. Después de todo, ser una chica de 14 años es difícil. Nuestra capacidad de recordar cómo éramos a esa edad, aunque eso hace ya varias décadas, es una prueba de tal dificultad. Otros no están tan lejos de esa edad, pero me imagino que todos recordamos el tormento de la falta de seguridad en uno mismo.

¿Estoy bien presentable? ¿Estoy lo suficiente tranquila? ¿Verán todos los demás cuán nerviosa estoy? ¿Pensarán los chicos que soy tonta? ¿Verán que mi mamá me deja a la puerta de la escuela? ¿Tendré tiempo suficiente para pasar de mi clase en el primer piso a la siguiente en el tercer piso? ¿Dónde me sentaré para el almuerzo? De todos los días de la vida, ¿por qué tiene que estar tan mal mi cutis hoy? Solamente pensar en todo eso todavía agita ciertas emociones en hombres y mujeres por igual, ¿no es cierto?

Describa la inseguridad que usted recuerde haber tenido cuando empezó la preparatoria.

Si las chicas de hoy caminan por una cuerda floja, Ester y sus compañeras caminaron por un hilo flojo.

La más elevada cuerda floja social por la que la mayoría de las chicas y los chicos caminan es guardar el equilibrio entre revelar lo que desean comunicar y ocultar lo que desean mantener en secreto. Cambie el lugar de una escuela secundaria a un harén. Quite todo el peso del énfasis en lo académico y póngalo por completo sobre los hombros de la apariencia, y podrá ver con claridad la enorme presión que sufren las concursantes a la corona. Con seguridad no podían ser mucho mayores que mi amiguita de 14 años. De acuerdo, la edad de las chicas para contraer matrimonio era mucho menor en las sociedades de la antigüedad, pero el factor de concurso en la Persia del tiempo de Ester canceló toda semblanza de normalidad.

Si las chicas de hoy caminan por una cuerda floja, Ester y sus compañeras caminaron por un hilo flojo. Al competir por la corona, cada una de ellas dio amplia —si no es que obsesiva— consideración a qué revelar y a qué ocultar. En el segmento de hoy descubriremos que pocas chicas podían haber tenido más que ocultar que Ester. Lea Ester 2.10-14. Luego examine con detenimiento el Tesoro de Hoy.

Ester no sólo era judía, era también una judía huérfana. El hecho de que Mardoqueo se opusiera vehementemente a la revelación de la nacionalidad de Ester o antecedentes familiares arroja mucha luz sobre ambos elementos. Vamos a considerarlos brevemente.

Pregunta clave

¿Por qué podría querer Mardoqueo que se mantuviera en secreto su judaísmo?

¿Por qué cree usted que él no quería que se supiera su trasfondo familiar?

La nacionalidad y trasfondo familiar de Ester significa que ella tenía dos puntos biográficos en contra de ella. Las realezas antiguas valoraban los linajes familiares por razones de alianzas políticas y de los futuros herederos al trono. La búsqueda de Jerjes fuera del círculo de las familias nobles ya era de por sí bastante arriesgado. Elegir a una candidata que carecía de padres vivos era impensable. Entonces la demanda de Mardoqueo que mantuviera en secreto su ascendencia judía arroja luz sobre dos elementos importantes de nuestra historia.

1) Los prejuicios en contra de los judíos ya estaban formándose en Persia.
2) La mayoría de los judíos estaban ya culturalmente asimilados y mezclados con el resto de la población. [La asimilación desde el punto de vista antropológico surge cuando un grupo étnico se incorpora a la cultura predominante.]

Los israelitas habían perdido para todos los propósitos prácticos sus características distintivas.

Que Ester pudiera en realidad ocultar su condición judía nos dice algo importante. Probablemente como una forma de funcionar en un reino pagano, los israelitas habían perdido para todos los propósitos prácticos sus características distintivas. (Pista: Usted tiene una gran oportunidad para anotar un "Desconocido" en su acróstico PURIM.)

Los que se adherían a la ley de Moisés se distinguían por su vestimenta, forma de hablar, dieta, comportamiento y costumbres. Que Mardoqueo y Ester no se distinguieran no le quita nada a la historia, sino que añade mucho. Muchos de los judíos se habían olvidado de Dios en sus disciplinas diarias, pero Él no los había olvidado a ellos. Dios pronto demostraría que nunca había apartado su mano de ellos. Ellos podían haber olvidado su identidad, pero Dios no.

Nosotros somos muy semejantes a ellos. También nos hemos asimilado de tal modo a la sociedad que nada nos distingue del mundo. Nosotros también podemos perder nuestro sentido de identidad y olvidarnos de quiénes somos. En realidad, el hecho de que podamos ocultar nuestro cristianismo presupone cierta cantidad de asimilación. Yo creo que uno de los propósitos de Dios en esta peregrinación es ayudarnos a recuperar nuestra identidad e identificación como sus hijos, no para que no seamos repelentes, sino para que seamos influyentes.

Una pregunta para usted

¿Está pasando por un período en el que no sabe o no muestra su identidad? Todos nos hemos visto en esa situación. Describa en el margen ciertas circunstancias que hagan que su característica distintiva sea un reto en su ambiente.

Dios usó el anonimato de Ester, pero sólo como un medio para un fin nada anónimo. Los cristianos somos como una ciudad espiritual en un monte. Somos llamados a ser la luz del mundo a fin de que Dios pueda revelar el esplendor de su gloria por medio de nuestras vidas. Sí, sienta esa gran responsabilidad, pero también sienta el privilegio. Cristo no se avergüenza de nosotros (He. 2.11) ¡Qué honor! ¡Qué alivio!

¿Qué le dice a usted Ester 2.11 acerca de Mardoqueo?

Ester 2.11 nos habla de un hombre que estaba muy preocupado por su amada hija. Ester estaba lejos de su vista pero nunca de su mente y su corazón. Quizá en los momentos de mayor esperanza de Mardoqueo, se preguntara si Ester sería la elegida y elevada a una posición de influencia a favor de los judíos. Sin embargo, en sus momentos de menor esperanza él quizá sólo quería que saliera viva de la experiencia. Dios sabe que Mardoqueo tenía razones para tener esos pensamientos torturantes. Las implicaciones de 2.12-14 no eran para tranquilizar a ningún padre.

¿Cuál era el dificultoso proceso para la prueba de cada joven?

Veamos primero el lado positivo. Es muy probable que los "alimentos" mencionados en el versículo 9 se refieran a que las concursantes tenían que engordar. ¡Qué pensamiento tan interesante! Olvídese del "spa" donde usted paga una fortuna para comer como un pajarito. Sin embargo, los alimentos para engordar que les servían probablemente no eran la versión persa de pollo frito, puré de papas y salsas. Puesto que la intención era la de mejorar la belleza, sus comidas eran probablemente ricas en aceite de oliva, diversas clases de nueces y, en mayores cantidades, frutas y verduras de alta densidad como plátanos, aguacates y jaleas.

En las sociedades antiguas e incluso en la cultura americana de hace sólo un siglo, la delgadez estaba asociada con la pobreza. Nada de dietas y *el glamour* que tenemos hoy. Estar esquelético implicaba que uno carecía de dinero para alimentarse bien. Esa asociación todavía prevalece hoy en muchos países en

desarrollo. Algunas cosas han cambiado mucho en los países occidentales en las últimas cinco o seis décadas para formar en nosotros la actitud de que "más delgado es mejor".

¿A qué atribuye ese cambio de paradigma?

A las jóvenes se les daba una dieta con la intención de aumentar su belleza de adentro hacia fuera, y los baños con tratamientos de especias y aceites para hacerlas más bellas en el exterior. Un comentarista señala que el lenguaje puede sugerir que sus cuerpos fueron sometidos a baños químicos.[10] En términos de hoy, imagínese un extravagante tratamiento de exfoliación.

Nunca olvidaré la primera vez que alguien me dio un certificado de regalo para un tratamiento facial. No podía esperar para relajarme y dejar que un profesional cuidara de mi piel. En vez de eso sentí como si alguien hubiera prendido fuego a mi cara. Pensé que estaba experimentando una reacción alérgica. El técnico en belleza, que se suponía sabía lo que hacía, sostuvo un ventilador eléctrico en frente de mi cara. Enrojecí como un betabel y durante días perdí piel. No me enteré sino hasta días después que el certificado de regalo me daba derecho a una "exfoliación química". He tenido desde entonces varios y nunca los he disfrutado. Ester y las demás debieron tener un sentimiento semejante.

La parte de la historia en el segmento de hoy que probablemente nos moleste más es la producción en línea de jóvenes que son enviadas una cada noche a la habitación del rey. Para colmo de males, "a la mañana siguiente volvía a la casa segunda" para no volver a ver más al rey "salvo si el rey la quería y era llamada por nombre".

Describa las emociones que experimentarían aquellas jóvenes al ser llevadas al segundo harén.

Sí, algunas de ellas sin duda se sintieron extrañamente honradas y esperanzadas, pero me imagino que muchas de ellas se sintieron usadas y rechazadas… y tenían razón. Nunca he competido por la atención de un rey, pero sí sé lo que siente una mujer cuando se ha entregado a alguien en unas condiciones no sanas o indebidas y ha terminado sintiéndose más rechazada y utilizada que nunca.

Le he dicho algo a Dios de rodillas esta mañana en mi rincón secreto que quiero compartir con usted a la luz de la lección de hoy. Le di las gracias por ser la clase de Rey que le da a una mujer dignidad en vez de quitársela; un Rey de justicia cuyos mandatos son siempre para nuestro bien y cuyos caminos son siempre para nuestra plenitud.

Alabado sea Dios por un Rey que le da a la mujer dignidad en vez de quitársela.

En contraste con los dioses de muchas religiones en el mundo, nuestro Dios nunca pide nada perverso de nosotros. A los hombres que le agradan no se les promete un harén de vírgenes para su gratificación sexual cuando mueran. Nuestro Dios ve a las mujeres con pureza, no con sensualidad. Quizá mi trasfondo pecaminoso me hace sensible, pero soy una mujer que necesita saber esas cosas. ¿Qué piensa usted?

Al estudiar la lección de hoy, Dios trajo a mi mente varios pasajes bíblicos que presentan una imagen bella y muy diferente de nuestro Rey, incluyendo nuestra preparación inmensamente diferente para su reino.

Isaías 61.10

Efesios 5.25-27

Apocalipsis 19.7-8,16

Por favor lea ahora los pasajes bíblicos que aparecen en el margen y anote cada diferencia que pueda inferir entre nuestro Rey y el rey persa, y nuestra experiencia en oposición a las mujeres del harén de Jerjes.

En agudo contraste con el rey Jerjes, el Rey Cristo Jesús se dio a sí mismo por amor de su esposa de modo que Él puede cubrirnos con sus vestiduras de salvación y túnicas de justicia. Nosotros los que componemos su esposa nos prepararemos a nosotros mismos para el Rey con nada menos que la búsqueda sanadora de la pureza que sana el alma. Y a donde vamos, allí no habrá noche sino la luz permanente de la presencia de Cristo.

"En Dios está mi salvación y mi gloria" (Sal. 62.7, cursivas de la autora).

Día cuatro
Una corona real en su cabeza

EL TESORO DE HOY

"Y el rey amó a Ester más que a todas las otras mujeres, y halló ella gracia y benevolencia delante de él más que todas las demás vírgenes; y puso la corona real en su cabeza, y la hizo reina en lugar de Vasti".
Ester 2.17

¿Cuándo fue la última vez que le llegó a usted el turno? Usted sabe los sentimientos a los que me estoy refiriendo: cuando usted es el siguiente. Usted ha soñado con ello. Lo ha anhelado. Lo ha temido. Usted quería huir de ello. Está tan nervioso que las mariposas en su estómago se han convertido en buitres, y puede sentir sus garras por todo su interior. Su vida está a punto de cambiar… en un sentido o en

otro. Podría ser su mejor día o el peor de todos, pero no puede ser un día normal. El destino no ha tocado a su puerta. Viene atacando como un oso.

¿Así que el estómago está todavía dándole vueltas? Describa en el margen los recuerdos que esa descripción trae a su mente.

Entre en el mundo de Ester. No. Entre en el día de Ester. Encuéntrese conmigo en las Escrituras en el día que una doncella judía fue llamada de entre la multitud. Nuestra lección será más larga de lo acostumbrado porque este suceso es muy crucial para nuestra historia. Lea Ester 2.15-17 lenta y reflexivamente. Luego responda a las siguientes preguntas:

¿Qué tiempo había llegado para Ester? ______________________________
(Usted tiene un "momento" de prioridad que anotar en el acróstico de P.U.R.I.M.)

Vuelva a leer el versículo 12. ¿Cuánto tiempo había esperado Ester y se había estado preparando para su presentación ante el rey?

____

Describa en el margen los sentimientos que usted piensa tuvo Ester cuando se dio cuenta que le había llegado el turno.

Ester 2.13 describe el protocolo para cada una de las jóvenes que aparecía delante del rey. Se nos dice que "Se le ____________________ ______________________ cuanto pedía" (Llene los espacios en blanco.)

¿Qué nos dice el versículo 15 acerca de Ester en marcado contraste con las otras?

Las jóvenes podían pedir todo lo que se les ocurriera para ponerse más atractivas, pero Ester no pidió nada. Antes de saltar a conclusiones, la Biblia nos dice que ella no recibió nada. "Ester no rechazó todas las ayudas de belleza, sino que evitó pedir más de lo que ya le estaban ofreciendo. Su virtud no fue la abstinencia de los lujos paganos, sino una actitud de modestia y pasividad".[11] De alguna manera me siento aliviada. Por favor dígame que todavía puedo ser una mujer espiritual que puede caminar dignamente delante de su exaltado Rey sin abstenerse de algunas ayudas de belleza bien merecidas. Lo que vemos no es que Ester se abstuvo, sino más bien que se moderó.

Lo que vemos no es que Ester se abstuvo sino más bien que se moderó.

No obstante, me siento culpable. Después de todo, nadie ha dicho que mi segundo nombre sea Moderación. ¿Y usted? ¿Tiende usted a abstenerse, moderarse u obtener?

La pasividad relativa de Ester nos pide una respuesta a la pregunta obvia: ¿Por qué? Veamos a algunas perspectivas estimulantes del pensamiento.

Lea cada pasaje seleccionado y después describa las cualidades inferidas y la apariencia de Ester si el autor estuviera en lo correcto.

"Habiéndose ganado misteriosamente el favor de Hegai (2.9), ella sabiamente confió en la pericia de él más que en sus propios instintos. Esto también pudo haber anticipado su deferencia con otro anciano, Mardoqueo, en su momento de decisión (4.16). Ambos textos implican que ella fue sabia y paciente más que impulsiva, orgullosa o una mujer independiente que se destruye a sí misma".[12]

Cualidades inferidas

"Esta joven judía es obediente a su padre adoptivo y sumisa ante su cuidador persa. Se gana el favor no amenazando la estructura de liderazgo (como Vasti hizo), sino ajustándose a ella, escuchando y agradando a aquellos bajo cuyo cuidado se encuentra. Sin embargo, la palabra 'ganó' es una pista sutil de que Ester era más independiente de lo que parecía".[13]

Cualidades inferidas

"Al parecer algunas de las candidatas aprovecharon esta ocasión para satisfacer sus propios caprichos en joyas y vestidos; Ester, sin embargo, fue sabia lo suficiente para vestirse conforme al gusto del rey más que el suyo propio. Al confiar en el conocimiento de Hegai sobre las preferencias del rey en atavíos femeninos. Ester no sólo se hizo más atractiva al rey, sino que también mostró ser más humilde y cooperadora, dos cualidades que evidentemente Vasti no tuvo".[14]

Cualidades inferidas

Basándose en estas explicaciones y en su propia reflexión, ¿por qué piensa usted que Ester sólo pidió lo que Hegai sugirió?

Sea cual sea el razonamiento de Ester, las Escrituras nos presentan a una mujer inusual. De alguna manera Ester se ganó "el favor de todos los que la veían" (v. 15). Prepárese para una sorpresa: Eso incluye a las otras mujeres. Usted y yo sabemos cuán excepcional es una mujer bella desde la perspectiva varonil y a la vez favorecida por las demás mujeres. Las mujeres tienden a sentirse muy amenazadas por una mujer admirada por los hombres. Vea a un grupo de mujeres compitiendo por un hombre en medio de ellas y puede prepararse para una pelea de gatas. Una mujer que es capaz de ganarse al hombre y a sus compañeras es una mujer de gran clase. Amigas, no empiecen a sentirse intimidadas y a olvidar

que Ester tenía defectos como todas las demás los tenemos. Ella no era la mujer perfecta, pero sí poseía una rara habilidad digna de estudiarse.

Una pregunta para usted

Describa en el margen la clase de cualidades que una mujer debe poseer para ganarse el favor de otras mujeres a pesar de su atractivo para los hombres.

Me gustaría conversar con usted en un grupo pequeño sobre respuestas a preguntas como esa. Me puedo quedar sin tinta y espacio al escribir mis propias conjeturas, pero ofreceré algo conciso puesto que usted lo hizo. Pienso que Ester gustaba mucho pues era bella. Tenía una apariencia que gustaba a los hombres, pero también tenía una conducta que gustaba a las mujeres. Quizá ella se granjeara la amistad de las demás. Quizá ella jugó limpio en su competencia por llegar a la cabeza y fue lo suficientemente humilde como para aceptar el consejo de un eunuco. Ester se las ingenió para caminar en la línea fina de la moderación sin hacer que las otras mujeres se sintieran juzgadas porque no lo hacían. ¿Con cuánta frecuencia ha observado usted a una mujer así?

Ester se las ingenió para caminar en la línea fina de la moderación sin hacer que las otras mujeres se sintieran juzgadas.

"Fue, pues, Ester llevada ante el rey Asuero, al palacio real, en el mes décimo, que es el mes de Tebet, en el séptimo año de su reinado" (Versión Reina-Valera 1995). Veamos que sucedió entonces.

Pregunta clave

Por favor lea Ester 2.17-18. Medite ahora en el versículo 17. Ester recibió tres respuestas de Jerjes que la llevaron a ser reina. ¿Cuáles fueron?

La palabra hebrea que traducimos por "amó" (v. 17) puede traducirse por "se enamoró" o "se sintió atraído". Si bien el término en este contexto quizá abarque o no todos los elementos románticos asociados con el amor, contrasta claramente la fraseología que encontramos en el versículo 14: Si el rey la "quería" era la calificación aprobatoria para que la llamara de nuevo. Jerjes no sólo se sintió complacido con Ester. Sintió algo por ella como nunca antes lo había sentido por otra mujer.

Ester también se ganó el favor del rey. Ese término no es nuevo para nosotros a la luz de nuestra lección reciente sobre el don dado por Dios de favor. Tal vez el mismo Jerjes no supiera exactamente por qué se sentía prendado de esa manera con Ester al punto de que su búsqueda terminó. Los caminos del corazón son misteriosos, ¿no es cierto?

También leemos que Ester se ganó la benevolencia del rey. La palabra hebrea expresa la idea de bondad y simpatía que propicia una relación íntima. Esta clase de bondad y simpatía tiene lugar cuando usted trata a alguien con la lealtad y parcialidad de familia, ya sea o no de su propia sangre. De nuevo tenemos que preguntarnos: ¿Por qué? ¿Por qué fue Ester capaz de ganarse el amor, el favor y la amabilidad del rey tan completamente? Las posibilidades en contra de Ester eran abrumadoras.

Una explicación que predomina sobre otras aparece en Proverbios 21.1, un versículo que pocas veces se aplica tan perfectamente. Parafrasee este versículo en el margen.

Dios pudo haber usado algo que un rey pagano encontró sorprendente e incluso refrescante. El versículo 15 da a entender que Ester se presentó de una forma menos exagerada y desesperada que sus compañeras.

Si usted fuera una soltera o un soltero buscando a la persona con quien contraerá matrimonio, después de buscar entre cientos de personas ¿no buscaría un poco de sustancia después de un tiempo? ¿No empezaría su respeto a desaparecer una vez que los (las) candidatos (as) se esforzaran en exceso? Si alguien no mostrara desesperación, ¿no despertaría su interés?

Recuerde, Jerjes no estaba buscando una concubina, sino que buscaba una reina. Él podía haber disfrutado de una noche, pero eligió a una esposa. Al elaborar sus propios pensamientos, esto es lo que sabemos: Ester supo cómo enamorar al rey y ganarse una corona. El misterio hace que la historia sea todavía más cautivadora.

Está bien, es su turno. ¿Por qué cree usted que el rey eligió a Ester?

Saque una primera impresión de la escena en el versículo 18. ¿Qué sucedió?

Quizá Jerjes había aprendido una lección. Si usted quiere garantizar que su reina asista a una fiesta pública para gente importante, es mejor que la organice para ella y en su nombre. Este fue el banquete de Ester. Todo el reino celebró a su nueva reina con una fiesta libre de impuestos y favores reales. Las historias no pueden ser mejor que esta.

Así es, pues, como terminamos nuestra lección de hoy mientras que nuestra imaginación ha sido estimulada. Amiga, usted es Ester. Es llevada por sus sirvientas a los aposentos de la reina en el palacio y la atienden como si esa fuera su tarea. Tiene los pies cansados y, francamente, su cabeza está un poco dolorida de llevar todo el día puesta la corona. Ha sonreído hasta que le dolieron los labios y las mejillas. Saludó a más dignatarios que jamás podrá recordar. Está agotada hasta los huesos y a la vez tan emocionada que no puede dormir. Cada vez que intenta cerrar sus ojos, se abren de nuevo. Hoy ha sido coronada reina de todo el Imperio Persa. Eche mano de su diario y empiece a escribir lo que usted siente. Y este es su primer párrafo....

Día cinco
Un héroe olvidado

EL TESORO DE HOY

"Cuando Mardoqueo entendió esto, lo denunció a la reina Ester, y Ester lo dijo al rey en nombre de Mardoqueo". Ester 2.22

Hoy terminaremos con nuestra segunda semana y segundo capítulo de Ester. Me gusta emprender el estudio completo de un libro de la Biblia de esta forma lenta y deliberada. Pasar una semana entera en un capítulo nos permite empaparnos de los sucesos y desarrollar los personajes históricos hasta que casi nos sentimos como testigos oculares.

El estudio de una narración de las Escrituras en pequeños segmentos es un cielo literario para un observador de individuos como yo. Me gusta describir las expresiones en los rostros de los personajes en escenas clave y explorar la dinámica de una ambiente cargado emocionalmente. Cuando Dios capta nuestra imaginación y enciende un espíritu de sabiduría y revelación dentro de nosotros, esa clase de exploraciones hacen de la Biblia el libro más interesante para mí. El Espíritu Santo infunde vida y poder en las Escrituras haciendo que se levanten los personajes bíblicos y revivan de nuevo en colores brillantes. Me fascina estudiar la Palabra de Dios, y no puedo pensar en nadie que me agrade más que hacerlo junto a usted. Muchas gracias por el privilegio.

El segmento de hoy le añade un giro de intriga al desarrollo de nuestra historia que no es revelado por completo sino hasta más tarde en el estudio. Por favor, lea Ester 2.19-23.

A primera vista, los versículos 19-20 parece que tienen poco que ver con los versículos 21-23. Describa cada segmento.

Ester 2.19-20

Ester 2.21-23

Antes de estudiar un denominador común entre ambos segmentos, vayamos por un momento a un desarrollo más profundo del carácter de Ester.

A esta altura de la narración Ester ya ha sido coronada reina de Persia, con todo, ¿qué es lo que no había cambiado en ella (v. 20)?

Hemos hablado acerca del don, del favor y de las razones por las que pensamos que Ester fue una receptora tan privilegiada. Hemos considerado su habilidad de trato con las personas, sus buenos modales, su conformidad, y posiblemente su modestia. Hoy note que "hacía lo que decía... como cuando él la educaba". Oh qué grandes favores podrían llegarnos a nuestros lugares de trabajo y otras partes si simplemente estuviéramos dispuestos a seguir las instrucciones. Hombres y mujeres impacientes que no paran de promoverse a sí mismos no ganan el favor de esa manera, sino aquellos que respetan la autoridad, que no se sienten ofendidos por las instrucciones, que practican el arte de prestar atención, y que cumplen con lo que se espera de ellos son los que ganan.

La forma en que recibimos las instrucciones tiene grandes implicaciones. Las personas que se resisten a seguir las instrucciones de las autoridades terrenales a espaldas del superior, tampoco son aptas para seguir los mandatos de Dios, a pesar de su insistencia en lo contrario. A los que no les gusta que se les diga lo que tienen que hacer tampoco están locos de alegría por tener a Dios como jefe.

Sólo una persona fuerte de carácter y firme de espíritu puede seguir las instrucciones de otro por largo tiempo.

Tomar las instrucciones con buena actitud puede parecernos que no es una forma atractiva de ganarse el favor de nadie, pero al final siempre tiene su recompensa. Nuestra naturaleza humana rebelde nos hace oponer resistencia a lo que nos dicen que hagamos; sin embargo, con el tiempo el esfuerzo de ir contra la corriente —escoger la excelencia de Cristo por encima de minimalismo del hombre— nos distinguirá de innumerables compañeros.

Nuestra sociedad ha confundido de forma extraña la importancia con la independencia y la sumisión ciega con la debilidad. Por el contrario, sólo una persona fuerte de carácter y firme de espíritu puede seguir las instrucciones de otro por largo tiempo. Irónicamente, su fiabilidad le gana muchos más puntos en los lugares de trabajo que aquellos que no lo hacen. Si la persistencia firme a lo largo del tiempo no le gana el favor de un supervisor terrenal, confíe en Dios que le ve y que en ninguna manera está limitado a un canal de favor hacia usted.

Mientras tanto, Hebreos 6.10-12 es de gran ayuda. ¿Qué exhortaciones apropiadas nos da en cuanto al tema presente?

Veamos ahora el común denominador que conecta los dos segmentos en la lectura bíblica de hoy. Hay elementos similares que introducen cada segmento y vinculan a los versículos 19-20 y 21-23.

En los versículos 19 y 21, ¿dónde estaba Mardoqueo?

El escritor inspirado de Ester quiere decirnos algo acerca de la posición de Mardoqueo más bien que de su ubicación. Los que se sentaban a la puerta del rey eran empleados del gobierno oficial que actuaban como los ojos y oídos de sus gobernantes. Fuera lo que fuera la puerta del rey, Mardoqueo y sus colegas estaban allí. Formaban tanto un límite como una conexión entre la población y el palacio. Un comentarista sugiere: "Parece probable, dado el contexto, que Mardoqueo era un miembro de la policía secreta del rey".[15]

Si es así, él hizo bien su tarea, ¿qué descubrió Mardoqueo?

¿Qué me dice de los dos nombres Bigtán y Teres? ¿No le suena como agitadores mafiosos? Estoy haciendo esa asociación porque Bigtán me suena a mí como "Big Thug" [matón] y "Teres" me recuerda trash [basura].

¿Cuáles eran los puestos oficiales de Bigtán y Teres según el versículo 21?

Con guardias como esos, ¿quién necesita ladrones? Mardoqueo tomó en serio las amenazas de asesinato y fue sabio en hacerlo. Si él hubiera estado todavía activo unos años más tarde, quizá Jerjes no habría sido asesinado en su propio dormitorio. Llegamos a una oportunidad excelente para anotar otra ironía en el acróstico de P.U.R.I.M. ¡Qué irónico que fuera un judío el que estuviera a la puerta del rey para salir en defensa de Jerjes!

La acción de Mardoqueo a favor del rey muestra que un judío también puede ser un ciudadano excelente. "Aquellos que en los tiempos modernos, niegan todo interés cristiano en los procesos políticos no pueden leer con sensibilidad las historias de Mardoqueo, José y Daniel. Un conflicto de interés puede, sin duda, presentarse, y se ha presentado para muchos. Pero cada uno de nosotros, hasta que ese momento viene, puede hacer suya la exhortación con la que el profeta Jeremías se dirige en el nombre de Dios a los exiliados en Babilonia: "Y procurad la paz de la ciudad a la cual os hice transportar" (Jer. 29.7)".[16]

Vuelva a leer Ester 2.21-23 y siga la pista a la noticia que fue desde Bigtán y Teres al rey Jerjes.

Aquí tenemos retazos de una relación que nos ayuda a añadir textura y color a nuestros personajes históricos. Sabemos que Mardoqueo, al enterarse de la intriga, la dio a conocer a la reina Ester; por lo tanto, los dos encontraron formas de comunicarse a pesar de su secreta conexión étnica.

¿Se puede imaginar cómo se sintió Mardoqueo en el día del banquete de Ester cuando las calles se convirtieron en pistas de baile y los regalos reales fluían como vino? ¿Y cuando pudo ver desde la distancia a su amada Ester con la corona en su cabeza y la túnica real sobre sus hombros? ¿Cree usted que Mardoqueo pensó que se le veía como una niña pequeña bien vestida o se estremeció al verla como una adulta?

Como suelen hacer los padres, Mardoqueo pensaba en Ester día y noche, preguntándose cómo era tratada cuando estaba lejos de la vista pública y si una joven educada en la manera en que ella lo había sido sería feliz en medio de aquella pompa y circunstancias. Otra vez, ¿no la había metido él en esa situación? ¿No la había dirigido en ese camino? Estaba orgulloso de ella, pero también preocupado por ella. Ambicionaba cosas para ella y estaba asombrado. Era una hija para él, pero era la reina para los demás. Bienvenidos al alma preocupada del padre y la madre que siente que han perdido su última ilusión de control.

Una pregunta para usted

Describa en el margen la última vez que usted sintió emociones encontradas de protección y orgullo respecto de alguien que ama.

Si bien no podemos considerar la relación de Jerjes y Ester una relación tradicional, ellos tuvieron momentos singulares que pueden considerarse normales para la realeza.

Nuestro texto de hoy no sólo nos invita a explorar las más profundas dimensiones en la relación de Mardoqueo y Ester, sino también los primeros esbozos de una auténtica relación en desarrollo entre Jerjes y Ester. Imagínese la urgencia que inundó su corazón cuando Mardoqueo le habló acerca de la conspiración. Véala pensando en cómo pasar por aquel enredo de protocolo para llegar a Jerjes antes que lo hicieran los conspiradores. No olvide que Bigtán y Teres tenían acceso al rey. Los que guardaban la puerta también podían pasar por la puerta.

Me pregunto si esta crisis constituyó el primer momento cuando algo más que obligación o admiración conmovió el corazón de Ester hacia Jerjes. Después de todo, si usted quiere que una mujer salte en defensa de su hombre, trate de amenazarlo de alguna manera. Si usted quiere que ella sienta algo por él, hágala pensar en qué haría si lo pierde.

No piense por un momento que, puesto que Jerjes y Ester eran el rey y la reina, tenían lo que podríamos considerar una relación tradicional de marido y mujer. Nada fue normal en la manera en que ellos empezaron su vida juntos o, como lo veremos pronto, cómo la sostuvieron. No preparaban la comida ni limpiaban juntos la cocina como Keith y yo lo hicimos anoche o dieron juntos un paseo con sus perros como nosotros lo hicimos a la mañana siguiente. No obstante, ellos tuvieron momentos en que algo sucedió de manera que el sello de uno fue estampado en el otro. Creo que este puede haber sido uno de esos momentos.

Pregunta clave

Cuando la reina Ester le habló al rey acerca del complot, ella reconoció el mérito de Mardoqueo (v. 22). Entonces, ¿qué ocurrió según el versículo 23?

Nuestros ojos poco acostumbrados a identificar elementos culturales pueden pasar por alto un detalle importante de parte de Jerjes. Aunque el informe de Mardoqueo fue investigado y confirmado, y los conspiradores fueron ahorcados, se pasó por alto darle a Mardoqueo una recompensa. Leemos que quedó constancia de lo sucedido: "Y fue escrito el caso en el libro de las crónicas del rey". No obstante, a Jerjes se le pasó compensar al hombre que había salvado su vida.

El historiador griego "Herodoto nos dice que los reyes persas eran bien conocidos por recompensar a los benefactores (His.3.139-141, 153; 5.11; 9.107). Para un acto tal de valor y lealtad, uno podía esperar algunos beneficios, incluyendo una buena promoción o una exención de impuestos. ***Orosangai***, como eran llamados estos héroes, eran con frecuencia liberados de la obligación de inclinarse ante otros nobles. Aunque todo eso quedó escrito... en presencia del rey (v. 23), el rey falló en recompensarle. Sin una razón aparente y para vergüenza del rey en el capítulo 6, a Mardoqueo lo pasaron por alto. El capítulo 3 empieza con una increíble injusticia cuando el rey promueve a un rival de Mardoqueo (y del rey) en vez de a su verdadero benefactor".[17]

Sigamos pensado en esa última declaración a medida que la curiosidad aumenta por el giro que da la historia. No resisto el preguntarme con usted si al final del capítulo 2 Ester se encuentra frustrada. Sentía un gran alivio porque se había evitado el desastre; pero después de hacer todo lo que estaba en su mano por darle el crédito a Mardoqueo por la información, Jerjes parece olvidarse de él por completo. Ester llevó al caballo real a beber, pero no pudo hacer que él bebiera.

¿Puede recordar situaciones semejantes? ¿Se ha dado cuenta que usted puede forzar el oído de una persona pero no puede forzar su mano? A veces le digo algo a mi esposo por algo más que el simple beneficio del conocimiento. En secreto, trato de controlar lo que hace. En ocasiones, se requiere más disciplina para darle a alguien información sin decirle qué hacer con ella. Pruebe esa teoría por un tiempo y vea. La información que damos con la intención de que alguien actúe de acuerdo con nuestros planes casi nunca se convierte en el platillo que esperábamos. De alguna manera nos quedamos sentados en aquella mesa preguntándonos: ¿Qué pasó? Mientras, los otros se divierten en el campo de golf, haciendo como que no se enteraron. Y en realidad no se enteraron. Sí, es difícil ser escuchados.

A veces podemos definir la providencia como cuando Dios trastoca nuestro plan con el suyo... y entonces Él aparentemente desaparece. ¡Anímese, amigo! Él está allí y está haciendo lo correcto.

La información que damos con la intención de que alguien actúe de acuerdo con nuestros planes casi nunca se convierte en el platillo que esperábamos.

Semana 3

Una gran pasión por el honor

A veces la vida no es bonita. No somos caballitos de plástico, y no finjo con esto. No importa cuánto brillemos en la iglesia o en el estudio bíblico, en la vida cotidiana sufrimos mucho. En lugar de seguir adelante y sentir el dolor, procesándolo delante de Dios, y dejando que Él nos sane, a veces optamos por un intercambio.

Preguntas clave

1. Mardoqueo no difamó, pero tampoco se arrodilló. ¿Cómo sabemos que se mantuvo firme?
2. La cólera astuta de Amán se transformó en un cuidadoso cálculo. ¿Cómo escogió Amán el día de la destrucción de los judíos?
3. Obviamente Amán era un adepto a la guerra psicológica. ¿Cómo usó las tácticas psicológicas para conseguir del rey Jerjes lo que se proponía?
4. ¿De qué manera nos autoriza Juan 8.44 a que identifiquemos al diablo como el "padre" de Amán?
5. ¿Cómo se imagina usted que reaccionó la gente de Susa ante el edicto?

Día uno

Rehusó arrodillarse

EL TESORO DE HOY

"Y todos los siervos del rey que estaban a la puerta del rey se arrodillaban y se inclinaban ante Amán, porque así lo había mandado el rey; pero Mardoqueo ni se arrodillaba ni se humillaba". Ester 3.2

No hace mucho disfruté de la compañía de una preciosa niña de seis años llamada Allison. Es una niña bendecida porque durante toda su vida ha visto a su mamá estudiar la Biblia en grupos pequeños. Allison me robó el corazón cuando me enteré de que ella juega al estudio bíblico con sus My Little Ponies®. Tengo una foto del pequeño grupo en acción. Ella coloca a los caballitos formando un semicírculo, y uno de ellos está al frente para enseñarles la lección. Allison quería que yo supiera que soy yo la que está parada delante de todos con sus "alas brillantes". Me pareció reconocer mi melena. El gozo me invadió el alma y estallé en carcajadas.

Muchos de ustedes son líderes de estudio bíblico. Me siento muy agradecida por su disposición a invertir en aquellos que Dios ha confiado a ustedes. Su tarea no es en vano. La Palabra de Dios renueva en verdad las mentes y transforma vidas. Sólo el cielo puede testificar cómo una persona inundada del amor de Cristo puede ver más allá de su limitada visión. Así que ¡adelante! líder de grupo pequeño. Cuando la tarea se ponga difícil, recuerde a Allison. Usted es el de las alas brillantes.

Escenario 3: Es difícil actuar de acuerdo con los principios de Dios.

Un tercer escenario aparece en el margen. Es difícil actuar de acuerdo con los principios de Dios en un mundo vil o más difícil es no contagiarse de esa vileza. Dios sabe que tenemos muchas tentaciones. Usted y yo estamos aprendiendo que tenemos que lidiar con nuestra propia vileza cada vez que esta levanta su fea cabeza. Si no lo hacemos, la "vileza" no sólo aparecerá, sino que se quedará.

¿Qué más dijo a usted la vileza de la sesión 2?

A veces la vida no es bonita. No somos caballitos de plástico, y no finjo. No importa cuánto brillemos en la iglesia o en el estudio bíblico, en la tierra aún sufrimos. En lugar de seguir adelante y sentir el dolor, procesándolo delante de Dios, y dejándo que Él nos sane, a veces optamos por un intercambio. Cambiamos el dolor por el enojo porque este es más fácil de sobrellevar por un tiempo y también puede vigorizarnos Pero pronto el enojo se convierte en maldad. Los amigos se convierten en enemigos. Y Agag se convierte de Amán.

Lea, por favor, Ester 3.1-4. En la sesión 2 estudiamos la antigua rivalidad que había entre los israelitas y los amalecitas. Hoy veremos el segmento como un todo.

Según Ester 3.1-2, ¿cuáles dos decisiones tomó el rey Jerjes al desarrollarse esta parte de la narración? Él...

- le dio a Mardoqueo la silla de más alto honor entre los nobles.
- le dio a Amán la silla de más alto honor entre los nobles.
- ordenó a todos los siervos del rey que se arrodillaran y se inclinaran ante Amán.
- ordenó a todas las esposas que se arrodillaran e inclinaran antes sus maridos.

¿Qué le llamó la atención sobre Mardoqueo? ______________________

Dios tiene tanto propósito en lo que Él no revela en su Palabra como en lo que sí revela. No nos dice por qué Mardoqueo se rehusó a arrodillarse. Puede ser que él llegara a la conclusión de que, en efecto, el rey les estaba pidiendo que adoraran a Amán. Si ese fuera el caso, arrodillarse habría sido un acto de idolatría.

Muchos eruditos se inclinan más bien a pensar que fue la continua rivalidad generacional lo que motivó la negativa de Mardoqueo. Su cargo a las puertas de la ciudad le permitía tener acceso a todo tipo de información. Mardoqueo conocía la herencia de Amán. Pienso que él fue capaz de ver la malicia oculta bajo las maquinaciones y la lisura exterior de Amán.

Dudo que haya una situación más incómoda que la que enfrentamos cuando percibimos la maldad en alguien a quien los demás estiman. En ningún otro momento deberíamos ser más devotos y cuidadosos que cuando examinamos nuestros impulsos pecadores.

Las complicaciones de un juicio erróneo o exagerado son enormes. Describa en el margen unas cuantas cosas que pueden suceder si estamos equivocados.

Entre las complicaciones en su lista, es probable que usted haya anotado que podemos vernos severamente castigados por Dios. Yo procuro evitar por todos los medios esa clase de dificultad. Imagínese también el terrible sentimiento de culpa si resulta que retractarse no es suficiente. Sin duda alguna, todos hemos juzgado mal a alguien alguna vez.

Sin mencionar nombres describa una ocasión en la que alguien le haya demostrado que usted estaba equivocado.

¿Cuál de las siguientes palabras describe mejor cómo se sintió?

- Aliviado
- Impresionado
- Avergonzado
- Perplejo
- Agradecido
- A la defensiva

Una de las razones por las que debemos tener cuidado de no difamar es porque no podemos controlar el alcance de nuestras palabras. Los humanos comemos chismes como las ranas comen moscas

¿Qué nos dice Proverbios 18.7-8 acerca de este proceso?

El chismorreo resulta fácil debido a que nuestra naturaleza humana, cuando no se le contiene, encuentra una satisfacción enfermiza en el engañoso descubrimiento de que alguien que parecía superior resulta inferior. Nosotros los que confiamos en Cristo nos caracterizamos por tener una naturaleza diferente (2 P. 1.4). Si percibimos algo malo o sospechoso, Dios nos invita a que confiemos a Él nuestra preocupación con gran humildad, para que interceda fervientemente, y le preguntemos qué —si es que hay algo— deberíamos hacer. Sí, las Escrituras nos dicen que denunciemos las "obras infructuosas de las tinieblas" (Ef. 5.11), pero todo son conjeturas hasta que estamos seguros de que hemos visto las tinieblas con ojos de luz.

Con frecuencia el asunto que está en juego no es urgente y el tiempo se encarga de confirmarlo. Si se demuestra que nuestro juicio es correcto, nuestra reacción interna será la mejor indicación de si nuestro corazón estaba también en lo correcto o no. Si fuimos petulantes, nuestro corazón estaba equivocado. Si fuimos humillados, nuestro corazón probablemente estaba puro.

No vemos ninguna evidencia de que Mardoqueo difamara a Amán. En realidad, el hecho de que sus rodillas hayan sido las únicas que no se doblaron, nos indica que este hombre de notable posición no persuadió a otros para que se unieran a él en una protesta pública. Mardoqueo no difamó, pero tampoco se arrodilló. Para Mardoqueo, Amán era una semilla de maldad plantada en tierra de odio que crecía con cada nueva generación. Cada par de rodillas que se hincaban cultivaban el terreno. Con la menor provocación, la semilla geminaría... no obstante, Mardoqueo se mantuvo de pie. Y no sólo una vez.

Mardoqueo no difamó, pero tampoco se arrodilló.

¿Cómo sabemos que Mardoqueo se mantuvo firme (Est. 3.4)?

Pregunta clave

No puedo aguantarme las ganas de mostrarle algo. El lenguaje usado por los siervos del rey al referirse a que Mardoqueo no se arrodilló ante Amán es sorprendentemente parecido a un solo versículo en la Biblia hebrea.[1] Examinemos ese versículo junto con su contexto:

Por favor lea Génesis 39.2-10. Al igual que Mardoqueo, José rehusó hacer lo que otro en una posición de autoridad insistió en que hiciera. ¿Qué fue eso?

El vocabulario hebreo que describe cómo la esposa de Potifar "hablando ella a José cada día, y no escuchándola él para acostarse..." es muy semejante al de Ester 3.4: "Aconteció que hablándole cada día de esta manera, y no escuchándolos él..."

Considere los dos escenarios por un momento. En estas referencias encontramos dos tentaciones titánicas: Entregarse a la gratificación sexual ilícita y arrodillarse ante un gran ego para salvar la piel. Cada una de estas tentaciones es bastante difícil de resistir cuando llama por primera vez a nuestra puerta. Sin embargo, tenga presente que la oportunidad golpeó como ariete una y otra vez la puerta de la carne de José y de Mardoqueo.

Una pregunta para usted

Reflexione por un momento sobre alguna ocasión en que la fuerza de una tentación haya golpeado hasta ser casi insoportable. Si usted es como yo, no tendría que reflexionar mucho para encontrar un ejemplo personal. ¿Cuándo fue la última vez que sintió usted que el asedio de la fuerza de un enemigo invisible trataba de derribar su puerta con el golpe repetido de un ariete? (Enfoque su respuesta en el cuándo más que en el qué.)

Satanás tiene una teoría en la que basa toda su carrera de acusador: Aun los fuertes pueden llegar a ser débiles. Eso es cierto, estimado amigo, pero esto otro también es verdad: Aun los débiles se pueden hacer fuertes si programan su mente para ello. Tomemos como ejemplo a José y Mardoqueo. ¿Cómo se mantuvieron firmes tan eficientemente que el ariete de la tentación no pudo reventar las puertas de su alma y entrar? Le voy a decir lo que pienso. Cada uno de ellos respondió con base en su actitud mental y no en sus estados emocionales.

José era un hombre joven, atractivo y soltero. No creo que él no tuviera deseo cada vez que se le insinuó la esposa de Potifar. Después de todo, la última vez que él se marchó no lo hizo caminando. Echó a correr. ¿Cómo logró tener éxito día tras día?

La actitud mental de José fue mucho más fuerte que sus estados de ánimo. Del mismo modo, la presencia de Amán no le cayó mal a Mardoqueo sólo el día en el que tenía tantas ganas de pelear que se obstinó y se negó a arrodillarse. Incluso los días en los que doblar las rodillas hubiera sido más fácil que verse acosado, la firmeza de la actitud mental de Mardoqueo fue más fuerte que sus estados de ánimo.

¿Qué piensa usted que quiere decir el apóstol Pablo con "poned la mira" en Colosenses 3.2?

Usted y yo a veces simplemente no nos sentimos bien. Es algo hormonal. Nos sentimos carnales. Llegan las tentaciones y entonces o caemos en ellas porque tenemos ganas de pecar o recurrimos a una actitud mental que resulta más fuerte que nuestro estado de ánimo.

Pasé años teniendo pensamientos carnales y una ocasional resistencia a caer en la tentación. Se puede imaginar cuánto tiempo pasé metida en el hoyo. Alabado sea Dios, la tenacidad de su amor y compañía me ayudaron con mi debilidad crónica y me hice menos débil. Para llegar a disfrutar de cierto triunfo, tuve que aprender a tener una clara intención y determinación en cuanto a dónde "poner la mira".

No podemos depender sólo de un buen estado de ánimo para triunfar. Después de todo, nadie puede tener un magnífico cabello, el traje correcto y un aumento de sueldo todos los días. Pero le diré lo que sí podemos tener: un ariete de tentaciones constantes golpeando a nuestra puerta… sí, a diario. Necesitamos algo más que un estado de ánimo; necesitamos un modo de pensar. Hagamos un trato. Yo oraré Deuteronomio 33.25 por usted, y usted lo hará por mí:

> Mi amado hermano, quiera Dios darle una firmeza mental tal que de "hierro y bronce serán tus cerrojos, y como tus días serán tus fuerzas" (Dt. 33. 25).

Día dos

Las suertes de la ira y el menosprecio

EL TESORO DE HOY

"Pero tuvo en poco poner mano en Mardoqueo solamente, pues ya le habían declarado cuál era el pueblo de Mardoqueo; y procuró Amán destruir a todos los judíos que había en el reino de Asuero, al pueblo de Mardoqueo". Ester 3.6

Nuestra lección anterior terminó con la atención centrada en el modo de pensar de Mardoqueo y en sus rodillas sin doblar. Hoy nos concentraremos en la reacción en cadena que siguió a su negativa a arrodillarse. Me reservé a propósito algunos comentarios sobre el cuarto versículo del segmento bíblico de ayer con el fin de que pudiéramos verlo junto con la escena de hoy.

Empiece la lección leyendo Ester 3.4. ¿Cuál es la razón expresa por la que los siervos del rey le hablaron a Amán sobre Mardoqueo?

A algunas personas les gustan tanto las peleas públicas que ayudan a preparar la escena. Los siervos del rey llevaron noticias a Amán con la intención precisa de ver cómo reaccionaba. El desagrado de Amán por los judíos parece que fue tan notorio entre los siervos que ellos supusieron que la información prendería el fuego. ¿Cómo descubrieron ellos el prejuicio de él? De la misma manera que notamos nosotros los prejuicios de aquellos con quienes trabajamos o viven cerca de nosotros.

Escriba en el margen algunas formas específicas mediante las cuales somos conscientes de los prejuicios de otros.

Es probable que Amán haya hecho comentarios y haya estereotipado a los judíos a espaldas de estos. Si él era como la mayoría de los intolerantes, hacía chistes sobre ellos cuando estaba de buen humor y los criticaba enfurecidamente contra ellos cuando no lo estaba. Una cosa parece clara: Había expresado sus opiniones con suficiente frecuencia como para que los siervos estuvieran atentos de su reacción cuando él se dio cuenta de que la persona que no se había arrodillado era judía. Amán era como un barril de pólvora y la presión de los siervos para que reaccionara fue como encender un cerillo.

Una pregunta para usted

¿Se ha sentido usted alguna vez forzado a reaccionar de una forma más enérgica ante una situación sólo porque otros lo observaban? Describa la ocasión.

Tengo bastantes problemas aunque no reaccione exageradamente. Lo último que necesito es que alguien me pique para que lo haga. ¿Usted también? Entonces empecemos por resistirnos a morder el anzuelo de la gente que disfruta con dramas ajenos. Si los siervos del rey estaban buscando que Amán reaccionara, lo consiguieron.

Lea Ester 3.5-6. ¿Qué idea desdeñó Amán?

La misma pregunta viene a mi mente una y otra vez. ¿Cómo es posible que una persona piense que tiene el derecho de destruir a miles, cientos de miles o incluso millones de vidas humanas?

Las circunstancias pueden ser difíciles, pero ser "vil" requiere una personalidad.

¿Cómo podrían los dictadores de la historia responder a esa pregunta?

¿Se acuerda del tercer escenario que presentamos en nuestra última sesión?

Llene el espacio en blanco como corresponda
Es difícil actuar ____________________

Sugerí en la sesión 2 que lo más perturbador de vivir en un mundo vil es que son las personas quienes lo hacen vil. Las circunstancias pueden ser difíciles, pero ser "vil" requiere una personalidad.

El desgarrador siglo XX llegó y se fue, llevándose a la tumba a muchos de los dictadores que combinaron sus legados con veneno letal. Antes de engañarnos pensando que el mundo no verá otro siglo de matanzas sistemáticas, considere la advertencia de Cristo de que la persecución religiosa, la maldad y la guerra sólo aumentarán con el paso del tiempo (Mt. 24.9-12).

Incluso ahora me estremezco al pensar lo que estarán soportando nuestros hermanos y hermanas cristianos en Corea del Norte mientras nosotros tomamos café y pasamos las hojas de nuestro estudio bíblico. Moriríamos de desesperación si no fuera por la confianza en las Escrituras de que Dios ve la injusticia y el sufrimiento y de que Él vengará las vidas de sus hijos.

Los Amanes han dejado rastros de sangre inocente a lo largo de la historia. Ninguno, sin embargo, tramó un ataque más completo que el enemigo de los judíos en el tiempo de la reina Ester. Él planeó un holocausto en el sentido más literal de la palabra. El término en realidad significa quemar por completo, destrucción total y sacrificio por fuego. Sin duda sólo el diablo mismo se sentiría complacido por tan horroroso sacrificio humano y las llamas del infierno serían las únicas que servirían para llevarlo a cabo.

El erudito Jon Levenson sugiere que Amán fue empujado a ese camino por su "desmesurado amor propio y su exagerado temor a la desgracia".[2] Usted y yo no somos "Amán", pero sí nos hemos enfrentado cara a cara con nuestros propios reflejos de maldad. Con todo lo incómodo que esa introspección pueda ser, reflexionemos cada uno sobre los momentos en que nos hemos topado con los aspectos odiosos de nosotros mismos.

Piense despacio. ¿Encuentra alguna relación entre aquellos tiempos y un "desmesurado amor propio o un exagerado temor a la desgracia"? Si es así, ¿estaría usted dispuesto a explicar esa relación?

Este proceso no tiene la intención de incitar a la autocondena. Al contrario, podría incitar a la sanación si estuviéramos dispuestos a dejar que Dios nos mostrara el origen de esa maldad (recuerde, siempre tiene una historia) y a dejar que Él nos acompañara en esa área de quebranto. La maldad siempre identifica una amenaza, ya sea real o imaginaria.

¿Cómo cree usted que Amán se sintió amenazado por Mardoqueo?

Según el versículo 5, ¿qué emoción predominó en Amán cuando Mardoqueo rehusó arrodillarse?

■ Vergüenza ■ Temor ■ Odio ■ Ira

"La palabra hebrea hamah (enojo) es un término muy fuerte que se refiere a un 'calor interior y emocional que surge y se eleva a varios grados—hasta convertirse en una ira que arde y consume'. En el libro de Ester el término se usa seis veces: cuatro para referirse al rey (1.11; 2.1; 7.7, 10) y dos para referirse a Amán (3.5; 5.9). En cuanto al rey, la ira parece surgir con rapidez y luego asentarse. Respecto a Amán, la ira también surge violenta, pero no hay una mención específica de que se asiente. En 3.5, el enojo de Amán explota debido a la afrenta directa de Mardoqueo".[3]

¿Ha conocido usted a una persona que se enojó y nunca se calmó? Cada vez que mis hermanos, hermanas o yo misma caíamos en picada emocional por algo, mi abuela solía decir: "¡Os podéis poner alegres con las mismas ropas con que os habéis llenado de enojo!" Algunas personas nunca recuperan la alegría. Simplemente se quedan enojadas. Nosotros no queremos estar entre ellas, sin importar cómo hayamos sido provocados. El enojo que no se calma rápidamente termina quemando a personas inocentes.

¿Qué enseñanza da Efesios 4.26-27 con relación al enojo?

Pregunta clave

La cólera astuta de Amán se transformó en un cuidadoso cálculo. Lea Ester 3.7. ¿Cómo escogió Amán el día de la destrucción de los judíos?

Pur es la palabra babilónica para echar la suerte por medio de dados de arcilla grabados con oraciones de buena suerte en vez de puntos. Estas piedras o palitos especialmente marcados eran puestos en una jarra o en una pieza de tela doblada y agitados hasta que uno de ellos caía y mostraba la respuesta de "divinamente aprobada" a la pregunta hecha.[4]

En algunas circunstancias específicas, Dios permitió a Israel la práctica legítima de echar la suerte como una forma de investigar su voluntad. Sin embargo, este recurso no era la práctica diaria normal. El antiguo pueblo de Dios prefirió en mucho investigar Su voluntad por medio de la oración y de las Escrituras como lo hacemos nosotros.

En Ester 3, Amán usó la suerte como un medio para determinar el "mejor día" para que sus malvados planes tuvieran más posibilidades de éxito. Buscó el mejor momento, según los dioses paganos que trabajaban para favorecer los augurios.[5] Al ver el momento y la ironía de los sucesos que muy pronto empezarían a ocurrir, Proverbios 16.33 aparece como el sabio que ve los planes del ignorante.

¿Qué dice Proverbios 16.33 acerca de echar la suerte?

¿En qué mes fue echada la suerte delante de Amán (Ester 3.7a)?

■ Nisán ■ Mayo ■ Enero ■ Kisléu

Ese momento será trascendental en el estudio del día 4 de esta semana, así que téngalo muy en cuenta.

Ahora, ¿en qué mes cayó la suerte (Ester 3.7b)?

- Nisán
- Adar
- Tammuz
- Octubre

El escritor divinamente inspirado de Ester hizo algo significativo en Ester 3.7 que no queremos pasar por alto. En Ester 2.16 él se refiere al momento en que Ester fue llevada al rey, y usa el nombre del mes (Tebet) correspondiente al calendario persa. Aquí en 3.7, sin embargo, el escritor de repente cambia los nombres de los meses y usa los del calendario hebreo: "Nisán" y "Adar". ¿Por qué el cambio es significativo? En el momento en que el calendario persa representó una amenaza para el pueblo de Dios, lo cambió por su propio calendario.

No importa cuán meticulosos sean los planes del hombre, toda intriga en contra de un hijo de Dios es esbozada frente a los ojos divinos en un calendario sagrado. Dios creó el tiempo. Y ningún humano puede quitárselo o usarlo en contra de Él. El tiempo es importante para Dios sobre todo porque sus hijos, que están temporalmente sujetos al tiempo, son importantes para Dios. Cada fecha humanamente programada sobre cada uno de sus hijos se escribe, no sólo en el calendario de un médico, o de un hospital, o del juez de un tribunal. Se escribe en el calendario de Dios. Porque cada año de vida que se concede a una persona, confíe en que sólo a Dios corresponde darlo.

Confíe en que sólo a Dios corresponde dar el tiempo.

Cada cita en su calendario humano puede ser una cita con Cristo. Él se encargará de conducirla.

Día tres

Maldad brillante

EL TESORO DE HOY

"Hay un pueblo esparcido y distribuido entre los pueblos en todas las provincias de tu reino... y al rey nada le beneficia el dejarlos vivir". Ester 3.8

Independientemente de la planificación y de echar la suerte, todas las cosas relacionadas con el pueblo de Dios están marcadas en Su calendario. Empecemos nuestra presente lección con un vistazo al mismo pasaje bíblico, pero esta vez desde una perspectiva terrenal. Repase Ester 3.7.

¿Cuántos meses había entre el momento de echar la suerte y el escogido para la aniquilación? ■ 11 ■ 6 ■ 12 ■ 2

El edicto fue anunciado casi de inmediato, lo cual dejó a los judíos e incluso a sus vecinos persas 11 meses completos para aterrorizarse y desesperarse por su sentencia de muerte. ¿Se lo puede usted imaginar? Figúrese que usted y sus seres más amados viven en un país en el que un día un presentador de televisión da a conocer una nueva e inalterable ley: A partir de este momento, el cristianismo no sólo es ilegal, es también letal. Usted y aquellos a los que más ama tienen 11 meses de vida, periodo después del cual todos ustedes serán asesinados. El reino es tan vasto que ningún avión, tren o barco puede llevarlos lo suficientemente lejos como para cruzar la frontera. ¿Serían esos 11 meses los más cortos y los más largos de toda su vida?

Las primeras 24 horas después del anuncio.

La posibilidad es horrible, ¿no es cierto? En palabras de Robert Gordi, imagínese "vivir constantemente a la sombra de una catástrofe inminente".[6]

A los seis meses del anuncio.

Describa en el margen en cuál de los tres períodos cree que se encuentra usted emocionalmente.

El primer día del último mes.

Amán lanzó armas psicológicas contra los judíos, y ahora nosotros nos vemos en la mira de esas mismas armas en manos de nuestro enemigo que está tratando de vengarse de Dios atacándonos a nosotros. Debido a que Satanás está limitado en lo que se refiere a los creyentes, su táctica más poderosa es psicológica. Aunque él no puede poseer nuestras mentes, sí puede influir profunda y destructivamente en nuestros pensamientos.

La táctica más eficaz de Satanás, sinceramente, conmigo ha sido atraparme en el tormento mental. Tan recientemente como hoy, cuando me despedía con un beso de mi hija y de mi nieto y los veía alejarse camino a su propia casa en otra ciudad, me di cuenta de lo mucho que el diablo disfrutaría atormentándome con el temor por la seguridad de ellos. Nada le gustaría más que verme renunciar a mi gozo de abuela gracias a su hostigamiento con especulaciones inútiles (Ro. 1.21).

Una pregunta para usted

¿Qué situación reciente lo tentó a caer en el tormento mental?

Eso es, mi amigo, guerra psicológica. Debemos atrapar al enemigo en el acto, llamarlo por su nombre y evitar que consiga lo que quiere. Los judíos en Persia en los días de Amán no disponían de las estrategias del Nuevo Testamento que nosotros poseemos. La perspectiva de caminar a la sombra de una muerte violenta durante 11 meses era realmente insoportable. El salmista David supo lo que era andar en el valle de sombra de muerte y, no obstante, se prometió a sí mismo no temerle a ningún mal.

¿Sobre qué bases sufrió David tormento mental según el Salmo 23.4?

Uno de los conceptos más complicados de la narración de Ester es que los judíos en la Diáspora, tan lejos de Jerusalén y tan cómodos en Persia, no sabían si Dios estaba con ellos o no. Cuántas gracias doy a Dios por 2 Timoteo 2.13 que nos dice: "Si fuéremos infieles, él permanece fiel; él no puede negarse a sí mismo". Vayamos ahora al siguiente segmento de las Escrituras. Lea por favor Ester 3.8-9.

Pregunta clave

Amán era obviamente un adepto a la guerra psicológica. ¿Cómo usó las tácticas psicológicas para conseguir del rey Jerjes lo que se proponía?

Amán no llegó a los lugares altos porque fuera tonto. Qué aterrador es enfrentarse a alguien con un corazón malvado y una mente excepcional. Su acusación iba de la verdad —un pueblo esparcido y distribuido en el reino— a una media verdad —sus leyes son diferentes a las de todo pueblo—, a la descarada mentira: no nos beneficia que vivan.

Observe la hábil construcción del enfoque de Amán. Primero se refirió a los judíos como "un pueblo". "Amán omite el nombre para evitar que el rey piense en términos de personas específicas, tales como el judío Mardoqueo, no fuera que retrocediera y no quisiera matar individuos conocidos. Amán alude a los judíos en términos vagos, haciéndolos anónimos, indefinidos, despersonalizados. Es más fácil matar una abstracción que a una persona".[7] Dios nos llama por nombre. Satanás y sus huestes nos ven como números, lo cual se ilustra con el escalofriante tatuaje de identificación que portaban los judíos en los campos de muerte de Hitler.

La frase "hay un pueblo" en Ester 3.8 puede también traducirse como "un pueblo". La fraseología de Amán insinúa: "Tu imperio abarca a muchos pueblos". Uno de ellos (sólo uno, nada importante) es peculiar y peligroso".[8] Amán transmite a Jerjes sólo una parte correcta de la información. Este "un pueblo" estaba en realidad "esparcido y distribuido". Tanto así que, en realidad carecía de solidaridad para ser la amenaza que Amán describía que era. Irónicamente el edicto sería exactamente lo que lo catapultaría a la unificación de la que tanto carecía.

Segundo, Amán sugirió que las leyes y costumbres de los judíos eran intolerablemente diferentes. Fíjese, nuestra narración hasta el presente nos ha indicado que el pueblo de Dios estaba tan completamente asimilado en su cultura que no era posible distinguir la condición judía de la que se habla en Ester. La verdad es que los judíos en Persia no eran tan diferentes en costumbres como Dios quería que fueran. La costumbre en particular que Amán encontró objetable fue, por supuesto, la determinación de Mardoqueo a no arrodillarse.

Una de las más profundas ironías es la descarada mentira que Amán dijo a Jerjes respecto a la indisposición de este "pueblo" a no guardar las leyes del rey. En Ester 2.21-23, ¿fue Mardoqueo el que protegió las leyes del rey en lugar de proteger a sus propios guardias persas? No obstante, el rey no se podía permitir el lujo de la humillación de una rebelión si Amán estaba en lo cierto. Ya había sufrido la burla de la rebelión de Vasti, dos derrotas con los griegos y un intento de asesinato dentro de su propio palacio.

Sin embargo, la última declaración en el versículo 8 fue el factor decisivo. ¿De los beneficios de quién se estaba hablando aquí? ______________________

¿Lo que Amán sugirió no era en el mayor beneficio de Jerjes?

Dios mostró compasión hacia su pueblo esparcido

La palabra hebrea que traducimos como dejarlos significa tolerarlos. La palabra se deletrea como la palabra dar descanso o dar respiro.[9] ¿No es uno de las principales objetivos de Satanás no dejarnos disfrutar del descanso que Cristo nos da? Mateo 9.36 nos dice: "Y al ver [Jesús] las multitudes, tuvo compasión de ellas; porque estaban desamparadas y dispersas como ovejas que no tienen pastor".

Amán cometió un grave error cuando decidió acosar a los judíos y hacer que se sintieran como ovejas sin pastor. Todo lo que el enemigo de los judíos conseguiría sería mover la compasión en el corazón de Dios hacia su pueblo esparcido y hacer que las cosas salieran al contrario de cómo pensaba Amán.

Lea Proverbios 6.16-19. Anote en el margen cada una de las cosas hechas por Amán que el Señor "aborrece".

Amán podría haber sido el niño del cartel de la República Popular para Provocar la Ira Divina. Considere su oferta de depositar dinero en las arcas reales para recompensar el genocidio (3.9). Él estaba dispuesto a pagar, pero no en la manera que planeó.

Lo que Amán esperaba conseguir por medio del soborno era apelar "a la necesidad del rey de reponer en las arcas reales lo que Jerjes se había gastado en las desastrosas guerras contra Grecia".[10] Amán planeaba desvalijar a los judíos (3.14), incrementar el tesoro real y, sin duda alguna, llenar sus propios bolsillos.

¿Cuál fue la respuesta de Jerjes a la oferta financiera (3.10-11)?

"Jerjes tuvo el gesto de rechazar la oferta, pero antes de que esto impresione a usted demasiado, piense en que el gesto se entendió como falso. Apegado a su autoimagen de dar generosamente (lea, por ejemplo, 1.7-8; 5.6; 9.12), su generosidad es en gran medida una pose, porque todas sus decisiones están gobernadas por la preocupación de su ego".[11]

Según el versículo 10, Amán recibió de Jerjes algo mucho más importante que el dinero. ¿Qué fue? ______________________

Lo que recibió fue evidentemente algo más que una pieza de joyería. ¿Qué piensa usted que representaba?

Amán no podía haber deseado nada mejor que el anillo real de Jerjes. Él se parecía a la desdichada criatura Smeagol en la obra de ficción de J.R.R. Tolkien El señor de los anillos. Para Smeagol el anillo era lo "precioso". Todo valía la pena por él. Vivir por él. Matar por él. En los reinos de la antigüedad, el anillo real se usaba exactamente como una firma oficial en cualquier documento. Darle a una persona un anillo de sellar era como darle carta blanca para usarlo en toda transacción legal como si fuera la propietaria del anillo.

Eche un vistazo por adelantado a Ester 8.8, pero trate de resistir la lectura del contexto que le rodea. Lo exploraremos a fondo cuando llegue el momento, pero contiene una información que impactará nuestra comprensión actual del anillo. Ese versículo describe la grandeza de algo que se había hecho con el anillo de sellar del rey.

¿Qué dice Ester 8.8 acerca de anillo de sellar del rey?

Debido a que el rey entregó a Amán el anillo, nadie sería capaz de anular lo que el agagueo —el enemigo acérrimo de los judíos— estaba a punto de hacer. La declaración última de Jerjes al final de Ester 3.11 es la más escalofriante.

¿Qué dijo Jerjes a Amán que podía hacer con los judíos?

¿A quién se le puede dar permiso en este mundo para que haga con el pueblo lo que bien le pareciere? Ese poder sin control puede corromper incluso a la persona más justa. Para aquellos que ya están cultivando en su interior las profundas semillas de la maldad, eso es como darles licencia para robar, matar y destruir.

El enemigo de los judíos era en verdad un hombre astuto. Consiguió hacer lo que su padre, el diablo, más ha disfrutado hacer: mostrarle a alguien el bien de hacer el mal. El segmento de hoy termina, como un comentarista describió acertadamente, "con el olor de las cámaras de gas impregnándolo".[12]

Sí, hay una serie de cosas que el Señor aborrece, y Amán cometió casi todas las descritas en el Megillah.

Día cuatro

Destruye, mata, aniquila

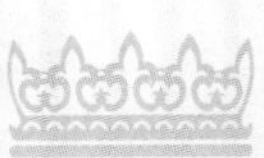

EL TESORO DE HOY

"Entonces fueron llamados los escribanos del rey en el mes primero, al día trece del mismo, y fue escrito conforme a todo lo que mandó Amán". Ester 3.12

No hace mucho terminé mi tiempo devocional personal en la mañana y aparté un diario de oración lleno de diversas acciones de gracias y ruegos. Agradecí a Dios por algunos milagros que sabía que Él había hecho y le rogué por varios más. Como usted, tengo una lista de personas en lucha contra el cáncer por las que oro. Por otros que necesitan desesperadamente liberarse. Por otros que lo han conseguido y me empujan a estallar en un baile de alabanza a Dios.

Él nunca aparta sus ojos de nosotros ni del reloj que cuenta nuestras vidas.

No sé de qué manera perfecciona Dios los planes que a nosotros nos parecen tan grises en el proceso, pero sí sé dos cosas: Él nunca aparta sus ojos de nosotros ni del reloj que cuenta nuestras vidas. Estoy orando en este mismo momento por que la lección que tenemos por delante lo anime a usted a creer hoy en esas dos cosas.

Mi querido amigo, Dios lo ama. Él trabaja con diligencia en la vida de usted, y los mismos ojos que están sobre el gorrión están sobre el reloj de pulsera.

Al empezar la lección de hoy, vamos a recuperar nuestro contexto. ¿Qué permiso le dio Jerjes a Amán en Ester 3.11?

Lea ahora Ester 3.12-14. Según el versículo 12, ¿cómo fueron preparados los documentos que contenían el edicto?

Ester 3.10 nos dice quién pudo haber ordenado los acontecimientos y cómo. Sienta la tremenda fuerza del versículo 13. Se usaron tres términos para describir lo que Amán quería hacer con los judíos, cuando uno hubiera sido suficiente.

¿Cuáles fueron estos términos?

Retire esta escena de la pantalla de la película de su imaginación y transpórtela a su propia sala de estar por un momento. Quiero que recuerde bien estas órdenes cuando más tarde sea tentado a sentir pena por Amán. Piense por un momento en lo impensable. Imagínese que tiene por enemigo a un maniático brillante. Está tan lleno de maldad que no le ha sido suficiente planear la muerte de usted y la de sus seres queridos. No se va a sentir satisfecho hasta que usted sepa lo que él ha planeado. Palabra por palabra.

Un día usted recibe un sobre por correo certificado. Dentro hay una copia de la correspondencia entre su enemigo y la persona contratada para ejecutar la tarea. Usted fija la mirada en las órdenes con completa incredulidad. "Destruye, mata y extermínalos —jóvenes y viejos, mujeres y niños pequeños— en un solo día". Ni usted ni yo podemos siquiera comprender un odio tan atroz.

La triple repetición de los términos indica algo que va más allá de las instrucciones. Algo que hace ondear una bandera de furiosa pasión y luego la desgarra con odio y venganza. Las acciones de Amán en contra de los judíos fueron crímenes de pasión. No fue sólo una cuestión de cuidar los asuntos reales. La amenaza no era nacional. Era personal. Emocional. Como Hitler siglos después, Amán trató a los judíos como animales cuyas vidas no tenían valor intrínseco para la sociedad.

La tercera palabra es exterminar. Ofrezca algunos sinónimos según su propia comprensión de ese término.

El término hebreo que traducimos como "exterminar" en este versículo es abad. Lea con cuidado Apocalipsis 9.11. Este versículo del Nuevo Testamento no describe a otro más que a Satanás.

¿Cuál es el nombre hebreo en este versículo? ______________________

Encierre en un círculo la parte del nombre que corresponde con el término hebreo que traducimos como "exterminio".

Lea ahora Juan 10.10. Cristo habló de Satanás como el "ladrón". ¿Qué agenda triple nos dice Cristo que tiene el ladrón?

De nuevo, note la repetición de términos. ¿Percibe usted los crímenes de pasión movidos por el odio y la venganza? Nuestro enemigo busca privarnos de nuestra vida y de todo lo de valor en nosotros. No pase por alto el hecho de que a los asesinos nombrados por Amán se les dijo también que saquearan a los judíos.

La agenda de Satanás es matar y destruir todo lo que sea amado por Dios. Satanás ha funcionado a lo largo de las generaciones fundamentalmente a través de agentes humanos. Usted no necesita ni siquiera preguntarse si el diablo estaba actuando en y por medio de Amán. La relación entre Amán y Satanás tiene más que sentido razonable.

Pregunta clave

¿De qué manera nos autoriza Juan 8.44 para identificar al diablo como el "padre" de Amán?

La parte bellamente frustrante de la sed insaciable de sangre de Satanás es que al final no puede obtener lo que quiere. En realidad, él no puede destruir a ninguno de nosotros que pertenecemos a Dios por medio de Cristo Jesús. Satanás está privado del poder que él más desea. Incluso si consiguió matar, sólo pudo dañar nuestros cuerpos terrenales. En un sentido metafórico, nosotros nos libraremos del cuerpo y caminaremos libres de impedimentos, en perfecta salud y vitalidad, para entrar directamente a la nueva vida para la cual fuimos salvados.

Guarde esto en su alma: Cuando ya todo se ha dicho y hecho, Satanás no puede ganar y usted no puede perder.

Una pregunta para usted

¿Estas palabras significan algo especial para usted? Si es así, ¿qué significan?

Satanás no puede vencer y usted no puede perder.

Dios siempre triunfa sobre Satanás. Nunca piense en ellos como autoridades iguales aunque opuestas. Cada esperanza y cada victoria que el enemigo cree tener es inevitablemente frustrada en el momento oportuno. Hace todos estos siglos, cuando el edicto fue llevado al pueblo de Persia, Satanás debiera haber sabido que su plan nunca funcionaría. La primera prueba de fracaso debió haber sido el momento elegido.

No puedo esperar para mostrarle lo siguiente. Le sugerí hace varios días que el momento de echar la suerte había sido muy significativo, y es probable que algunos de ustedes ya se hayan dado cuenta. Al resto del grupo le corresponde hacer un emocionante descubrimiento.

Anote el mes en el que se echó la suerte "delante de Amán" (3.7). No el mes escogido para llevar a cabo el hecho, sino el mes en el que se echó la suerte. ____________________

¿Exactamente en qué día fueron convocados los secretarios para escribir el edicto y enviar los correos con la noticia (3.12) ____________________

Lea Levítico 23.4-5. ¿Qué relación ve usted entre estas dos fechas?

Los mensajeros estaban ubicados en lugares estratégicos para recibir el correo real e irlo entregando en la ruta que hacían a caballo. Permitámonos tomar conciencia de ello: "El edicto fue escrito el día trece del mes de Adar, de modo que empezó a distribuirse en el día catorce".[13]

Desde la perspectiva divina, la cronología era lo más lejano a la coincidencia.

Nosotros no sabemos cuántas de las siete fiestas anuales del judaísmo eran observadas entre los desterrados en Persia. Sin embargo, de una cosa podemos estar seguros: Si ellos celebraban sólo una, era sin duda la Pascua. Aun hoy muy pocas personas que se identifiquen como judías pasan por alto la fiesta o su significado, ya sea que la conmemoren o no.

Piense en esto conmigo: El edicto llegó a las provincias de Persia exactamente el día en que las familias judías estaban preparando la mesa para la celebración de la Pascua. Las noticias barrieron las ciudades y pueblos como fuego arrasador. Aquella tarde, al anocher, conforme al mandamiento de Dios, los padres contaban a sus familias la historia de la liberación de Israel de manos de los poderosos egipcios. Les hablaban acerca de las terribles condiciones de esclavitud y opresión, acerca del faraón y de su arrogante indisposición para dejarlos salir, y acerca de las diez horrorosa plagas. Ellos también recordaban a las esposas e hijos la redención milagrosa, pero para este momento ya sin duda luchaban por contener las lágrimas y no alarmar a sus hijos pequeños. La celebración se convirtió en espanto y horror, pero para aquellos que estaban dispuestos, quizá también en esperanza.

Quizá Dios permite que aparezcan los Amanes a fin de que dejemos de sentirnos tan cómodos aquí en la tierra.

¿Por qué hoy? Se preguntarían los judíos persas. ¿Por qué precisamente tenemos que recibir hoy esta noticia tan aterradora, justo en el día de nuestra Pascua? La ironía y el sacrilegio les debieron parecer al principio casi insoportables. Sin embargo, para Dios el momento era perfecto. ¿Recuerda Proverbios 16:33? "La suerte se echa en el regazo; mas de Jehová es la decisión de ella". Al parecer, más asombrosa es todavía la decisión de cuándo echar la suerte.

Lo que tenía el propósito de ser la conmemoración de un evento del pasado se convirtió de repente en un evento presente. Unas décadas antes los judíos persas habían decidido no beneficiarse de su liberación bajo el decreto de Ciro y de su permiso para regresar a Jerusalén. Decidieron que les gustaba la vida en Persia y se quedaron allí. Entonces vino Amán. Quizá esa sea una de las razones por las que Dios permite que aparezcan los Amanes en la vida, a fin de que dejemos de sentirnos cómodos aquí en la tierra.

¡Qué satisfacción debió sentir Amán al saber que había estropeado la fiesta tan preciosa y especial del pueblo que él odiaba con tanta pasión! Quizá se haya regodeado con el pensamiento y las palabras: "¡Qué oportuno ha sido!"

"Ciertamente lo es", sin duda reflexionó Dios. La noche de Pascua después de haber sido pregonado el edicto en cada provincia del imperio, los judíos se vieron forzados a recordar quiénes eran y lo que Dios había hecho por ellos.

La historia de la redención misericordiosa de Dios les dio a aquellos que estaban dispuestos una esperanza contra toda esperanza. ¿Podría Él que los había liberado antes de los egipcios liberarlos ahora también de los persas?

Usted, mi amigo, puede estar seguro que Él puede. Aquel que lo ha liberado de las drogas puede también liberarlo de las distracciones. Él que lo libera de la bancarrota puede liberarlo de las parrandas. Aquel que lo salva de la infertilidad puede salvarlo también de la inconsistencia. Aquel que lo rescata del fuego puede también rescatarlo del temor.

A veces Dios usa los vientos de las nuevas amenazas para limpiar el polvo de un milagro del pasado que se ha movido de la carpeta activa hacia los viejos archivos. Recuerde, mi amigo. ¡Recuerde lo que Dios ha hecho por usted! Repítase la historia de nuevo.

Encuentre a alguien en esta semana a quien se lo pueda volver a contar.

Mi amigo, Aquel que le ha liberado de un faraón puede también liberarlo de cualquier Amán. Recuerde quién es usted.

Día cinco

Un trago informal en medio del caos

EL TESORO DE HOY

"Y el rey y Amán se sentaron a beber; pero la ciudad de Susa estaba conmovida". Ester 3.15

Hoy vamos a dejar caer el telón sobre el tercer capítulo de Ester, pero no sin antes dejar fija la imagen en una cierta escena. Algunas escenas en las películas o en la vida cotidiana son memorables porque son completamente absurdas. Tomemos por ejemplo, el momento de la vieja película Junior cuando Arnold Schwarzenegger, que hace el papel de un hombre embarazado, es llevado a toda prisa en una silla de ruedas a la sala de partos con un vientre de nueve meses. Para ese momento en la película usted ya ha hecho los ajustes mentales necesarios y ha aceptado su delicada condición. Cuando nace el bebé, a usted casi se le empañan los ojos. Es absurdo pero divertidísimo.

Sin embargo, cuánto más serio es lo absurdo, más inquietante es la escena. Hoy nos vamos a sentar a la mesa de dos hombres que están brindando por un genocidio. No puede haber escena más absurda que esta.

Para conservar intacto el hilo de nuestra historia, vamos a superponer la lectura de hoy con la de ayer. Lea por favor Ester 3.13-15. ¿Le parece absurdo el versículo 15?

Un comentarista sugiere una mejor traducción para la acción del rey y Amán: Se sentaron a celebrar. Estaban "bebiendo —es decir, celebrando— con el subido

tono del bullicio y la obscenidad" [14] mientras toda la ciudad sufría el impacto de un terremoto emocional.

En el siguiente párrafo, encierre en un circulo los sinónimos de la palabra hebrea que traducimos como "conmovida" (en Est. 3.15).

La palabra hebrea describe la reacción de la gente en la ciudad de Susa y se "refiere a un estado de gran agitación, conmoción y tumulto. De eso habla Éxodo 14.3 cuando se refiere a la agitación y conmoción que el faraón ve en los israelitas cuando escapan de Egipto y el desierto 'los ha encerrado'. Joel 1.18 se refiere a la condición agitada del ganado que no tiene pasto debido a la sequía (las cláusulas paralelas hablan de los animales 'gimiendo' y 'sufriendo'). Por eso se habla aquí del estado de tumulto y agitación ocasionado por la atrocidad propuesta por el edicto de Amán".[15]

Pregunta clave

Basándose en estas descripciones y en el contexto de los otros pasajes en los que se traduce la palabra, ¿cómo se imagina usted que reaccionaría la gente de Susa ante el edicto?

Los habitantes de Susa estaban horrorizados. De repente sus vecinos con quienes presuntamente habían disfrutado de paz, si no de amistad, estaban bajo la sentencia de muerte. La corona había ordenado un baño de sangre.

Imagínese la perspectiva de una ciudad por cuyas calles se esparcían los cuerpos de personas que ellos habían visto pasar innumerables veces. Incluso aquellos que eran conscientes de que no les gustaba el origen racial de sus vecinos estaban muy lejos de desearles a ellos (¡y a sus hijos pequeños!) la muerte.

Ya hemos hablado varias veces de cómo el libro de Ester pinta un cuadro de que los judíos se habían asimilado tanto a la sociedad y cultura persas que eran virtualmente indistinguibles. Los judíos y no judíos tenían negocios unos junto a otros. Sus hijos probablemente jugaban juntos. Se conocían por nombre.

El contraste entre el palacio y el pueblo en el versículo 15 "implica sin duda alguna empatía con la situación de la comunidad judía de parte de los habitantes de Susa".[16]

Un comentarista nos recuerda un elemento muy importante en las crisis públicas. El palacio transmitió a la población un prejuicio que la mayoría al principio no tenía o quizá nunca compartió. El libro de Ester no nos presenta a los gentiles en general como antijudíos o que los judíos estuvieran inherentemente en contra de la población que los acogía en sus seno.[17]

¿Qué dice la transferencia de prejuicios tanto a líderes como a seguidores?

Líderes

Seguidores

Después de considerar estos elementos, absorba la escena de nuevo. Espoleados por la orden del rey, los mensajeros salieron a cumplir con la tarea, y el edicto fue pregonado en la ciudadela de Susa. El rey y Amán se sentaron a beber, pero la ciudad de Susa estaba perpleja.

La escena en Ester 3.15 no es la única en las Escrituras que captura el pasmoso contraste. Lea por favor Génesis 37.12-25, concentrándose particularmente en el último versículo.

Génesis 42.21 nos recuerda el incidente y nos ayuda a completar el cuadro. Podemos establecer una comparación entre la escena en la cisterna y la de Ester 3.15.

¿Qué tuvieron Jerjes y Amán en común con los hermanos de José?

¿Qué marcada diferencia ve usted entre ellos?

Resulta desconcertante que la gente pueda tener ganas de comer y beber cuando ha puesto a otros en semejante peligro. Sin duda, usted y yo hemos lastimado a otros, pero si fuimos conscientes de ello, es muy probable que se nos haya revuelto el estómago y nos hayamos sentido inquietos hasta que lo pudimos remediar. Si no nos sentimos así, estamos metidos en un problema mayor.

Lo que fue simplemente otro día para Jerjes, fue un día muy malo para Susa. En cuanto a Amán, un comentarista dice: "Él ya había saboreado la dulzura de la venganza".[18] Un rey insensible y un asesino astuto formaban una pareja aterradora.

Uno tenía el poder, el otro tenía la pasión
Uno tenía la voz, el otro tenía el derecho a la venganza.

Sólo Dios sabe lo que impulsa a personas como Amán a odiar y a sentirse con derecho, pero con seguridad Jerjes no queda absuelto. Con una negligencia increíble aprobó una masacre sin preocuparse siquiera de buscar consejo o de comprobar si la amenaza era real.

Basándose en esta información y en lo que usted ha podido averiguar hasta ahora, ¿cómo caracterizaría usted a cada hombre?

Rey Jerjes

Amán

Todos hemos sido lastimados por alguien, pero nadie nos ha herido más que aquellos que parecen insensibles a ello. Estamos familiarizados con la tarea de lidiar con el daño causado por otros mientras que ellos siguen adelante en la vida totalmente ajenos a nuestro dolor. Luchamos con el impulso de arrinconarlos en un lugar público y gritarles a la cara: "¿No se da cuenta?" Si ellos no están dispuestos a juzgarse a sí mismos, la parte instintiva de nosotros reuniría con mucho gusto a un grupo para ayudarnos a juzgarlos.

La situación se hace aun más complicada cuando a usted le parece que la persona que ayudó a destruirle la vida pregunta por qué no es usted capaz de reconstruirla. No hay nada que se compare a ser juzgado por los mismos que nos infligieron el daño.

¿Se siente identificado con la complejidad de lo que describo? Si es así, y sin mencionar nombres, diga cómo.

Una pregunta para usted

Ahora avance un paso más en el escenario que acabo de describir. Imagine cómo se sentiría usted respecto a la persona que parece más que preocupada. ¿Qué tal si la persona fuera suficientemente petulante o insidiosa como para celebrar el daño que sufrimos? Una de las cosas más difíciles de la vida es aceptar que algunas personas no estén apenadas por la angustia que han causado. Los más pervertidos entre ellos podrían incluso alegrarse.

Nada es más espantoso que una conciencia cauterizada.

Quizá todos hemos visto la entrevista en televisión de un asesino o abusador convicto que da la exasperante impresión de no tener remordimientos. Como si el crimen no fuera suficiente, él o ella han tenido el descaro de ni siquiera sentirse apenados. Como los hipócritas mentirosos que describe 1 Timoteo 4.2, que tienen la conciencia cauterizada. El corazón puede endurecerse a tal grado que ya no sienta. Se vuelve insensible. Se cauteriza.

Aprendamos a ser agradecidos cada vez que nos sentimos apenados por incluso nuestra más pequeña ofensa hacia otro. Dios diseñó la conciencia para que nos sintiéramos incómodos a fin de que nos apresuráramos al arrepentimiento y a encontrar alivio en la restauración. Sentir es algo bueno, mi amigo. Nada es más espantoso que una conciencia cauterizada. No hay duda, Amán la tenía.

No sé si este es nuestro primer estudio bíblico juntos o si usted y yo ya hemos hecho varios viajes juntos a través de la Palabra de Dios. En cada estudio Dios ha trabajado de manera muy intensa con mi mente y corazón rotos para capacitarme y guiarme en mi camino. No han sido simplemente programas de estudio para mí. Han sido relación, diálogo, peregrinación, transformación, regocijo y dolor curativo.

Si usted mencionó alguno de los 12 títulos de los estudios, yo le puedo decir ahora mismo una docena de grandes verdades que Dios ha sembrado en mi vida personal a partir de esas páginas. La lección de hoy trae las imágenes del papel de Dios que me parecieron más valiosas en el estudio de Daniel.

¿Cuál es el título que se da a Dios en Daniel 7.9-10?

"Un ______________________ de ______________________".

Reflexione con detenimiento sobre el contexto. ¿Dónde parece que Él está? Encierre en un círculo una opción.

Una sala de juicio   Un comedor   Un lugar de trabajo

El mismo juez que se sentó en el tribunal el día que se cometió la injusticia estará también ahí

Daniel 7.9-10 nos presenta a Dios como un Juez sentado en un trono que era como una llama de fuego. Cada ocasión que un juez humano no juzga bien, que un culpable queda impune, o que una sentencia ofende lastimosamente a la víctima, hay un Anciano de días. Cada vez que un Hitler mata de hambre a millones de personas y luego él se escapa por el camino fácil, hay un Anciano de días.

Lo último que tengo en mente es animar el afán de venganza o desanimar la misericordia. Sin embargo, creo en lo más profundo de mi ser, que el alma necesita saber que se hará justicia. Demos gracias porque tenemos esa seguridad de parte de un Dios todo sabio, omnisciente y omnipotente. Su nombre "un Anciano de días", implica que el mismo juez que se sentó en el tribunal el día qu.e se cometió la injusticia estará también ahí sentado el día de la sentencia.

Escriba su propia paráfrasis de Hebreos 4.13

sentado el día de la sentencia.

Incluso si cada Amán logra realizar sus planes malvados, no conseguirá faltar a su cita ante el tribunal divino. Nadie que se rehúse al pago hecho en la cruz saldrá bien librado en el cielo aunque él o ella hayan logrado escapar a la justicia en la tierra. Necesito saber eso. Pienso que quizá usted también. No puedo pensar en una manera mejor de terminar nuestra tercera semana que con estas palabras:

"Así que el 'problema', a cuya resolución dedicaremos el resto de la historia… está delante de nosotros. Amán, hijo de Hamedata, el agagueo, el enemigo de los judíos, ha incluido en las leyes de Persia el edicto de que todos los pueblos del imperio tienen que estar listos para destruir, asesinar y exterminar a todos los judíos, jóvenes y viejos, mujeres y niños, y apoderarse de los bienes como botín, en un día, el trece del mes doce, el mes de Adar. Hay que desatar la violencia, el asesinato y el pillaje públicos para que Amán pueda vengar su orgullo herido. Dado el poder de la posición de Amán y el carácter irrevocable de la ley persa, la suerte de los judíos parecía estar sellada. ¿O estaba? Uno de los personajes principales de nuestra historia no ha aparecido en esta escena trágica ni siquiera mediante la alusión más velada o sutil. No obstante, desconocido el hecho para Amán o el rey (pero bien conocido para nosotros), un miembro de esa raza aparentemente condenada, ocupa ahora de incógnito la silla de la reina de Persia. ¿Pero qué puede hacer una mujer, sin embargo, en tan elevado lugar, ante tan terrible destino?"[19]

¿Qué puede hacer una mujer? Quizá usted se ha estado haciendo la misma pregunta toda su vida.

Quédese con nosotros y lo sabrá.

Semana 4

Si guarda silencio

Usted y yo vamos a tener la oportunidad de poner a prueba cuánto creemos en lo que Dios dice acerca de quiénes somos y en la posición que ocupamos.

Preguntas clave

1. ¿Era Mardoqueo el único que se encontraba en situación tan dolorosa? Si no es así ¿quiénes eran los demás y qué hicieron exactamente?
2. ¿Por qué cree usted que Mardoqueo se negó a cambiarse de ropa?
3. ¿Por qué pensaba Ester que Mardoqueo pedía demasiado?
4. ¿Cuáles eran las consecuencias de no acercarse al rey? ¿Cuáles eran las consecuencias de acercarse al rey? ¿Qué opción parecería representar los mayores riesgos?
5. ¿Qué significado especial, en el que usted no haya pensado antes, tenía el ayuno?

Día uno

Vestido de cilicio y ceniza

EL TESORO DE HOY

"Luego que supo Mardoqueo todo lo que se había hecho, rasgó sus vestidos, se vistió de cilicio y de ceniza, y se fue por la ciudad clamando con grande y amargo clamor". Ester 4.1

Ningún capítulo tiene mayor importancia para Ester que este que vamos a empezar ahora. Debido a que los sucesos en Ester 4 provocan tal crisis y catarsis, vamos a dedicar dos sesiones y cinco días a estudiarlo. Confío también en que usted haya podido participar en la sesión 3 en la que anticipamos el poderoso mensaje de Mardoqueo en Ester 4.12-14. Volveremos a considerar esos pasajes durante la semana. Hoy vamos a regresar hasta el principio del capítulo y a clavar nuestra mirada en la puerta del rey. Por favor lea Ester 4.1-3.

Recuerde el tiempo establecido por Dios. Es probable que Mardoqueo se levantara esa mañana pensando en la Pascua, sólo para descubrir que "él y todos sus amigos judíos habían sido sentenciados a muerte. La soga del cautiverio en el exilio con la que ya se sentía muy cómodo se convirtió de pronto en un nudo corredizo alrededor de su cuello".[1]

Reflexione sobre Ester 4.1-3. Escriba dos titulares que podrían haber aparecido en el periódico de la mañana siguiente, uno en la primera página y otro en la segunda, si hubiera existido un periódico en Persia en el tiempo de Ester.

"Pueblo Judío Sentenciado a muerte"

Titular de la primera página: "ordenanza del Rey pa'

Titular de la segunda página: "Exterminar del pueblo Judío

Hasta aquí el libro de Ester nos ha mostrado a Mardoqueo como un hombre de gran orgullo y capacidad. De repente lo vemos clamando con amargura en público por las calles de Susa y rasgándose sus vestidos.

Piense en la última vez que usted vio a alguien "clamando con grande y amargo clamor". ¿Cuál fue su reacción interior y por qué?

Una vez en un avión me tocó sentarme detrás de un hombre bien vestido que empezó a gemir hasta el punto en que no pudimos contener más nuestro deseo de ayudarlo. Aunque no conocíamos a la persona ni compartíamos su pena, sentimos la necesidad de calmar la expresión de pena—no sólo la de alguien que sufría sino la nuestra. Esa pena desenfrenada nos recuerda nuestra propia fragilidad. Vemos a alguien que ha perdido el control y tememos que nos pase lo mismo.

Pregunta clave

¿Era Mardoqueo el único que se encontraba en situación tan dolorosa? Si no es así, ¿quiénes eran los demás y qué hicieron exactamente?

Los antiguos no ocultaban su dolor. Mardoqueo, sin embargo, hizo algo más que pararse en las calles y clamar. Llevó su clamor y dolor hasta la misma puerta del rey, de modo que pudiera ser visto y oído por los que tenían el poder político. En efecto, su intención era dar la noticia para que esa gente —incluida la reina— fuera consciente del horror del decreto real. El lugar en el que Mardoqueo demostró su dolor tenía, además, un significado personal.

Lea de nuevo Ester 2.19. 21. ¿Dónde trabajaba Mardoqueo? Marque una respuesta.

- [x] A la puerta del rey
- [ ] En la horca del rey
- [ ] En el ayuntamiento de Susa

Algunas crisis son demasiado importantes para guardar las apariencias. Salvar vidas es más importante que guardar las apariencias.

No deje de notar el hecho de que Mardoqueo llevó su demostración de dolor hasta el mismo lugar donde recibía su paga mensual. Los hombres con los que trabajaba lo vieron en su peor y más vulnerable momento. Algunas crisis son demasiado importantes para guardar las apariencias. Salvar vidas es más importante que guardar las apariencias. ¿Cuándo fue la última vez que tuvo que arriesgarse a desprestigiarse para tratar de salvar algo que es más valioso que el orgullo?

En la economía de Dios salvar es siempre más valioso que perder. Extienda ahora su vista por la ciudad de Susa y vea de nuevo los ríos de ironía que corren por el libro de Ester. En el espacio de dos versículos, Amán y el rey Dolor de Cabeza disfrutaban de una hora feliz a un lado de la puerta, mientras que Mardoqueo clamaba vestido de cilicio y cenizas al otro. Mientras Mardoqueo se convertía en la cara de esta imagen de clamor, una multitud de voces se le unía (lea Ester 4.3).

Acérquese aún más a las Escrituras y descubrirá algo que es todavía mucho más significativo acerca de la demostración de dolor de los judíos. Aunque las palabras individuales aparecen en muchos lugares en el Antiguo Testamento, la frase hebrea exacta de "gran luto, lloro, ayuno y lamentación" en Ester 4.3 aparece sólo en Joel 2.12. Aunque Joel viene después de Ester en nuestra Biblia, fue indudablemente escrito antes de Ester. Muchos eruditos creen que la referencia fue intencional y asumía que los lectores del libro de Ester estarían también familiarizados con el libro de Joel. Le mostraré por qué la relación es tan significativa.

Lea por favor Joel 2.12 y llene los espacios en blanco: "Por eso pues, ahora, dice Jehová, ___Convertios___ ___a___ ___mi___ con todo vuestro corazón, con ayuno y lloro y lamento".

"Lamento" es exactamente la misma palabra hebrea que traducimos como "lamentación" en Ester 4.3. Los espacios en blanco que usted acaba de llenar ofrecen una excelente reflexión sobre las acciones de Mardoqueo y de los judíos en aquel día en Susa. Ellos no estaban sólo lamentándose. Estaban demostrando su deseo de hacer algo más proactivo.

¿Qué intentaban hacer Mardoqueo y los otros judíos? (Repase su respuesta previa en la que llenó los espacios en blanco.)

Confío en haber planteado la pregunta lo suficientemente bien como para que usted vea sus lamentos como el pacto de un pueblo que regresa a su Dios. Esta reflexión difícilmente podría ser más importante. Desde el principio de nuestro estudio a través de Ester, establecimos que podría ser que el nombre de Dios no estuviera en el libro, pero está allí. Toda la teología del libro surge de la doctrina peculiar del ocultamiento que se hace de Dios.

Una de nuestras metas es buscar pistas de Dios y de actividad divina dentro de este ejemplar único de los rollos sagrados. Justamente acaba usted de tropezar con una revelación maravillosa de la relación entre los judíos de Susa y su Dios.

La reacción mostró que los judíos de Persia entendieron el riesgo que representaba el ser asociados con su alejamiento de Dios. Habían llegado a ser tan mundanos y estaban tan completamente asimilados a la cultura persa que habían perdido su escudo protector. Dios había dicho a su pueblo desde los tiempos de Moisés que Él los protegería y pelearía sus batallas siempre y cuando ellos lo adoraran sólo a Él. Si ellos se olvidaban de Él, Él seguiría amándolos pero ya no los protegería. Por el contrario, usaría a los enemigos de ellos para hacer que Su pueblo volviera.

Como estaba profetizado, el pueblo de Dios lo desobedeció y al final los reinos del Norte y del Sur de Israel caerían en cautiverio. El cautiverio babilónico terminó con el decreto de Ciro, el primer gobernante del Imperio Persa, pero los judíos de Susa y de muchas de las provincias de Persia nunca se reunieron ni regresaron a Jerusalén. Se quedaron en la comodidad de un mundo pagano en extremo.

Cuando las noticias del decreto anunciando la inminente destrucción se extendieron por las calles de Susa, se dieron cuenta de repente que habían pecado contra Dios y actuaron como un pueblo arrepentido que deseaba volver. ¿Comprende la gran importancia de esto?

Descubra usted mismo algunas asociaciones. Lea Joel 2.12-17 y en el margen anote cada una de las maneras en que el segmento podía haberse aplicado y dicho a Mardoqueo y a los judíos esparcidos por todo el Imperio Persa:

¿Qué cree usted que significa la frase "rasgad vuestro corazón"?

dolor, quebrantamiento

Examinemos otra asociación especialmente rica entre los dos segmentos. ¿Cuáles son las dos palabras que se usan en Ester 4.14 (recordando la sesión 3) y Joel 2.14? ____________________ ____________________.

La elección de las palabras no es accidental. Recuerde, todas las Escrituras son de inspiración divina. Cuando Mardoqueo planteó su pregunta a Ester con las palabras "quién sabe", él seguramente tenía en mente las palabras de Joel para sugerir que la posición real de Ester era el medio que Dios podía usar para salvarlos del castigo.

He aprendido otra cosa muy interesante acerca del vestido de cilicio y ceniza. Rasgarse las vestiduras y vestirse con cilicio y ceniza representaba una forma de desnudarse públicamente y luego revestirse con las ropas de la muerte para demostrar "un cambio de posición y estado". Mardoqueo se humilló a sí mismo "al llevar voluntariamente la vestimenta de los pobres" y "presentándose de forma dramática como una persona muerta". La acción no fue sólo una identificación ritual con los muertos, sino "una forma de rebajar deliberadamente su posición ante los ojos de la comunidad".[2]

Vestirse de cilicio y cenizas simbolizaba no sólo a los judíos pobres de espíritu ante el Señor sino su total muerte sin Él. Sus acciones gritaban: "¡Estamos muertos sin ti, Señor! ¡Despojados de todo! Sólo Tú puedes resucitar a estas personas sin vida. Ten misericordia de nosotros, Señor. Deseamos regresar a Ti".

Después de todo Amán tuvo éxito en hacer que Mardoqueo se pusiera de rodillas, pero no en que adorara a un hombre. Por el contrario, lo llevó de regreso al Señor. Esa es, mi amigo, precisamente la razón por la que Dios lo permitió. ¡Alabado sea Dios por su infinita sabiduría!

Una pregunta para usted

¿Ha permitido Dios alguna vez que la amenaza de problemas lo lleve a usted a ponerse de rodillas? Si así fue, ¿qué aprendió de esa experiencia?

Si muchas ocasiones.

De todos los derechos que Dios nos ha otorgado como hijos suyos, quizá ninguno supere el derecho de arrepentirnos y regresar al Señor. No sé dónde estaría yo sin ese derecho dado por Dios de arrepentirme y volver, herido y golpeado, a mi Dios. No puedo recordar las muchas veces que en efecto le he dicho: "Estoy muerta sin ti. Destituida. Ven y resucita a esta mujer muerta y sácala de la tumba". Y Él nunca me ha fallado. Como nos lo dice Joel 2.13 de forma tan bella: "Porque

misericordioso es y clemente, tardo para la ira y grande en misericordia, y que se duele del castigo".

La lección de hoy no tiene en absoluto la intención de enseñarnos a vestirnos con cilicio y cenizas ni a mostrar nuestro arrepentimiento por las calles de la ciudad; sin embargo, si eso fuera necesario para la seguridad de nuestra tierra, muchos de nosotros estaríamos dispuestos a humillarnos. La lección de hoy tiene el propósito de enseñarnos, en palabras del profeta Joel, a "rasgad vuestro corazón, y no vuestros vestidos, y convertíos a Jehová vuestro Dios".

Deléitese con la respuesta que da el Nuevo Testamento a la pregunta de dos palabras propuesta en Joel 2.14: "¿Quién sabe?" Déjeme decirle mi amigo, que gracias a la cruz de Cristo Jesús a nosotros nos es dado saber. Concluya la lección de hoy escribiendo Hechos 3.19-20 en una tarjeta de notas o en un papel que pueda llevar con usted. Actúe de acuerdo con él y celébrelo.

El arrepentimiento no es su castigo. Es el derecho glorioso de ser hijos de Dios. Es la invitación a la restauración.

"Jehová vuestro Dios; porque misericordioso es y clemente, tardo para la ira y grande en misericordia, y que se duele del castigo".

JOEL 2.13

Día dos

Por debajo de las apariencias

EL TESORO DE HOY

"Y vinieron las doncellas de Ester, y sus eunucos, y se lo dijeron. Entonces la reina tuvo gran dolor, y envió vestidos para hacer vestir a Mardoqueo, y hacerle quitar el cilicio; mas él no los aceptó". Ester 4.4

A pesar de que conocía bien la historia de Ester antes de empezar a estudiar para esta serie, me encuentro atrapada por la trama, e impaciente por ver —y de alguna forma incluso por sentir— lo que va a suceder a continuación. Un estudio profundo de las Escrituras hace un gran cambio. El Espíritu Santo desentierra tesoros escondidos y arroja luz sobre los detalles, lo cual hace que una narración tenga una vida que no tiene cuando la lectura es casual. Eso me encanta. También es maravilloso.

El segmento de las Escrituras de hoy debe incluirse en el mismo panorama que el de ayer a fin de ver el cuadro completo. Por esta razón, empecemos ubicando primero a Mardoqueo y a los judíos en la escena, y describamos su apariencia y acciones con base en Ester 4.1-3 y en la lección de ayer.

Describa en el margen la escena estrictamente de memoria; luego compárela con el texto para completarla.

Mientras la frivolidad y la indiferencia giraban como compañeras fantasmales por los pisos del palacio, Persia se llenaba de judíos que clamaban tirados en la calle. Una capa de cilicio caía sobre las ciudades con tal oscuridad que sus moradores no podían desempeñar sus tareas como de costumbre. Sólo la gente de palacio era ajena a la preocupación.

Nadie tenía el corazón más destrozado y lleno de temor que aquel que se preguntaba si la vida de su pueblo no habría merecido que él doblara sus orgullosas rodillas ante Amán. "¡Si yo hubiera sabido!" El sentimiento de culpa es un incisivo aguijón incluso si está fuera de lugar. Rasgando su vestimenta y clamando con amargura, el dolor de Mardoqueo golpeó a la puerta del rey como un ariete. Con este vívido trasfondo, repase por favor Ester 4.1-3; luego lea los versículos 4-8.

Describa todo lo que usted pueda descifrar del ambiente de Ester, basándose en estos ocho versículos.

¿Quiénes eran los intermediarios obvios?________________________

¿Por qué era él necesario?

¿Cómo reaccionó Ester cuando oyó hablar de Mardoqueo?

Pregunta clave

¿Por qué cree usted que Mardoqueo se negó a cambiarse de ropa?

Nuestro inspirado narrador intentó hacernos notar la distancia entre Ester y Mardoqueo. Físicamente los dos se encontraban separados sólo por una puerta y un pasillo. Socialmente se hallaban en planetas diferentes. El narrador intenta que suframos por la delicada intermediación de Hatac y la burocracia imperante.

La demora y la relevancia entre Ester y Mardoqueo redoblan el drama. Juntos ponen la escena en cámara lenta al punto de que podemos oír las sandalias de Hatac sonando por los pasillos del reino y ver la cola de su túnica desaparecer tras la puerta del rey.

Nos imaginamos al eunuco tratando de tener una conversación privada con Mardoqueo aunque a la vista de todos en la plaza de Susa. Quizá Hatac tiró de la manga del judío y lo instó a hablar con voz baja para que no llamaran mucho la atención—proeza nada fácil con un judío vestido de cilicio y ceniza y clamando a gritos.

Figúrese lo que estaría en la mente de Hatac mientras regresaba con la reina con la negativa de Mardoqueo a cambiarse de ropas y con malas noticias.

¿Qué tenía que hacer el eunuco para memorizar palabra por palabra los mensajes intercambiados entre ellos? No podían caer en "ella dijo/él dijo". Se trataba de asuntos de estado. Cuestiones de vida o muerte.

Imagínese las expresiones de perplejidad de Hatac y su postura tensa mientras iba y venía entre Ester y Mardoqueo. Sienta su pulso acelerado mientras ponderaba la posibilidad de transmitir respuestas tan delicadas. Mientras lo hace, tenga en cuenta que el drama tan peculiar de este cara-a-cara apenas había empezado. El grado de agitación aumentará mañana.

Lea de nuevo el versículo 4. ¿Cuáles fueron los dos grupos de personas que le hablaron a Ester acerca de Mardoqueo?
- Eunucos
- Siervos
- Doncellas
- Mayordomos
- Judíos.

No hay duda de que el narrador también trató de que evocáramos las concurridas habitaciones de la reina. Intenta que sintamos la frustración y la ironía de aquel que habiendo criado a Ester ahora apenas pudiese acercarse a ella. Las sirvientas zumbarían como abejas alrededor de su reina y es probable que eso haya ayudado más al aislamiento de ella que a su propia persona. No todo el que nos protege y se esfuerza para agradarnos nos ayuda. Ester se estaba convirtiendo en una reina peligrosamente protegida y mimada.

Sienta la frustración y la ironía de quien habiendo criado a Ester apenas pudiese acercarse a ella.

Podemos suponer que Ester y Mardoqueo rara vez habían estado cara a cara y aunque se estimaban y valoraban mutuamente, durante cinco años su trato quedó reducido esencialmente a una correspondencia de segunda mano. Uno de los elementos más intrigantes de la escena es la forma en que Ester —genuinamente angustiada— respondió a la demostración pública de dolor de Mardoqueo. Encuentre dos formas en las que ella desatendió las necesidades de Mardoqueo y cómo podemos relacionar esto con nosotros.

Ella dio prioridad a las apariencias: Ester averiguó lo qué pasaba con Mardoqueo hasta que él rechazó las ropas. Para ser justos, ella pudo haberle ofrecido las ropas con el fin de que él pudiera cruzar la puerta y hablar con ella. Recuerde lo que dice 4.2: "No era lícito pasar adentro de la puerta del rey con vestido de cilicio". De nuevo, hay varias pistas y todas infieren algo diferente. Tenemos que preguntar por qué un simple cambio de ropas habría permitido que Mardoqueo tuviera un acceso a la reina que de cualquier manera él rara vez tenía. Y si un simple cambio de ropas le hubiera permitido tener una audiencia con Ester, ¿por qué no estuvo dispuesto a aceptarlo?

Puede ser que Mardoqueo rechazara las ropas porque le dolió el trato trivial que recibió, dada su condición. En los momentos de mayor crisis y caos, ¿a quién le gusta que le digan que se sentiría mejor si se vistiera mejor? Si bien podemos reconocer el papel que desempeñaba la apariencia en la alta posición de Ester; también sería sabio que meditáramos en la trampa emocional en que ella había caído, sobre todo en una sociedad en la que somos entrenados para compartir. Todo parece indicar que un cambio de apariencia había cambiado todo en Ester. Olvídese de que ella ya era "de hermosa figura y de buen parecer" (2.7). En su experiencia, los tratamientos de belleza conducían a un trato de realeza.

¿No tendemos nosotros a razonar de la misma manera? Parece bastante razonable pensar que nuestra manera de salir adelante debería funcionar para todos. La profunda preocupación de Ester por Mardoqueo era sincera, pero se equivocó con el remedio. Él necesitaba algo más que un cambio de ropas.

Un cambio de apariencia quizá nos ayude a cruzar por la puerta, pero no nos puede sostener allí. A veces pensamos que una relación mejoraría o que una oportunidad surgiría si la persona objeto de nuestra preocupación hiciera algo por su pobre apariencia. Aunque un buen corte de pelo, ropas limpias y un vientre más plano pueden ayudar temporalmente, si el corazón herido que se cubrió con vestido de cilicio recibe tratamientos, sufrirá de cualquier manera. La mayoría de nuestros problemas están a un mundo de profundidad de nuestra apariencia.

Una pregunta para usted

Piense en alguna otra forma de ayudar a alguien en crisis, que no sea, hablando en sentido figurado, un cambio de ropa. Compártalo aquí.

En realidad, usted y yo sabemos que el favor y el plan soberano de Dios cambiaron todo para Ester. No las apariencias. El harén estaba lleno de hermosas mujeres que durante meses recibieron tratamientos de belleza. Dios fue quien eligió como reina a una huérfana judía.

Nos ha inquietado la atención que Ester concedía a las apariencias. Consideremos ahora una segunda forma en la que desatendió la necesidad de Mardoqueo.

Ella intentó aplicar un remedio rápido: Da la impresión de que Ester quiso resolver el problema incluso antes de enterase en qué consistía. Conozco el sentimiento. Ofrecer una solución rápida a una persona dolida puede ser más tentador que escucharla hasta lo más profundo de su pena.

La fortaleza viene de los músculos, y los músculos se desarrollan con el ejercicio. Eso es cierto tanto física como espiritualmente.

En pocas palabras: A veces preferiríamos arreglarlo en lugar de escucharlo. ¿Por qué podría ser cierto?

Nuestra naturaleza humana no sólo nos impulsa a ser egoístas, sino también a sentirnos incómodos e incompetentes cuando estamos ante alguien que necesita más de lo que nosotros tenemos. La situación de Ester nos provee el mejor ejemplo para entenderlo. Cuando nos detenemos en lo mimada y aislada que estaba, podemos entender por qué recomendó una vestimenta superficial para una herida mortal.

Si las personas que nos rodean nos ayudaran a evitar toda posible situación desagradable, nos quitaran todos los padrastros y nos anestesiaran de todos los dolores de cabeza, dejaríamos de aprender a lidiar con las dificultades. Nos olvidaríamos de valernos por nosotros mismos y quedaríamos aplastados por la menor inconveniencia. En la vida diaria, querido amigo la fortaleza viene de los músculos, y los músculos se desarrollan con el ejercicio. Eso es cierto tanto física como espiritualmente. Lo que no usamos, se echa a perder. Me atrevo a proponer que Ester "tuviera rango sin sustancia" hasta ahora, pero su vida estaba a punto de cambiar... y no debido a su apariencia.

Vuelva a leer el versículo 8 cuidadosamente. Anote todo lo que Mardoqueo haya dicho a Hatac que hiciera con respecto a Ester.

Note que Hatac tenía que hacer algo más que mostrar el edicto a Ester. Le pidieron que se lo explicara a ella. Que le leyera la letra pequeña. Que se asegurara de que ella no amortiguaba el impacto con la negación. Que la hiciera comprender bien con su bella y real cabeza. Con cada paso del eunuco a las habitaciones de la reina, el lujo de la ignorancia se iba evaporando. La vida superficial de Ester estaba a punto de desvanecerse, y también estaba por surgir una mujer mucho más esencial que la capa externa de la piel. Si nosotros somos bendecidos, lo mismo puede ocurrir con otros.

Con todo lo doloroso que pueda ser el proceso, aquello que hace pedazos nuestra superficialidad también rompe las cadenas de nuestra fragilidad y nos libera para que caminemos con dignidad y poder hacia nuestros destinos. No somos las flores frágiles que pensábamos. Nosotros, como Ester, somos los príncipes y princesas guerreros de Dios.

Día tres

Sin ser llamados

EL TESORO DE HOY

"Todos... saben que cualquier hombre o mujer que entra en el patio interior para ver al rey, sin ser llamado, una sola ley hay respecto a él: ha de morir". Ester 4.11

Estoy demasiado cautivada por la historia como para hablar. Vayamos derechos al asunto. Nuestro texto de hoy es Ester 4.9-11, pero regresemos hasta el versículo 6 de nuestra lectura para que podamos recuperar el tono. Continúe y lea esa parte ahora. Ester 4.9 nos dice: "Vino Hatac y contó a Ester las palabras de Mardoqueo".

¿Qué cree usted que implicó su informe?

Imagínese la cara de Ester mientras Hatac le daba las noticias. Desde el momento en que él se acercó a la presencia de ella, es probable que le haya preguntado ansiosamente: "¿Lo viste? ¿Averiguaste cuál es el problema? ¿Cuál es? ¡Dímelo todo!" Recuerde que Mardoqueo le hizo hincapié a Hatac en que explicara a Ester el decreto y luego le expresó lo que ella necesitaba hacer de manera urgente.

Póngase en la escena. Hágase algunas preguntas para experimentar el drama que tenía lugar. ¿Cree usted que Hatac miró a la reina a los ojos o miró al suelo? ¿Qué reacción cree usted que tuvo Ester cuando Hatac mencionó el nombre de Amán? ¿Habría ella sospechado de él durante todo ese tiempo? ¿Habría algo de ese hombre que la molestara aunque ella no supiera exactamente qué? ¿Lo habría ella achacado a los celos porque ese hombre tenía acceso al rey y ella no? ¿O Amán la habría tratado siempre a ella con el más dulce de los encantos? ¿Estaría ella asombrada por la participación? O pensó para sí misma: ¡Ya lo sabía! ¡Sabía que ese hombre era malo!

¿Cómo se imagina usted la escena?

¿Cómo cree usted que reaccionó Ester cuando se enteró de que su esposo había estado de acuerdo con tanta ligereza en exterminar a todo un pueblo? Piense a fondo en estas preguntas, teniendo en mente que Hatac y Ester eran de carne y hueso. Ellos compartían nuestras mismas complejas emociones. Una ola de temor también llenó de angustia sus estómagos. Las almas humanas están todas hechas con el mismo tejido.

Momentos definidos señalaron la vida de Ester. Su enfrentamiento con la verdad en estos versículos fue uno de ellos. De repente su corona le estaba dando un gran dolor de cabeza. Mientras reflexionábamos juntos sobre este segmento, Melissa me recordó una semejanza aterradora con las experiencias en ***La lista de Schindler***, una de las películas más perturbadoras que jamás haya visto.

La película cuenta acerca de un hombre de negocios alemán llamado Oscar Schindler, que, a pesar de sus muchos defectos, surge como un héroe al salvar la vida de más de mil judíos polacos durante la Segunda Guerra Mundial. El villano en la película es un individuo al estilo de Amán, si es que alguna vez vemos a uno. Uno de los momentos más inquietantes de la película es el cambio una y otra vez entre la juerga y la agonía. Un comentario describe cómo el comandante nazi tenía un castillo opulento que surgía imponente por encima del campo de trabajo. Él organizaba fiestas en las que los juerguistas podían mirar a los prisioneros en el

campo de concentración y observar cómo "el comandante disparaba al azar a los reclusos indefensos como si estuviera practicando tiro al blanco".[3]

Como en nuestra narración, una puerta era todo lo que separaba a los que sufrían y a los participantes en la fiesta, a los que estaban en el caos y los que se divertían. La película pasa de la alarmante indiferencia a un hombre —que a pesar de sus defectos y egoísmo como todos los demás— no pudo resistirse más a su conciencia. La oposición evidente es que la indiferencia de Ester no era una cuestión de conciencia porque ella no sabía que aquella atrocidad estaba ya ordenada. Su indiferencia era producto de su corona, que en todo caso se bajó lamentablemente hasta taparse los ojos.

Me pregunto si, como un medio para sobrevivir emocionalmente, Ester se convenció a sí misma de que lo que el rey encontró de valioso en ella era en verdad lo más valioso. Ester dio mucha importancia a la apariencia porque eso era lo que la hacía sentirse valorada. Ella tenía que dar prioridad a lo superficial porque parecía que era todo lo que ella tenía.

Cuando nuestras viejas prioridades no se llevan bien con nuestra nueva vida, tendemos a regresar a nuestra antigua vida o a adoptar nuevas prioridades. ¿Ha descubierto usted este dilema en su vida? Si es así, ¿cuáles fueron las circunstancias?

Seremos sabios si nos esforzamos por seguir diferenciando entre las simples inconveniencias y las auténticas tribulaciones.

Lo más importante de la lección de hoy es que Ester también se había vuelto indiferente a las necesidades del hombre común. Tendemos a distanciarnos de visiones y situaciones que nos hacen sentir mal respecto a nosotros mismos, especialmente cuando nos sentimos impotentes. Si pensamos que no podemos hacer nada acerca de una mala situación, preferimos no verla.

Esta es la trampa, sin embargo: Si nos distanciamos lo suficiente de nuestras necesidades reales, las remplazamos con aquellas que no lo son. La pretensión llega a ser genuina y, de repente, una demora en la entrega de nuestro nuevo sofá se convierte en un gran disgusto. Seremos sabios si nos esforzamos por seguir diferenciando entre las simples inconveniencias y las auténticas tribulaciones. Cuanto más indiferentes y absortos estemos, tanto más confundiremos las molestias con las agonías. Eso nos sucede a todos.

Una pregunta para usted

¿Frente a qué inconvenientes recientes se ha sentido tentado a actuar como si se tratara de verdaderas tribulaciones?

Con frecuencia me tengo que decir a mí misma que necesito controlarme y no exagerar la importancia de un problema relativamente pequeño. Hasta ahora los retos cotidianos de Ester eran quizá disponer bien la mesa para los almuerzos de dignatarios y encontrar sirvientas que entendieran sus necesidades. Sin embargo, con la crisis de los judíos, Ester tuvo su propia crisis… y fue real. Por medio de Hatac, su intermediario, Mardoqueo había instado a Ester "que fuese ante el rey a suplicarle y a interceder delante de él por su pueblo" (v. 8).

Pregunta clave ¿Por qué pensaba Ester que Mardoqueo pedía demasiado?

Note el matiz de ofensa y daño personal cuando Ester le recuerda a Mardoqueo que "todos los siervos del rey, y el pueblo de las provincias del rey, saben". En otras palabras: "Todo el que tiene cabeza sabe lo que pasará si entro a la presencia del rey sin que él me haya llamado. ¿Cómo se te ocurre sugerir una cosa así?"

Mardoqueo le había pedido a Ester que anduviera por el valle de sombra de muerte. Si Jerjes ya estaba cansado de ella y listo para tener una nueva reina, él podía haber utilizado su entrada no solicitada como una oportunidad para cortarle la cabeza. Nadie hubiera cuestionado eso. Como en el caso de Vasti, las masas habrían estado de acuerdo en que, por su desobediencia, Ester se había ganado lo que se merecía.

La última declaración de Ester en el versículo 11 nos dice mucho. ¿Cuánto tiempo había pasado desde la última vez que el rey la había llamado? ____________________

¿Qué podría haber indicado este intervalo de tiempo para usted, si fuera Ester?

Había problemas en el paraíso. Al parecer Ester tenía una preocupación mayor que sólo un inconveniente con la tapicería del sofá. Quizá, a los cinco años de matrimonio temía que el deseo del rey se hubiera enfriado. "Cualesquiera que fuesen sus temores, parecía probable que el despiadado rey Jerjes no extendería su cetro de oro si la muerte de la reina conviniera de alguna manera a sus intereses".[4]

¿Se imagina tener que esperar a que su marido la llame? Para las que están casadas, ¿qué tal si, cuando su esposo al fin la llama, le ordena que deje todo lo que está haciendo y acuda sin importar cómo se sienta o lo que esté haciendo? Esa era la vida de Ester. ¿Por qué no la había llamado Jerjes? ¿Había llamado en su lugar a alguna otra persona? La Biblia no responde a estas preguntas, pero nosotros tenemos que plantearlas si es que queremos estudiar a fondo el texto.

J. G. McConville nos proporciona antecedentes que explican el titubeo de Ester. Él explica que la autoridad persa demandaba que la accesibilidad al rey estuviera limitada sólo a aquellos que él llamaba. Infringir esta regla de etiqueta era visto como un acto de traición. "Para hacer cumplir la prohibición al atrevido, un escuadrón de hombres armados con hachas permanecía cerca del trono listo para hacerlo retroceder, a menos que el rey en su misericordia extendiera su cetro real para frenarlos".[5]

La reina había hablado. El caso estaba presuntamente cerrado. Hatac, sin duda perturbado, agachó la cabeza, se dio media vuelta, y salió de las habitaciones de la reina, movido por el hombre que clamaba a gritos en la plaza pública.

No hay duda de que Ester supuso que Mardoqueo aceptaría su explicación y entendería la imposibilidad de su petición. No era posible que él esperara que su pequeña y amada Hadasa arriesgara su vida de esa manera. ¿O sí?

A veces tenemos que luchar por lo que es correcto aunque nos mate. Entonces, de nuevo, se nos ocurre que quedarnos ahí y no hacer nada más que luchar por el instinto de conservación es estar ya muerto.

Quedarnos ahí y no hacer nada más que luchar por el instinto de conservación es estar ya muerto.

Día cuatro

Si para esta hora

EL TESORO DE HOY

"¿Y quién sabe si para esta hora has llegado al reino?" Ester 4.14

Hoy llegamos a la parte más famosa del libro de Ester. Si usted conocía sólo un segmento de la narración antes de este estudio, probablemente era la elocuente apelación de Mardoqueo a Ester: "si para esta hora". Este segmento es tan vital en la narración que dedicamos toda la sesión 3 para dar un avance de ello.

Ahora lo vemos en su contexto y descubrimos las otras riquezas que Dios ha escondido allí para nosotros. Por favor lea Ester 4.12-14. Ahora que ya hemos estudiado los versículos precedentes, tenemos un panorama más exacto de la delicada intermediación que hizo posible el diálogo de Ester y Mardoqueo.

Si le es posible, mencione de memoria el nombre del intermediario,

__________________.

Cuando él pasó a Mardoqueo la respuesta de la reina, es muy probable que él y Ester dieran por supuesto que Mardoqueo estaría de acuerdo en que el riesgo de su petición era demasiado alto. Él vería con claridad que Ester no podía entrar a la presencia del rey y suplicar misericordia. La posibilidad de que ella perdiera su vida era muy elevada.

Pero para lo que fue seguramente su gran sorpresa, Ester recibió al contrario una respuesta tan fuerte y directa de parte de Mardoqueo que tenemos que quitarnos el sombrero ante Hatac por haber tenido el valor de transmitirla. Puesto que Mardoqueo no podía ver a Ester cara a cara, él intentó que sus palabras fueran como manos firmes que sacudieran la pasividad de los hombros de Ester.

Puntos de Mardoqueo:
1.

2

Mardoqueo comunicó dos puntos fuertes de persuasión en los versículos 12-14. Vamos a imaginar que cada uno es una mano sobre uno de los hombros de Ester. Mencione los dos en el margen.

Vamos a concentrarnos en lo que Mardoqueo dijo e implicó. Note que él expuso la implicación negativa de la inacción seguida de la implicación positiva de la acción. Vea primero la implicación negativa. En Ester 4.13 Mardoqueo la sacudió con el riesgo que ella no había considerado: "Porque si callas absolutamente en este tiempo, respiro y liberación vendrá de alguna otra parte para los judíos; mas tú y la casa de tu padre pereceréis".

Clines dice que esto no era tanto una amenaza sino el otro platillo de la balanza en el que se pesaba la suerte de Ester. Irónicamente, quedarse fuera de la presencia del rey no era menos peligroso que entrar a verlo—una ironía a la que Vasti ya se había enfrentado. "Una reina se queda fuera cuando la llaman, la otra entrará cuando no la han llamado; pero mientras que Vasti arriesgó sólo la furia del rey, Ester arriesga la sentencia de muerte dictada por el rey o un castigo divino sobre ella y su familia".[6]

Encierre en un círculo la frase "el otro platillo de la balanza".

Aquí tenemos una gráfica de la balanza a la que se refiere. La muestro a propósito en perfecto equilibrio. Así es como me gustaría que usted la viera: Hasta el versículo 13, Ester sólo había tenido en cuenta las consecuencias de acercarse al rey. Ella no había pensando en las consecuencias de negarse.

Pregunta clave

Por favor sopese ambos riesgos describiéndolos a cada lado de la balanza.

ENTRAR A VER AL REY

NEGARSE

Ahora que usted ve los riesgos a ambos lados, ¿cuál parece pesar más? En el lado del riesgo que pesa más, trace una flecha hacia abajo. En el lado del riesgo menor, trace una flecha hacia arriba.

Después de que Mardoqueo sacudió a Ester por uno de los hombros, la tomó por el otro. Esta vez él hizo hincapié en la implicación positiva de la acción: "Ester, ¿qué tal si tú has nacido para este momento? ¡Piensa en cuán improbable es tu posición! ¿Qué hay de todos los sucesos que te llevaron a ser reina? ¿Por qué nos quedamos nosotros aquí y no nos fuimos a Jerusalén cuando pudimos hacerlo? ¿Por qué fue Vasti desposeída? ¿Por qué tenías tú la edad correcta en el momento exacto para ser elegida para el harén?"

"¿Por qué, en medio de tantas jóvenes, el eunuco fue tan parcial contigo? ¿Por qué se esforzó tanto en ayudarte a ti? Lo más sorprendente, ¿por qué el rey te favoreció a ti? ¿Por qué no te hizo simplemente una de sus muchas concubinas? ¿Qué es lo que le llevó a casarse contigo y poner sobre tus sienes la corona del reino? ¡Hadasa! ¡Abre los ojos! ¿Por qué es una mujer judía la reina de Persia en un momento como este? ¿No será esto obra de la providencia divina? ¿No será esto Dios?"

Vemos la providencia de Dios en la vida de Ester porque la posición de ella era muy importante, pero quizá a usted se le dificulte relacionar esto con la vida de usted. Al principio, también me pasó a mí. Podemos pensar que la exhortación de Mardoqueo a Ester no tiene relación alguna con nosotros. ¿Cuánto tenemos en verdad en común con ella? Para comenzar, no somos reinas, ni tampoco muchos, al menos la mayoría, ocupamos posiciones tan altas que nos permitan establecer un claro paralelismo. Además, no nos podemos imaginar que la realización de un destino comparativamente tan insignificante como el nuestro pudiera afectar tanto o a tantos.

Usted y yo estamos a punto de tener la oportunidad de poner a prueba cuánto creemos en lo que Dios dice acerca de quiénes somos y en las posiciones que ocupamos.

Una pregunta para usted

Lea los siguientes pasajes bíblicos y anote lo que dicen acerca de usted y de su posición si usted es un seguidor de Cristo Jesús. Señale después con sinceridad cómo suele usted aplicar en su vida cada uno de ellos eligiendo una de las cuatro descripciones: Figurativamente, espiritualmente, literalmente o no lo aplico. (Por "espiritualmente" quiero decir la tendencia a limitar la aplicación a una espiritualidad que es de alguna manera correcta en los términos de Dios pero no en términos "reales". El ejercicio será aún más valioso si usted se atreve a tocar el dolor siendo honesto.)

Mateo 11.11 ____________________

Suelo aplicar este pasaje...

Figurativamente — espiritualmente — literalmente — no lo aplico

Mateo 13.11-12 ____________________

Suelo aplicar este pasaje...

Figurativamente — espiritualmente — literalmente — no lo aplico

Lucas 17.20-21 ______

Suelo aplicar este pasaje...

Figurativamente espiritualmente literalmente no lo aplico

1 Corintios 4.20 ______

Suelo aplicar este pasaje...

Figurativamente espiritualmente literalmente no lo aplico

1 Pedro 2.9 ______

Suelo aplicar este pasaje...

Figurativamente espiritualmente literalmente no lo aplico

Apocalipsis 1.6 ______

Suelo aplicar este pasaje...

Figurativamente espiritualmente literalmente no lo aplico

Apocalipsis 5.9-10 ______

Suelo aplicar este pasaje...

Figurativamente espiritualmente literalmente no lo aplico

Usted tiene sangre real en una forma que ni siquiera Ester tenía. La sangre carmesí de Cristo fluye por sus venas.

Mi amigo, absorba esto con todo su corazón: Usted pertenece a la realeza. No a una realeza simbólica. No a una realeza espiritual. Usted es, en el sentido más literal, el hijo o hija del rey del universo. Usted tiene sangre real en una forma que ni siquiera Ester tenía. La sangre carmesí de Cristo fluye por sus venas.

En este tiempo el reino de Dios en esta tierra reside dentro de usted, pero un día los ojos se abrirán a la visión de la más luminosa realidad que se pueda imaginar. Se verá rodeado por el reino de Dios, completo con palacio, mansiones, calles y caballos. En formas incompresibles por ahora, usted reinará allí con Él. Todo lo que ahora llamamos "realidad" será una simple sombra del vívido mundo que está por venir. Ahora mismo usted está representando oficialmente al rey en una tierra ajena, pero su realeza no es inferior a la que correspondería a la reina de Inglaterra si ella visitara la Casa Blanca o el barrio del Bronx. Ella es reina sin importar dónde se encuentre ni cómo sea tratada. Su posición está asegurada. También la suya. Cuando ella se corta, ella derrama sangre real. Y usted también.

No sólo es usted miembro de la realeza, sino que también ha sido puesto en una esfera de influencia, independientemente de la importancia que usted dé a esto, "para esta hora". Eclesiastés 3:2 nos dice que hay un: "tiempo de nacer, y tiempo de morir". Dios estableció esos perímetros exactos para usted y para mí en el calendario del reino de manera que tuviésemos una posición en la tierra justo en este momento. Del mismo modo, Hechos 17.26 nos dice que decididamente Dios "les [nos] ha prefijado el orden de los tiempos, y los límites de su [nuestra] habitación". Vea usted, incluso su ubicación actual es parte de la preparación de su destino en el reino. Y como aprendimos en uno de los primeros versículos en esta serie sobre la providencia, en Cristo: "En él asimismo tuvimos herencia, habiendo sido predestinados conforme al propósito del que hace todas las cosas según el designio de su voluntad" (Ef. 1.11). Darnos cuenta de estas cosas debiera ser asombroso y maravilloso para nosotros, y debería de colmar de significado nuestras vidas.

La tremenda verdad acerca de la exhortación de Mardoqueo a Ester también se aplica a nosotros. Podemos negarnos a conducirnos con obediencia a Dios o encogernos de miedo a ser llamados y Él sin lugar a dudas cumplirá con el programa de su agenda. En cuanto a nosotros, sin embargo, dejaremos pasar la oportunidad de cumplir con todo el propósito de nuestra vida y perderemos—y quizá incluso la amistad con "la familia de nuestro Padre"— una obra poderosa. Para nuestro espanto, quizá también perdamos la oportunidad de una gran liberación. Uno de nuestros grandes obstáculos en los momentos más importantes "para esta hora" es la dificultad de cumplir con la tarea que sirve a nuestro destino.

Repase la sesión 3 y anote aquí el escenario 4:

¿Conoce ese sentimiento? Yo también. El gigantesco peso de cada experiencia cae sobre nosotros justo en el momento oportuno. No cumpliremos fácilmente ninguno de nuestros propósitos. Todos ellos van a requerir las decisiones más difíciles que creemos podemos tomar. Decisiones que podemos sentir que prácticamente nos matarán. Es entonces cuando Dios hace algo milagroso y llegamos a ser algo que éramos. En ese momento cuando el "¿Quién sabe si…?" se convierte en el "Yo sé".

En algunos de los momentos más difíciles de mi vida, he sido capaz de tomar las decisiones más difíciles puramente a ciegas, con la aceptación humilde de rodillas de que eso era de alguna forma parte de un plan más grande. Me ha sacudido esa convicción que pulsaba incesantemente contra mi poderoso egocentrismo. Con la misma fuerza con que mi cuerpo quería alivio, yo sabía que cuando todo estuviera dicho y hecho, me sentaría en algún lugar de la gloria mucho más satisfecha de haber atendido al verdadero llamamiento que de haberme conducido toda una vida sin sentido. Tuve que aceptar que no fui llamada a una vida fácil. Fui llamada a una vida con propósito.

¿Está usted llegando a algunas de esas mismas conclusiones? Si es así, ¿qué circunstancias le han ayudado?

En tiempos estratégicos de guerra interna me he detenido y me he preguntado: "¿Qué tal si este es un momento clave? ¿Qué tal si esta simple cosa, esta decisión, es la pieza más importante del rompecabezas que constituye todo el propósito de mi vida?"

Dios se ha valido de la aguda convicción de que esos intensos momentos de decisión en mis pruebas más duras podrían ser los momentos de salir adelante o hundirme en mi destino. De manera muy parecida a cómo Mardoqueo sugirió, siempre supe que Dios haría Su voluntad y lo que Él deseaba hacer, pero si yo tomaba una decisión humana (en oposición a la decisión de Dios), me quedaría fuera de la voluntad divina, la cual al final, significaría todo para mí.

Mi amigo, los momentos de las luchas más significativas, cuando usted toma una decisión bajo la tutela de Dios por encima de las conveniencias, la comodidad terrenal, o el placer carnal, también ha llegado a un momento clave en el cumplimiento de su destino. Un momento decisivo. Se está llevando a cabo una guerra en su cabeza en la esfera invisible, y una gran nube de testigos lo celebra. Usted no tiene ni la menor idea de cuánto está en juego.

Día cinco
Ayunad por mí

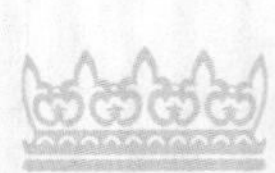

EL TESORO DE HOY

"Ayunad por mí, y no comáis ni bebáis en tres días, noche y día; yo también con mis doncellas ayunaré igualmente." Ester 4:16

Últimamente me he sentido atraída una vez más por el denso acróstico que encontramos a lo largo de las páginas del Salmo 119. Me gusta mucho por su apasionada celebración de la Palabra. Los versículos 92 y 93 están entre mis favoritos: "Si tu ley no hubiese sido mi delicia, ya en mi aflicción hubiera perecido. Nunca jamás me olvidaré de tus mandamientos, porque con ellos me has vivificado".

Al estilo de cuando Melissa decía "Amén" en su lengua vernácula, así sea. Sin la Palabra de Dios como mi pan diario, estaría sinceramente bajo tierra en un pozo tan profundo que ni siquiera sería capaz de reconocer la luz del día.

Me fascina también el versículo 37: "Aparta mis ojos, que no vean la vanidad; avívame en tu camino". Dios se ha valido de la fascinación que provocan en mí las Escrituras para apartar mis ojos de muchas cosas que no merecen la pena. Las estanterías de las librerías están llenas de libros, revistas y videos que refuerzan una cosmovisión deformada. Provocan en usted tanta infelicidad con la

monogamia y aún mayor insatisfacción con usted mismo en formas que no tienen solución.

Muchas personas que saben cuán entregados estamos usted y yo al estudio de la Biblia no entienden nuestra afinidad con ello. Todavía se imaginan que leer la Biblia es como recibir una paliza o tomarse una dosis de una horrible medicina para acabar con un virus. No tienen ni idea de que es esto lo que justamente puede contagiarlos de uno.

Hasta que abordan el estudio de la Biblia por sí mismos, no se pueden imaginar cuán emocionante y saludable puede ser y cuánto puede liberar sus mentes. Piense en esto por un momento: Muchas personas en nuestro pequeño grupo de estudio lo probaron hoy porque vieron el gozo y el impacto que tuvo en usted. Alabado sea Dios, el deseo insaciable por Su Palabra resulta gloriosamente contagioso. Oremos en este momento para que más y más personas se contagien de este virus santo y nunca se libren de él.

Alabado sea Dios, un deseo insaciable por su Palabra es gloriosamente contagioso.

Hoy vamos a centrarnos en el estudio de los tres últimos versículos de Ester 4. Debido a que este segmento de las Escrituras tiene tan alta prioridad en la narración, será también el centro de atención de la sesión siguiente. Espero que usted no se lo pierda. He guardado algunas de las aplicaciones más personales de estos versículos para el momento que compartamos en clase. Hasta entonces, tenemos suficiente para mantenernos ocupados hasta que concluyamos el trabajo de esta semana. Por favor, lea Ester 4.15-17.

¿Qué exhortación había enviado Mardoqueo a Ester por medio de Hatac en los versículos anteriores (4.13-14)?

Basados en los versículos que acabamos de leer, ¿cuán determinante fue esta súplica?

¿Qué había decidido Ester hacer?

Aunque Ester entraría sola a ver al rey, no tenía ninguna intención de prepararse sola.

¿Qué pidió Ester? ____

¿Qué clase de ayuno era ese? ______________________________

¿A qué grupos de personas o individuos se les pidió participar?

El ayuno que Ester pidió tenía, un gran significado por varias razones:

El contraste: El motivo más destacado en todo el libro de Ester es la fiesta.

Los capítulos están prácticamente vinculados unos con otros mediante manteles. No es coincidencia que el ayuno divida las fiestas de la narración en dos, lo cual tiene la implicación de que las demás fiestas ocurrieron sólo porque el ayuno tuvo lugar.

El momento: Recuerde, las noticias sobre el decreto llegaron a las provincias el mismo día que iba a empezar la celebración de la Pascua entre los judíos. La fiesta era la piedra angular de toda la celebración. Sólo algo sumamente importante podía haber alterado el ritual establecido, convirtiendo la fiesta en ayuno. Quizá la mejor manera de entender esa situación es imaginar noticias terribles en el día de Navidad y recurrir al ayuno mientras la cena se hornea y los pastelillos se enfrían en la cocina. El impacto emocional sería brutal.

La severidad: En el mundo antiguo la mayoría de los ayunos estaban limitados a las horas de trabajo o a ciertos alimentos, y rara vez incluían el ayuno de agua. El riesgo de deshidratarse era muy grave. Sin embargo, grandes males necesitan grandes remedios. Quizá lo más interesante es lo que esta clase de ayuno ocasionaría en la apariencia de Ester. Recuerde que las mujeres en el harén eran bien alimentadas para la gratificación del rey, no las hacían pasar hambre para dejarlas en los huesos.

La implicación: Un elemento de capital importancia en el ayuno de Ester es la profunda implicación de la oración. En un libro de la Biblia donde no se menciona a Dios, el ayuno indica oración. Y la oración apunta a Dios. Después de todo, ayunar por amor al ayuno es inútil. Nuestra suposición es que Ester y los judíos de Susa se privaron de comer con el fin de que pudieran dirigir sus peticiones a Dios con todo su corazón. Su propósito de privarse de alimento demuestra su gran deseo de recibir algo más importante: la liberación.

Pregunta clave

Repase las cuatro razones por las cuales el ayuno tenía ese significado especial. Mencione una de ellas en la que usted no haya pensado antes y explique por qué.

En el primer día del estudio de esta semana comparamos la escena de dolor, el vestido de cilicio y cenizas al comienzo del capítulo 4, con las palabras de Joel 2.12-17. Llene los espacios en blanco según los versículos 15-16.

"Tocad ________________ en Sion, proclamad ___________, convocad asamblea. Reunid al ____________, santificad la ____________________"

Mencione todas las formas en que estos versículos se asemejan a las acciones de Ester 4.15-16.

En toda la historia de Israel, el pueblo de Dios nunca fue convocado a ayunar por amor al ayuno. Eran invitados a privarse del alimento para negarlo todo,

excepto a Dios. Debemos preguntarnos por qué esta ocasión iba a ser diferente. La siguiente parte de Joel 2.17 describe la petición que hacía al pueblo de Dios mientras se congregaban para un ayuno santo: "Entre la entrada y el altar lloren los sacerdotes ministros de Jehová, y digan: Perdona, oh Jehová, a tu pueblo, y no entregues al oprobio tu heredad, para que las naciones se enseñoreen de ella. ¿Por qué han de decir entre los pueblos: Dónde está su Dios?"

El pueblo de Dios nunca fue convocado a ayunar por amor al ayuno. Eran invitados a privarse del alimento para negarlo todo, excepto a Dios.

¿En qué medida diría usted que esta petición se asemeja a la que necesitaban hacer los judíos en Susa?

El paralelismo en Ester 4.15-17 no podía ser más notable. Quizá la importancia de su significado está en la forma en que graban "Dios" en los espacios en blanco de este libro singular. Considere las palabras del doctor Karen Jobes:

"Ya sea que Ester fuera consciente o no de la profecía de Joel o no, ella ciertamente 'tocó la trompeta en Sión' para ordenar a Mardoqueo que convocara a ayunar a todos los judíos de Susa, para ver si el Señor cejaba en su intento de enviar esa calamidad a su pueblo. Por primera vez en esta historia Ester se identifica con el pueblo de Dios y responde al llamamiento profético del arrepentimiento para unirse a los judíos de Susa en el ayuno".[7]

Me gusta la imagen que crea el doctor Jobes al enviar a Ester a tocar la trompeta. ¿Quién era más apropiado que ella? Nosotros no tenemos la menor idea de lo que Dios hará incluso con la vida que más se le resista. Algunos se brincan su destino. Otros se rezagan y se pierden, no obstante que Dios persista "porque irrevocables son los dones y el llamamiento de Dios" (Ro. 11.29).

La misma mujer que había ocultado su identidad a fin de ser parte de la realeza de Persia, se irguió con firmeza y tocó la trompeta para convocar bien alto a la reunión del pueblo esparcido de Sión. El estridente sonido de la trompeta reverberaría desde las paredes del palacio hasta las casas de los campesinos hasta que miles de voces se fundieron en una para ascender unidas al cielo: "¡Señor, libra a tu pueblo, oh Dios!" Un pueblo separado en astillas se convirtió en un solo madero. Ella que había estado sistemáticamente reinventándose a sí misma regresó a sus raíces… corriendo el riesgo de quedar enterrada por ellas.

Ester llegó a lo que muchos han llamado el "momento decisivo", un término que fue incluido a propósito en el último párrafo de la lección previa para que usted medite en él. A veces nuestros momentos más importantes llegan de la mano con nuestra disposición para revelar que en realidad no somos lo que parecíamos ser. Nuestra protagonista era una mujer voluble que, de manera muy interesante, poseía un nombre para cada lado de su personalidad. Ella era Hadasa para los judíos y Ester para los persas. No me puedo imaginar que alguno de nosotros se haya podido resistir siempre a la atracción de esa mente voluble.

Ester llegó a lo que muchos han llamado el "momento decisivo".

¿Cuáles dos nombres representan la volubilidad de usted?

______________________________ de ______________________________

______________________________ de ______________________________

Luché mucho en mi adolescencia y primeros años de adultez con los deseos de ser a la vez lista y crédula. A la vez inocente (lo cual nunca me pareció que fui) y atractiva (lo cual sentía era todo a lo que podía aspirar). A la vez piadosa y carnal. Entonces Dios permitió que las dificultades y las consecuencias me presionaran por ambos lados hasta que llegó el momento de tomar una decisión y parte de mí tuvo que morir. Piense en estas palabras que describen el dilema de Ester, y a la vez, el nuestro: "En una situación de crisis como esta, no había posiciones neutrales. No decidir lleva a la pérdida personal y se pierde la oportunidad de cumplir el propósito de Dios".[8]

Una pregunta para usted

Subraye "no decidir". ¿Qué le dicen a usted esas palabras?

En ocasiones nada tiene consecuencias más trascendentales que negarse a tomar una decisión. En momentos cruciales —incluso aquellos que no reconocemos en el momento— no decidir es decidir fracasar. Mientras se debatía entre una mezcla de ansiedad y hambre, Ester luchó hasta que una parte de ella, herida y cansada, ganó. Ella era judía e, irónicamente, su exposición probaría que era una desdichada. Ella recurrió a cada ápice de su fortaleza para ponerlo del lado de su debilidad. Aunque el piadoso y el pagano podrían coincidir en que ella era un fracaso, ella no sería culpable de no decidir.

Ester se identificaría con el pacto de su pueblo incluso si eso la mataba. Y si no la mataba, la vida como ella la había conocido, de todas maneras era la muerte. No había manera de volver atrás. Ella debía adentrarse en lo desconocido conocido y en lo oculto del todo descubierto.

Completamente expuesta, sólo una fuerza providencial podía ahora protegerla. El cetro de Jerjes estaba en la mano de Dios.

Al concluir su peregrinación de esta semana, permita que las palabras de Steven Curtis Chapman, tomadas de la canción "*Miracle of the Moment*" resuenen en su alma en todo lo que usted enfrenta. Se ha hecho una traducción libre por no contar con la letra en español para esta canción.

Solamente hay UNO que conoce

Lo que realmente está afuera aguardándonosi

En todos los momentos que vendrán

Pero solo necesitamos saber que

ÉL TAMBIÉN ESTA ALLÍ ESPERANDO

A Él pertenece el futuro y la historia

Y nos ha regalado un gran tesoro llamado Ahora mismo

Y este es el único momento en el que podemos hacer algo

Y si te brotan las lágrimas

Entonces, saboréalas mientras caen

Y deja que ellas ablanden tu corazón

Y si esto te produce risa,

Entonces echa tu cabeza hacia atrás

Y déjalo ir, déjalo ir

TIENES QUE DEJARLO IR

Escucha los latidos de tu corazón

Hay algo muy grande aquí y ahora

Está justo ahí, frente a tí

Y yo no quiero que tú lo pierdass

ES EL MILAGRO DE ESTE MOMENTO

Esta canción aparece en el CD *This Moment*, de Steve Curtis Chapman o en iTunes.com. Disponible solo en inglés

Words and music by Matt Bronleewe and Steven Curtis Chapman. © Copyright 2007 Music Of Windswept/Woodland Creatures Need Music Too (both admin. by Music Of Windswept)/Sparrow Song//Peach Hill Songs (admin. by EMI CMG Publishing). All rights reserved. Used by permission..

Semana 5

Una mesa puesta para la providencia

Cuando Amán compartió con aire de suficiencia la mesa del rey, adornado con su anillo de sellar, la reina conspiraba contra él con el jaque mate de su vida. Amán no tenía ni idea de que su Némesis se sentaba frente a él en la mesa real, llevando enaguas y sirviendo té.

Preguntas clave

1. Luego de terminar su ayuno de tres días, ¿cómo se vistió Ester para su encuentro decisivo con el rey Jerjes?
2. ¿Por qué bendita razón piensa usted que Ester solicitó la presencia de Amán?
3. ¿Por qué razón piensa usted que Amán ejerció dominio propio?
4. ¿Por qué razón cree usted que Amán volvió a su casa y celebró otra fiesta?
5. ¿Por qué Amán no se sentiría satisfecho con sólo envenenar a Mardoqueo?

Día uno

El cetro de oro

EL TESORO DE HOY

"Y cuando vio a la reina Ester que estaba en el patio, ella obtuvo gracia ante sus ojos; y el rey extendió a Ester el cetro de oro que tenía en la mano. Entonces vino Ester y tocó la punta del cetro". Ester 5.2

En el capítulo 5 se abre el telón y aparece Ester en el escenario lista para presentarse ante el rey sentado. Vamos a fijar nuestra atención en Ester 5.1-2 en esta lección. Pero vamos a retroceder varios versículos a fin de que podamos percibir como sube la intensidad del drama. Por favor lea Ester 4.12-5.2.

Reflexione sobre las palabras tan poderosas de Ester al final del capítulo 4 y complete la frase: "Y si ______________________, que ______________________" (Est. 4.16).

La sesión 4 nos retó a enfrentar nuestros peores temores. Hablamos de cómo el enemigo y nuestra propia naturaleza autodestructiva se combinan para hostigarnos con los "qué tal si". Una vez que estamos en Cristo, Satanás no tiene autoridad sobre nosotros para destruirnos, de modo que se contenta con lo mejor que puede hacer: Amenazarnos con destruirnos.

Para el diablo, la ironía es deliciosa: Nuestra desconfianza de Dios nos acusa, diciéndole a nuestro enemigo exactamente cómo atraparnos. Muchos de nosotros por lo general ensayamos: "Si ______________ alguna vez sucede, entonces yo ____________". Una vez que Satanás ve lo que creemos será nuestro final, nos amenazará y atormentará con ello.

Nuestra defensa humana natural es postrarnos ante Dios y suplicarle que no sucedan esas cosas. Nuestra confianza condicional no sólo nos convierte en el blanco del tormento del enemigo, sino que también nos lleva a la posición de negociadores y mendigos ante Dios en vez de ser hijos seguros que confían sus vidas al Padre fiel. Aquellos momentos cuando nuestros temores se hacen realidad nos sentimos devastados. Creemos que Dios es infiel, y Satanás esencialmente consigue lo que quiere: quiere que creamos que nuestra vida ha terminado. A menos que cambien nuestro sistema de creencia, para todos los propósitos prácticos terrenales, hemos acabado. Después de todo, lo que el hombre piensa, eso es lo que es (Pr. 23.7).

No me malinterprete. Soy una gran defensora de orar en contra de lo que

Nuestra confianza condicional nos lleva a la posición de negociadores y mendigos ante Dios en vez de ser hijos seguros.

"Si ________________,
entonces Dios cuidará de mí".

"Si ________________,
entonces Dios tiene un plan".

"Si ________________,
entonces Dios desea llevar a cabo algo grande en mí".

"Si ________________,
entonces Dios va a demostrar su suficiencia en mí".

tememos y por los deseos de nuestros corazones. También creo que somos libres y seguros para expresarle a Dios nuestras pesadillas. Sin embargo, en tiempo de crisis y de ataque demoniaco nuestras almas vulnerables necesitan algo más. La experiencia de fe más importante que usted y yo podemos tener es permitirle a Dios que nos lleve a esa situación en la que confiamos en Él. Decidimos confiar en Él por encima de todo, incluso si nuestras peores pesadillas caen encima de nosotros. No hay mayor victoria ni golpe mayor para Satanás.

Recuerde, en la sesión, usted llenó en los espacios en blanco "Si... entonces". Permita que las declaraciones en el margen estimulen su memoria.

Cada una de esas declaraciones revierte los dardos fieros del enemigo y hace que reboten en su propio tórax tan inflado.

A nadie le gusta el sufrimiento. Del mismo modo, nadie puede evitarlo del todo. Aunque nunca sucede lo que solemos temer más, nuestras listas son tan largas que algunas de esas cosas probablemente sucederán. Nuestra única defensa firme en contra de las incertidumbres de la vida es la confianza en nuestro Dios.

Pregunta clave

Llene los siguientes "Si" con varias cosas que usted teme mucho y sus "entonces" con nuevas conclusiones que reflejen la esperanza de las Escrituras:

"Si me enfermo ________________

entonces ________________".

"Si ________________

entonces ________________".

"Y si perezco, entonces Dios me rescatará ________________".

Quiera Dios plantar estas convicciones con más profundidad que lo que puedan penetrar las espinas del dolor terrenal. Con todo lo duro que confiar pueda ser, vivir con temores constantes en mucho más duro.

Pregunta clave

Fijemos ahora nuestros ojos en Ester 5.1. Después de terminar sus tres días de ayuno, ¿cómo se vistió Ester para el día funesto en que aparecería ante el rey Jerjes?

____

Las acciones de Ester fueron deliberadas. El plan terrenal que se desarrolla durante los siguientes capítulos es de ella. Mardoqueo dijo qué hacer pero no cómo hacerlo.

Llene los espacios en blanco con las últimas palabras de la Semana 4 que tienen la intención de ondear como una bandera para el cambio de la guardia:

"Entonces Mardoqueo fue, ______________________ conforme a ______________ lo que ______________________ Ester".

Ester estaba ahora sentada en el asiento del conductor. Ella aceptó la responsabilidad pero también tomó las riendas. Después de tres días de preparación mental y espiritual, se encontró físicamente preparada. No se equivoque. La intención de Ester fue vestirse para el éxito. "Ester no tenía ninguna intención de ser lo que Daisy Buchanan llamó 'una tonta guapa' ".[1]

Aquellas prendas reales eran un vestido de poder, ¿ha visto alguno? Aunque Mardoqueo le había dicho que fuera y suplicara e intercediera ante Jerjes, ella no se acercó al rey como una mendiga. Tampoco acudió a él sólo como la esposa. A todas luces, ella apareció delante de Jerjes como la reina del vasto Imperio Persa.

Aunque temblando de temor e inseguridad, Ester necesitaba mostrar realeza. Majestuosa. Inteligente. Ella debía representar una fuerza con la que había que contar. Ser sexy debía dar paso a ser sagaz o su cuello quedaría adornado con una soga. Caminando con sus zapatos de cristal, la Cenicienta bíblica estuvo a la altura de las circunstancias. Basándome en las evidencias históricas y unas cuantas citas combinadas con la naturaleza humana, pienso que los sucesos se desarrollaron como describo a continuación. Preparada o no, la hora había llegado:

> Ester tenía la esperanza que los tres días de ayuno terminaran con un indulto y que no tuviera que comparecer delante del rey, pero no ocurrió ningún milagro. Ningún profeta habló. Ninguna plaga invadió a los persas.
>
> Sólo el tiempo diría si ellos tendrían que areglárselas por su cuenta. Si así fuera, todo el imperio lo sabría pronto, porque la ausencia de Dios quedaría escrita con sangre judía. Ester nunca se había sentido más sola. Más olvidada. Irónicamente, una persona nunca es más conciente de la intervención divina que cuando él o ella han sido escogidos para darla a conocer. A veces la mano de Dios está tan cerca que cubre los ojos.
>
> Las doncellas de Ester le ofrecieron las distintas partes de su vestuario real. Cada una de ellas miraba al suelo, tratando de disimular sus temores. Antes de deslizarse las primeras prendas por encima de sus hombros, Ester echó un vistazo a su cuerpo en el espejo y se sorprendió de cuán rápidamente se había marchitado con el ayuno. Su estómago chillaba por causa de esa guerra de hambre y nervios que ya no podía distinguir una cosa de la otra. Por una vez estaba contenta con todas las capas de vestidura real que tenía que ponerse. Ayudaría a silenciar los sonidos de su estómago y ampliar la talla de su cuerpo.

Las vestimentas las plegaron con delicadeza sobre sus clavículas para formar un collar de mucho más valor que aquel que las personas comunes podrían ver en toda su vida. Una de las doncellas se paró sobre un taburete tapizado para peinar y arreglar el pelo negro hasta que ninguna contorsión de terror pudiera ocultar su belleza. Otra doncella pasó la corona a la otra parada sobre el taburete. Esta la colocó cuidadosamente sobre la cabeza de Ester.

La esposa de Jerjes se miró al espejo cuando su sirvienta se apartó. Si ella no se hubiera sentido tan acosada por las dudas y los temores, la visión la habría dejado asombrada por su hermosura y esplendor. En su lugar, respiró con profundidad llenando sus pulmones, y se dirigió con resolución hacia la puerta. Con cada paso hacia el salón del trono iba ganando mayor confianza y fortaleza.

Ester hizo una pausa a la entrada del salón donde se encontraba Jerjes. En unos cuantos pasos más ya estaría visible para el rey y no habría posibilidad de dar marcha atrás. Sabía que si se detenía por un instante, podría huir. Sus doncellas se apresuraban a su lado y arreglaban la cola de sus ropas hasta que el suelo de mármol quedó blanqueado con su esplendor.

Un pasillo de columnas se extendía desde el trono de Jerjes hasta la entrada donde se encontraba Ester. Ella lo podía ver ahora. También podía ver a los soldados que montaban guardia detrás de él con sus espadas y lanzas listas para la detención rápida de cualquier persona no invitada. Su corazón palpitaba con tanta fuerza que resonaba en sus oídos. Su presencia no solicitada causó entre los observadores una mezcla de admiración y asombro. El rey levantó sus ojos para mirar y bajó sus cejas como queriendo enfocar mejor la mirada para cerciorarse de lo que estaba viendo. Sólo su belleza superó su audacia, y sintiendo el peso de la expectativa de los presentes, el rey Jerjes se vio a sí mismo más intrigado que insultado.

"Y cuando vio a la reina Ester ____________________ que estaba en el patio" (5.2).

Ve usted, la mujer que estaba parada al otro lado del patio real no sólo era la mujer más bella del harén. Era la reina de Persia... y nunca de forma más plena que en ese momento. "Ella obtuvo gracia ante sus ojos" (5.2).

El hebreo se hace eco de la misma frase que en 2.17 llenó todo el patio con reverberaciones. Ella había conseguido mucho más que obtener el favor de Jerjes. Se lo había ganado. Es clave notar que las Escrituras indican el camino al banquete, no a la alcoba. Ser sexy no había conseguido su favor aquí, sino su inteligencia y habilidad dadas por Dios.

De modo que "el rey [Jerjes] extendió a Ester el __cetro__ de oro que tenía en la mano. Entonces vino __Ester__ y tocó la punta del cetro" (5.2).

¿Cuántas veces nosotros decidimos no extender la mano y tocar el cetro de aprobación de nuestro propio rey?

Nuestra escena queda fija hoy en el instante en que los dedos de Ester tocan el cetro de Jerjes. La resonancia histórica para los israelitas cautivos se escucha de nuevo: "Como Moisés [Ester regresa] a la corte para liberar, y durante el tiempo específico de la Pascua. Después de revestirse, se paró en el atrio interior del palacio, y frente al rey, esperó su respuesta".[2]

¿Cuántas veces nuestro propio rey extiende su cetro de aprobación y aunque nos inclinamos hacia delante con un acercamiento tímido decidimos no extender la mano y tocarlo? ¡Eso a pesar de haber recibido una invitación real tan grande y de que nuestros corazones latieran de intensa emoción! ¿Quién sabe qué gran liberación estuviera al alcance?

"Yo soy la raíz y el linaje de David, la estrella resplandeciente de la mañana. Y el Espíritu y la Esposa dicen: Ven" (Ap. 22.16-17).

Día dos
Mi petición y demanda

EL TESORO DE HOY

"Si he hallado gracia ante los ojos del rey, y si place al rey otorgar mi petición y conceder mi demanda, que venga el rey con Amán a otro banquete que les prepararé; y mañana haré conforme a lo que el rey ha mandado". Ester 5.8

Terminamos la lección ayer con la escena de las yemas de los dedos temblorosos de Ester tocando el centro extendido del rey Jerjes. Su guardia personal estaba muy cerca de él y probablemente con las espadas desenvainadas listas para matar. Después de todo ese era el momento destacado de una tarea que de otra manera se podía volver monótona.

Este día en particular en el palacio de Susa, el drama fue tan intenso que los guardias podían haberlo cortado con un cuchillo. Recuerde que la acción de Ester era ilegal (4.16) y era su tarea saberlo. Su favor con el rey no garantizaba en ningún sentido que él extendería el cetro. En esos escasos segundos el rey tuvo que sopesar el valor de la reina en oposición a su propio ego. ¿Podía él darse el lujo de dar la impresión a los siervos de palacio que no podía controlar ni a su propia mujer? Intrigado y quizá renovado por la audacia de Ester en un mundo donde los hombres se inclinaban ante él, el rey de Persia decidió arriesgarse. Por favor, lea Ester 5.3-8.

¿Cuáles fueron las primeras palabras de Jerjes después de salvar la vida de su esposa?

Yo creo que Jerjes notó que algo andaba mal al ver el comportamiento de Ester y no sólo su transgresion del protocolo. La palabra hebrea (***mah lak***) que traducimos como "¿Qué tienes…?" la encontramos también en los siguientes pasajes bíblicos:

Señale las preguntas correspondientes a la anterior en cada cita bíblica:

> "Y oyó Dios la voz del muchacho; y el ángel de Dios llamó a Agar desde el cielo, y le dijo: ¿Qué tienes, Agar? No temas; porque Dios ha oído la voz del muchacho en donde está" (Gn. 21.17).
>
> ¿Qué te pasó, mar, que huiste, y a ti, Jordán, que te volviste atrás? (Sal. 114.5 NVI).

Ambas preguntas son la traducción de las mismas palabras que encontramos en la pregunta de Jerjes a Ester. Podemos pensar que el rey preguntó a su reina algo más que simplemente "¿Qué tienes?" Le estaba preguntando que le estaba preocupando o afligiendo. Un erudito explica que "el matiz de la expresión es literalmente '¿Qué te sucede?' ".[3] En hebreo la pregunta siempre implica la agitación evidente en la persona a la que se pregunta.

Hagamos una pausa para algo que puede animarnos a todos. Ester hizo lo que necesitaba hacer, es decir, la voluntad de Dios, pero no como alguien que estuviera segura y calmada. En realidad, si ella no hubiera vestido tantas capas de ropa, quizá algunos de los presentes habrían notado grandes círculos de sudor debajo de sus brazos.

Amigo, ¿creemos que la única manera de hacer algo es hacerlo de forma perfecta? A veces Dios es mucho más consciente que nosotros de cuánto Él está requiriendo de nosotros. Él sabe cuán difícil va a resultar para nosotros.

Yo podría haberme detenido y sollozado para sentirme tranquila. Ya le he contado antes que nunca he logrado dominar mi nerviosidad sobre hablar en público ni mi inseguridad a la hora de escribir. Mi corazón se acelera antes de hablar y después estoy empapada de sudor. Cada vez que envío un manuscrito me pregunto si mis palabras son dignas de ser leídas. No obstante, persisto porque parece que esa es la voluntad de Dios para mí. ¿Se identifica usted con mis sentimientos?

Dios ha abierto mis ojos a ese bastión del perfeccionismo por medio de seres queridos que comparten sus luchas. No sólo es doloroso, también puede ser muy debilitador. Después de todo, ¿qué habría pasado si Ester hubiera esperado

a ir al rey hasta que sus manos dejaran de temblar y su corazón de latir como una locomotora?

¿Lucha usted también con el perfeccionismo y podría quizá usar un poco de ministerio? ¿Siente usted que si no puede hacer algo a la perfección, no debería hacerlo? ¿Se siente con frecuencia presionado para hacer tareas que darán por resultado aplausos? Cuando se equivoca, ¿espera mucho tiempo antes de intentarlo otra vez? ¿Siente usted siempre la necesidad de sacar una "calificación sobresaliente"?

Si ha respondido sí, ¿por qué piensa que eso es un reto para usted?

El perfeccionismo es una disposición a considerar cada cosa que no es perfecta como algo inaceptable.

Anote en el margen formas en que un bastión de continuo perfeccionismo podría ir en detrimento de su destino.

Pregunta clave

No estoy sugiriendo que no hagamos lo mejor que podamos. Sólo estoy diciendo que a veces sobrevivir a ciertas tareas sin que nos hundamos es lo mejor que podemos hacer y en esos momentos Dios no se avergüenza de nuestra actuación. Está orgulloso de nosotros al vernos luchar contra emociones abrumadoras para hacer su voluntad. Dios no está interesado en nuestras actuaciones estelares sino en nuestros corazones. Le agrada nuestra disposición y obediencia a pesar de nuestras inseguridades.

Conozco a un padre que saca videos de las actuaciones deportivas de su talentoso hijo y apenas entran a la casa se sienta con él —todavía empapado de sudor— para revisar y criticar su actuación. El chico está en secundaria. ¿No es un gol una jugada que termina en gol a pesar de que el chico se cayera un par de veces?

Repase de nuevo Ester 5.3-4, ¿cuál fue la petición de Ester?

¿Por qué se imagina usted que ella solicitó la presencia de Amán?

Pregunta clave

En la antigua Persia, el rey por lo general cenaba en pequeños grupos como este con su madre o su reina. Amán, sin embargo, era el segundo en el poder después de Jerjes y llevaba literalmente el anillo de sellar del rey, lo cual lo incluía en el protocolo. Lo que hace esta invitación sospechosa es la oculta hostilidad de la anfitriona.

Me gustaría saber lo que usted piensa de que Ester incluyera a Amán. Como mujer, creo que Ester pudo haber querido saber y discernir cuán inquebrantable era el vínculo entre Jerjes y Amán. Tal vez también quiso mirar a los ojos de Amán y ver por sí misma lo que comunicaban. El dicho: "Ten a tus amigos cerca y a tus enemigos más cerca aún" quizá se aplique aquí. Tal vez Ester pensara poner al descubierto las malas intenciones en el primer banquete y nunca planeara el segundo.

Dios decidió no decir exactamente por qué Ester incluyó a Amán en la mesa. Esa omisión hace que la historia sea aún más fascinante e intrigante.

Lea de nuevo Ester 5.5-8. El "mientras bebían vino" del versículo 6 transmite más que simplemente mirarse a los ojos. El hebreo literalmente significa "al banquete de vino", [4] sugiriendo que estaban en el último tiempo de esta antigua comida oriental. Para ese momento, ya estaban satisfechos sus estómagos y el ego del rey, y se había cumplido con todos los requisitos. Sólo en este instante podía hacerse la solicitud al rey, e incluso entonces, sólo cuando él lo indicara.

La paciencia no es mi punto fuerte, sobre todo cuando me siento presionada.

Piense en cuán larga pudo parecerle a Ester aquella comida. Piense en tener que aguantar los distintos platillos de una comida antes de que el protocolo real le permitiera hacer una pregunta urgente. La paciencia no es mi punto fuerte, sobre todo cuando me siento presionada. Yo hubiera explotado: "¡Ese idiota está tratando de matarnos!", al tiempo que masticara el primer entremés. Además, después de tres días de ayuno, mi nervioso estómago habría tenido problemas con aquellos alimentos tan condimentados. Pero para esto Ester era Ester y yo no lo soy.

En el momento de disfrutar el vino, ¿cómo le dio carta blanca Jerjes a Ester por segunda ocasión (v. 6, compare con el v. 3)?

Como veremos en nuestra próxima sesión, la expresión "aunque sea la mitad del reino" era más metafórica que literal, pero la oferta ciertamente transmite la intención del rey de ser muy magnánimo con Ester. Reflexione en esa pregunta estratégica: Si el rey hizo a Ester ese ofrecimiento tan extraordinario, ¿por qué no lo aceptó ella en ese momento? Si él abría la puerta tan ampliamente, ¿por qué no pasó por esa puerta? ¿Por qué se detuvo Ester?

Formule una teoría y escriba en el margen cada razón que le venga a la mente.

Algunos eruditos piensan que Ester fue brillante y que la velada se había desarrollado exactamente conforme al plan. Otros piensan que se contuvo un poco y pensó mejor en el momento oportuno. Otros, sin embargo, creen que ella se atemorizó. Pocos eruditos ven el segundo banquete como el banquete auténtico. Casi todos están de acuerdo en que Ester pidió un segundo banquete como plataforma para su petición auténtica.

Un comentarista explica la respuesta de Ester como un "accidente gramatical",[5] que significa el rompimiento de la secuencia gramatical. Veamos un ejemplo: "Esta situación es así—nunca me he sentido más enojado en toda mi vida". El comentarista concluye: "Ester empezó como si fuera a expresar su petición, pero entonces cambió e invitó al rey y a Amán a otro banquete... en mi opinión, la manera hábil en que ella indujo al rey a conceder su petición antes de que él la supiera, sugiere que ella sabía muy bien lo que estaba haciendo".[6]

Quizá el comentarista esté en lo correcto. Por otro lado, la mayor parte de las veces cuando corto una frase y empiezo súbitamente otra, lo que sucede es que la emoción excesiva lleva a mi mente a ir por delante de mi boca. ¿Le sucede a usted lo mismo? ¿Podría el anacoluto sugerir que Ester estaba llena de ansiedad y eso la llevó a redirigir la intención inicial?

Que las Escrituras no nos digan la razón cancela toda certidumbre, pero las posibilidades son muy intrigantes, ¿no es cierto? Hablaremos más de ese tema en la siguiente lección. Por ahora, llegaremos al fin de esta con una posibilidad mencionada con frecuencia que agita mi mente.

"Desde tiempos rabínicos tempranos, los comentaristas judíos han pensando que la idea era la de hacer que Jerjes sintiera celos de Amán. Si no, ¿por qué la reina estaba tan deseosa de invitarlo a su banquete? Esta es una teoría fascinante, ¿no es cierto? Y puesto que somos humanos nos apresuramos a considerarla improbable.

¿Qué razones podría tener Ester para despertar los celos del rey?

Hablemos por un momento sobre la naturaleza humana. Si me siento amenazada por alguien y celosa de esa persona, lo más probable es que me sienta muy inclinada a pensar algo negativo de ella y reaccionaré con la misma pasión. ¿No le ocurre a usted lo mismo? No me refiero sólo a los hombres, sino también a las mujeres. Esa es la razón por la que me siento tan intrigada con esta teoría.

Si Ester es la que en verdad estaba en el asiento del conductor y eso es debatible, esta puede ser la forma en que llevó a Amán hasta el borde de un precipicio. Según el doctor Levenson, Ester "predispuso" al rey a desconfiar de Amán y aborrecerlo de manera que él "concediera su petición de hacer con Amán exactamente lo que él planeaba hacer con otros".[8] El segundo banquete 24 horas más tarde proporcionaría tiempo suficiente a Jerjes para que empezara a desconfiar y se enojara, pero no suficiente tiempo para que se convenciera de lo contrario. ¿No es eso estimulante? Y ¡teníamos la idea de que el estudio bíblico es aburrido!

Día tres

El punto alto y bajo del ego

EL TESORO DE HOY

"Y salió Amán aquel día contento y alegre de corazón; pero cuando vio a Mardoqueo..." Ester 5.9

Una de las cosas estupendas acerca del estudio profundo de un libro breve es que dedicamos el suficiente tiempo a explorar emociones y relaciones complejas.

Tenemos también la oportunidad para buscar las huellas visibles de la mano invisible de Dios, una proeza nada pequeña en un libro como el de Ester.

Disfrute hoy de la oportunidad de estudiar el texto fina y lentamente. Sólo dos versículos componen el segmento de hoy Por favor lea Ester 5.9-10. Hagamos algo divertido. Cambiemos los papeles por unos minutos. Usted va a escribir la lección de hoy en vez de hacerlo yo. Piense en lo que quiera explorar y en qué dirección quiere ir con estos versículos.

¿Cuáles serían tres puntos de aplicación que usted propondría hoy en esta lección?

1. Amon, enojo contra Mardoqueo una vez más

2.

3.

La obra de arte de la Palabra de Dios puede decirnos mucho en pocas palabras.

No sabe lo que daría por ver sus tres puntos. Confío en que hiciera el ejercicio porque encierra el propósito de recordarnos cuánto puede decirnos la obra de arte de la Palabra de Dios en pocas palabras. Además, el verdadero estudio de las Escrituras requiere que usted también piense acerca de un texto y no sólo guarde pensamientos en su cabeza. Cuando llevamos a cabo el valioso ejercicio de la meditación, aun la más breve porción puede invitarnos a los pensamientos más profundos. A veces Dios nos dice algo profundo sobre sí mismo. Otras veces nos dice algo profundo sobre otra persona, otras veces sobre nosotros mismos… como en qué lío estamos metidos sin Él.

Con los años y mucho apuro personal, he llegado a entender un poco mejor el porqué Cristo nos llama a morir o negarnos a nosotros mismos y seguirle. No es porque la humanidad sea una desilusión tan colosal o completamente indigna de su amor. En medio de toda la depravación de este mundo, el hombre es todavía la corona de la creación de Dios y su tesoro más valioso. El propósito de Cristo al llamarnos a negarnos a nosotros mismos es que neguemos nuestro egoísmo, ambición, o a cualquier emoción dañina que nos aleje de sus planes elevados para nosotros.

Lea 2 Corintios 4.10-11. ¿Por qué exactamente somos llamados a esto que el Nuevo Testamento llama en otros lugares "crucificar la vida"?

Escuche, amigo. Lo fuerte de Dios es la vida. Él no está dispuesto a dejar las cosas muertas. Un tema muy importante en Ester es lo que Dios puede hacer cuando nosotros decidimos obedecerle y "si perezco, que perezca". En todo momento que Dios nos llama a morir, su propósito es revelarnos una vida superior.

Dios ha diseñado la mente humana. Él sabe que nada nos deja más vacíos que estar llenos de nosotros mismos. No llevamos ninguna carga más pesada que nuestros propios egos. Y añadiré que no tenemos nada más fácil de quebrarse.

Nuestro segmento presente muestra que el ego humano es tan fuerte como un globo barato que va rebotando de un lado a otro en un cuarto lleno de agujas puntiagudas.

Nosotros, tan humanos como Amán, podemos sentir prácticamente su caída desde "el éxtasis hasta el enojo".[9] Cuando estamos llenos de nosotros mismos, somos tan frágiles que nunca nos paramos en la cima de un monte sin que los pies se acerquen al precipicio. Volvamos a Ester 5.9-10 y empecemos a analizarlo paso a paso. El versículo 9 comienza hablándonos de la fecha: "Y salió Amán aquel día".

En todo momento que Dios nos llama a morir, su propósito es revelarnos una vida superior.

Repase los versículos anteriores. ¿Qué había sucedido "aquel día"?

la reina lo invitó a los 2 banquetes

¿Cuál era el estado de ánimo de Amán al salir del banquete?

Feliz.

¿Se puede usted imaginar el gran éxtasis de Amán en el versículo 9? Las palabras que traducimos como "contento y alegre de corazón" son las mismas que se usan para describir el gran gozo de los israelitas al marcharse después de uno de los eventos más celebrados de su historia. Después de la dedicación del templo de Salomón, cuando Dios llenó el lugar con su gloria, Salomón bendijo al pueblo y lo envió a casa.

Lea el relato de su regreso a casa en 1 Reyes 8.66. ¿Cómo se describe su estado de ánimo? Con gozo

Las palabras hebreas para "alegres y gozosos de corazón" son las mismas que nos dicen "contento y alegre de corazón" en Ester 5.9. El comentario señala que en el tiempo de la dedicación del templo, los judíos estaban en su "mejor momento".[10] Irónicamente, en Ester 5.9 Amán también se vio a sí mismo en su mejor momento. Lo que es perturbador más allá de la coincidencia es que los judíos se encontraban en su momento más bajo.

El carácter humano nunca aparece más imperfecto que cuando una persona puede alcanzar su mejor momento sólo cuando otros son llevados a su peor momento. Sólo los individuos más pequeños necesitan ver a otros en el suelo para sentirse más altos. Esa es la fuerza que está detrás de toda opresión.

Cuando Amán compartió con aire de suficiencia la mesa del rey, adornado con su anillo de sellar, la reina conspiraba contra él con el jaque mate de su vida. Dios preparó una mesa de ajedrez ante Ester en presencia de su enemigo, y ella tuvo la audacia de jugar. Lo que sigue es una de mis descripciones favoritas de lo que ocurrió: "Bajo la apariencia de honrar a Amán, [Ester] lo engordó para la matanza, ahora sale deleitado de haber comido con la pareja real, lleno de su propia —y muy transitoria— importancia".[11]

¿Cómo había sido "engordado para la matanza" Amán?

Amán no pudo disfrutar el gozo de esa elevada altitud por mucho tiempo. ¿Qué sucedió en el versículo 9 que evaporó rápidamente su buen estado de ánimo?

Ver a Mardoqueo sereno a la puerta del rey debió llevarle a perder casi su propia compostura. Podemos estar seguros que el enemigo de los judíos disfrutó mucho el rumor de que el objeto de su disgusto había sido visto vestido de cilicio y ceniza y le habían oído gritar con "grande y amargo clamor" (4.1).

La puerta del rey era el lugar de trabajo de Mardoqueo. Con seguridad Amán había supuesto que el judío había perdido la estima de sus colegas y que difícilmente se le toleraría volver a un trabajo tan importante. Con todo, allí estaba como si nada estuviera pasando. Nada le caía peor que ver a Mardoqueo de regreso vivo y coleando. ¿Qué había cambiado? Después de todo, el decreto era inalterable. Pero usted puede ver que el hombre de Dios nunca lo es. Una circunstancia de temor puede permanecer igual, pero la actitud del hijo de Dios puede cambiar respecto a ella.

Una circunstancia aterrorizante puede permanecer igual, pero el hijo de Dios no necesita estarlo.

Algo tremendo había sucedido mientras el mal se deleitaba en su éxito: la oración y el ayuno. Un hombre impío no tiene ni idea del pozo de poder divino al que tiene acceso un creyente que dobla sus rodillas. Allí está el agua que fortalece las patas de una oveja camino del matadero mientras un lobo aúlla orgullosamente en la cercanía.

Una pregunta para usted

¿Cuándo fue la última vez en que usted debió estar asustado más allá de lo que se le notaba en su compostura, pero Dios lo calmó y lo ayudó a abstenerse de reaccionar?

Como persona que tiene tendencia al temor, rara vez experimento una manifestación más vívida de la presencia de Dios que cuando debía estar temblando de miedo pero no lo estoy. La negativa de Mardoqueo a inclinarse ante Amán en 5.9 nos recuerda su actitud en 3.2, pero con una gran diferencia. Esta vez Mardoqueo no sólo se negó a inclinarse, sino también a levantarse. Además, se negó a mostrar un ápice de respeto por él o un indicio de temor.

Imagínese el asombro de Amán de que el judío no se humillara ni temblara ante la sentencia de muerte que el visir había firmado. Después de todo, ¡el aroma de la comida del rey y de la fragancia de la reina todavía se desprendían de su túnica! Nunca nos sentimos más molestos que cuando alguien no percibe nuestra importancia cuando nosotros estamos convencidos de ella. La "dicha de Amán queda nublada por la continua negativa de Mardoqueo de honrarle, un insulto que le parece muy grande a la luz de su cada vez más elevada posición ante

sus propios ojos".[12] Una de las razones por las cuales necesitamos saber cuál es nuestra posición a los ojos de Dios es que así no quedamos consumidos por nuestra posición ante nuestros ojos o los ojos de otros.

Anote en el margen cuál es, según Efesios 2.6, la posición de los creyentes en Cristo, y por qué nos pone Dios allí según 2.7?

Nuestro Dios es sabio. Él honra a sus hijos pero quiere mantenernos humildes. No duda en decirnos que aunque en esta tierra nos pueden menospreciar y burlarse de nosotros, estamos sentados con Cristo en los lugares celestiales. Para que no pensemos que tenemos esa posición por nosotros mismos, Él nos recuerda que estamos allí para "mostrar en los siglos venideros las abundantes riquezas de su gracia en su bondad para con nosotros en Cristo Jesús" (2.7). Podemos servir de rodillas en esta tierra porque estamos sentados con el Rey en el cielo.

El creyente humilde puede sentir que morar en las altas posiciones en el reino podría ayudar a cultivar un espíritu de jactancia pero, en realidad, el resultado es más bien al revés. Saber cuál es nuestra posición en Cristo calma nuestra profunda necesidad psicológica de exaltación propia.

Podemos servir de rodillas en esta tierra porque estamos sentados con el Rey en el cielo.

¿Ha descubierto usted que esto es verdad? Si es así, ¿cómo?

Amán se sentía tan importante ante sus propios ojos que la negativa de Mardoqueo a levantarse le resultaba doblemente insultante. Las Escrituras nos dicen que "se llenó de ira contra Mardoqueo". Esa fue una de las consecuencias dolorosas de un ego inflado. El globo se había expandido y deformado hasta que su vaciedad se sintió doblemente tenebrosa.

El ego debilitado busca en cualquier parte la forma de inflarse. Si no puede llenarse de orgullo, la ira le provee abundancia de aire caliente. Es interesante notar que Amán fue capaz de controlarse de alguna manera para no mostrar su enojo y tomar alguna decisión en ese momento.

¿Puede usted especular sobre por qué Amán pudo haber ejercido ese control propio?

Pregunta clave

No piense ni por un momento que Amán no experimentó una reacción. Eso será parte de nuestro interesante estudio de mañana. Él se las arregló para retrasarla hasta que cruzó la puerta de su casa. Con toda probabilidad, no quiso dar a los siervos que observaron aquella deshonra la satisfacción de saber que eso le molestaba. Amán tenía a Mardoqueo como su problema principal, pero "cuán irónico que la aduladora invitación de la reina era en realidad un peligro mucho más grande que la indiferencia de Mardoqueo".[13] Amán no tenía ni idea de que su némesis se sentaba frente a él en la mesa real, llevando enaguas y sirviendo su té.

Día cuatro

De nada me sirve

EL TESORO DE HOY

"Pero todo esto de nada me sirve cada vez que veo al judío Mardoqueo sentado a la puerta del rey". Ester 5.13

Dios compuso todo el canon de las Escrituras con el fin de enseñarnos acerca de la naturaleza humana así como también de su naturaleza. La intención de Dios es que veamos ambas lado a lado, pero no sólo para que nos llenemos de humildad ante la luz de su santidad. Sin duda, nuestro Creador quiere que sepamos que Él es Dios y nosotros no lo somos, pero también quiere que nos demos cuenta de lo que Él quería cuando nos formó a su imagen y semejanza.

Si nos enfocamos por completo en todo lo que las Escrituras tienen que decirnos sobre nuestra endeble humanidad, vamos a desanimarnos o a cerrar el libro. ¿Pero qué ganaría el reino con un pueblo que sólo es humillado? ¿Cuál sería la recompensa de nuestra existencia si estuviéramos sólo arrepentidos pero nunca reparados?

Descontentos con el egoísmo y cansados del ego, estaríamos, al final dispuestos a entregarnos a nosotros mismos a algo mucho más grande. Al hacerlo así, encontraríamos a Cristo como nunca antes lo hemos conocido, y al mirarnos en el reflejo de sus ojos, descubriríamos asombrados que una parte de nosotros mismos se asemeja a Él. Con estos pensamientos en mente, empecemos la lección de hoy sobre Ester con un poco de teología del Nuevo Testamento.

Antes de fijarnos en el lado patético de la naturaleza humana, necesitamos saborear la forma de Dios de asegurarnos que no vamos a quedar abandonados a nosotros mismos. Lea 2 Pedro 1.3-4 y medite en ello lo suficiente como para quedar asombrado. No levante la vista de la página hasta que su revelación sea profunda en usted.

¿En qué vamos a participar usted y yo? ______________________________

Como personas en quienes mora el Espíritu de Cristo, no quedamos abandonados a nuestra propia naturaleza que nos consume y destruye. Estamos llamados a ser diferentes. En formas incomprensibles para nosotros, los que hemos puesto nuestra confianza en su Hijo participamos de la naturaleza divina de Dios. Hoy vamos a aferrarnos a esa verdad al tiempo que las Escrituras muestran una propensión humana incómoda.

Permítanme que siga adelante y les diga lo que pienso: Amán era un bufón. Aparece en las páginas de Ester como una caricatura de alguien falto de carácter. El

segmento de hoy nos pinta su narcisismo como una tira cómica a color. Si usted es como yo, puede ser que esté un poco confuso sobre la identidad de una imagen distorsionada: ¿Es Amán o soy yo? Nuestra lectura de hoy se traslapa con la de ayer para refrescar nuestra memoria. Por favor lea Ester 5.9-13. ¿No había sido el día para Amán suficientemente intenso? Él ya había estado en un banquete de alta categoría.

¿Por qué piensa usted que Amán fue a su casa y organizó otra fiesta?

Pregunta clave

Póngase usted en la posición de dos personas diferentes que asistían a la fiesta espontánea de Amán. Una es la esposa de Amán, Zeres; y la otra, un amigo que estaba presente. Puesto que no nos dan ninguna información sobre los amigos, trace usted un perfil ficticio basándose en lo que usted da por supuesto en una persona relacionada íntimamente con Amán. Por ejemplo, ¿cuál supone usted que era su posición socioeconómica? ¿Cuán bien se conocerían Amán y el amigo? Ahora, describa varias cosas que Zeres y el amigo pensaran al tiempo que escuchaban lo sucedido durante el día.

¿Qué se imagina usted que Zeres estaba pensando cuando Amán organizó esta fiesta?

Escriba los perfiles en el margen.

Usted puede contar con una cosa: Fue una noche intensa en la casa de Amán. Lanzó sus jactancias a la cara de sus invitados como las nubes de humo de un tabaco. Al parecer, los únicos que hablaron fueron los que hablaban acerca de él. El hombre se vanaglorió de su riqueza, hijos, altos honores, oportunidades y personas de élite con quienes se relacionaba, pero sus invitados no tenían oportunidad de compartir todas esas cosas. Amán era tan arrogante y engreído que pensaba que sus invitados disfrutarían oírle hablar de sus vanidades. Es triste, pero quizá algunos sí.

Al imaginarse cómo era uno de los amigos de Amán, ¿cuál supone usted que era su posición socioeconómica?

De pronto, la atmósfera de la reunión cambió. El semblante de Amán se desfiguró y su frágil máscara se deshizo en pedazos. Cualquiera que hubiera estado un poco atento podía haber deducido de inmediato por qué había organizado la fiesta. Su gran ego estaba herido.

Amán tenía casi todo lo que un hombre mundano podía tener, pero le faltaba algo. ¿Qué era?

¿Qué se imagina que pensaban los amigos mientras lo escuchaban?

Hemos llegado al lugar en que me siento más tentada a confundir a Amán conmigo misma. He estado en ese lugar, permitiendo que mi preocupación con una sola persona me prive del gozo que muchos otros habrían producido en mí.

¿Le ha pasado a usted? Si es así, ¿cómo?

Una pregunta para usted.

Una de las cosas en las que Dios me ha ayudado a abrir los ojos en cuanto a la esclavitud es que podemos ser adictos a una persona. Amán era adicto a Mardoqueo. No podía librarse de pensar en él. El odio de Amán por Mardoqueo se había convertido en una preocupación mental y eso causó la más tremenda ironía de todas: Amán era quien se inclinaba ante Mardoqueo. No se confunda, servimos a aquel que nos domina, y nada nos domina más que la persona que se niega a inclinarse ante nuestros derechos, deseos o demandas. Nos obsesionamos con aquel de quien no podemos obtener lo que queremos.

Tendemos a pensar en la esclavitud en términos de ser adictos a sustancias, a un comportamiento compulsivo o un sentimiento dominante como el de no perdonar. Pienso que no nos damos cuenta de que nuestra atadura puede ser una persona. Una persona se convierte en una trampa para nosotros en el momento en que él o ella consume un espacio excesivo y enfermizo en nuestros pensamientos, sean negativos o positivos. Ese individuo puede ser alguien…

- A quien nos sentimos atraídos o por quien nos sentimos amenazados o derrotados.

  ¿Qué caso nos ilustra Eclesiastés 7.26?

  ¿Qué caso nos ilustra Éxodo 10.7? (Vea el contexto.)

- Cuya aprobación nos elude o cuya felicidad nos consume.

  ¿Qué perspectiva nos aporta Gálatas 1.10?

- A aquel que adoramos, despreciamos, o, lo que es más complejo aún, ambas cosas. Las personas que son un problema para nosotros son las que "amamos" un momento y "odiamos" al siguiente.

  ¿Por qué piensa usted que puede existir esa línea fina entre adorar y despreciar a alguien?

Formamos fuertes bastiones en aquellos que no nos van a dar lo que nosotros queremos. A veces dejan de darnos algo que una vez nos proporcionaban y queremos que sigan haciéndolo. Quizá rompieron las reglas de nuestra relación. Con frecuencia nuestras personas-trampa son aquellas que nos hacen sentirnos fuera de control de nuestras emociones. Son aquellos ante los que nos sentimos más obligados a cumplir o, peor aún, aquellos que nos hacen sentir tontos. Vemos ambos elementos sutiles en Amán. Las personas que se convierten en las mayores trampas son aquellas con quienes nos sentimos más inclinados a decir: "¡Nunca actúo de esta manera con nadie!"

¿Se puede identificar con lo que estoy describiendo? Si es así, especifique cómo.

Podemos mencionar muchos ejemplos de obsesión mental con una persona, pero completemos el cuadro con algunos que nos invitan a identificarnos ya sea que tengamos 18 u 80 años.

- Vamos a una gran fiesta pero no podemos disfrutar allí porque nuestra "persona" o no apareció o no nos prestó atención. No lo olvide, esa persona puede ser alguien que aborrecemos, pero que no obstante todavía la queremos controlar.

- Dios nos ha ayudado a recuperarnos después de una terrible traición. Ha pasado bastante tiempo y Dios ha traído a nuestra vida una persona maravillosa. Sin embargo, no podemos ser felices con esa persona tan estupenda que nos ha aceptado porque nosotros todavía estamos obsesionados con la persona que nos rechazó.

Ahora que usted ha captado la idea, ofrezca otro ejemplo.

Ya sea que esas personas-trampa nos preocupen o no (y con frecuencia no nos preocupan), de alguna forma a lo largo del camino nos sentimos emocionalmente dominados por ellas. La verdad es, sin embargo, que la persona no nos dominó emocionalmente. Son nuestros pensamientos acerca de la persona los que nos dominan emocionalmente.

Necesitamos la sanidad de Dios en nuestras mentes más incluso que nuestras relaciones. Lamentablemente, puedo hablar por experiencia sobre este asunto. He permitido que algunas personas se conviertan en una preocupación mental excesiva. A una la adoraba. A la otra la odiaba. Mi experiencia me lleva a tener gran compasión por alguien que esté pasando por esas mismas situaciones.

La lección de hoy ofrece ayuda práctica. Primero, tenemos que permitir que el condicionamiento que tenía Amán nos haga conscientes de los nuestros. Tiene que darse cuenta que nuestra preocupación con esa persona es probablemente evidente para los que nos rodean como Amán lo fue para su esposa Zeres y sus amigos. El bochorno es nuestro compañero cuando dejamos que eso nos motive para cambiar. Decidamos hoy que no queremos vivir mentalmente atrapados por esa persona y pongámonos de acuerdo con Cristo para hacer todo lo que sea necesario para llevar nuestros pensamientos cautivos al conocimiento de Dios (2 Co. 10.5).

Si eso es lo que usted desea, formule un acuerdo con Dios. Ensaye en su oído lo que pensábamos que necesitamos de esa persona que nos ha preocupado y nos ha privado de gozar de lo que muchos otros tienen para ofrecernos.

Señor, yo quería (o sentía que necesitaba) a la persona para...

Complete la oración en el margen

Ahora, hagámonos a nosotros mismos una pregunta sincera. Si consiguiéramos lo que necesitamos o queremos de la persona que nos preocupa, ¿nos "convendrá" eso? En la mejor de las situaciones, quizá algo que ellos pudieran hacer o decir nos ayudaría, ¿pero podrían en verdad arreglar aquello que se ha roto y es objeto de nuestra preocupación?

¿Por qué sí o por qué no?

Por último, ¿cual piensa usted que ha sido la raíz de su preocupación con esa persona?

Dios es el único que puede ayudarnos en los lugares secretos donde el dolor nos lleva a la esclavitud. ¿Le permitiría usted a Él que le ministrara allí y empezara el proceso de sanidad? Reconocer que tenemos un área de quebrantamiento es un gran paso adelante hacia la sanidad. ¿Recuerda las preguntas con las que empezó la lección? Quizá Dios añada nuevo significado a ellas hoy que permitimos que nuestros primeros pensamientos cedan el paso a los de ahora.

¿Qué ganaría el reino de Dios de parte de un pueblo que es sólo humillado? ¿Cuál sería la recompensa de nuestra existencia si estuviéramos sólo arrepentidos pero nunca reparados? Descontentos con el egoísmo y cansados del ego, estaríamos, al final dispuestos a entregarnos a nosotros mismos a algo mucho más grande. Al hacerlo así, encontramos a Cristo como nunca antes lo hemos conocido, y al mirarnos en el reflejo de sus ojos, descubrimos asombrados que una parte de nosotros mismo se asemeja a Él.

Eso es, mi amigo, lo que sucede con la carne y la sangre humanas cuando —con toda su fragilidad— participan en la naturaleza divina.

Día cinco

Entonces entra... y alégrate

EL TESORO DE HOY

"Y entra alegre con el rey al banquete". Ester 5.14

Estoy sumamente intrigada con lo que hace que las personas sean como son. Me gustan mucho las historias de interés humano. Mejor todavía, me gustan las exhibiciones humanas como los aeropuertos y los centros comerciales. Nos dejan

cierto espacio para la imaginación de forma que un alma curiosa como yo puede obtener algunas pistas y tratar de llenar algunos espacios en blanco. Para mí, el porqué las personas hacen lo que hacen es la textura del tejido humano. Nada me dice más acerca de cómo son las personas que la forma en que se relacionan con otros, sobre todo si su comunicación no verbal se oye más que sus palabras.

Nada me dice más acerca de cómo son las personas que la forma en que se relacionan con otros.

Anímese y llámeme entrometida. Probablemente llegue a oírle. Que tenga un buen oído y que por lo general suela enterarme de lo que una pareja habla a tres mesas de distancia de donde estoy en el restaurante no me ha ayudado a romper con el hábito.

Nuestro texto de hoy en Ester está compuesto de un solo versículo, pero la discusión que puede iniciar puede durar horas si se lo permitimos. Este versículo solitario nos ofrecerá una invitación a entrar por la puerta principal de la casa de Amán y llegar al seno de su matrimonio. Vamos a echar un vistazo a qué mueve a esta pareja.

El pasaje de las Escrituras en el que nos vamos a centrar hoy es el versículo último de Ester 5, pero volvamos al comienzo de la escena para recordar los detalles que nos llevan a ese momento. Por favor, lea Ester 5.11-14.

¿Cuál era el problema de Amán (v. 13)?

¿Qué es exactamente lo que Zeres y los otros amigos de Amán le aconsejaron hacer?

Aquí nos encontramos con buena información si queremos pasar nuestra mano sobre la textura del tejido humano: "Absorto en su orgullosa obsesión con su enemigo, Amán está obviamente muy interesado en saber qué hacer. De modo que es su esposa Zeres (y sus amigos, aunque el orden del hebreo en 5.14 hace que ella aparezca como la portavoz principal) la que dicta el curso de acción".[14]

Todos ellos no pudieron llegar naturalmente a la misma solución. Fue probablemente Zeres la que ofreció este remedio drástico, y entonces sus amigos la secundaron felizmente. Después de todo, alguien necesitaba pensar en algo. De otra manera se iban a encontrar con un problema en sus manos. Amán había estado bebiendo casi todo el día. Si ellos no eran capaces de aportar buenas soluciones después de que él había expuesto su punto débil, las cosas se podrían empezar a poner muy feas pronto.

Amán era la clase de persona inestable e irregular que era mucho más difícil de aguantar cuando se quitaba la máscara que cuando la llevaba puesta. Era la clase de individuo que gime y lloriquea ante usted y luego más tarde se enoja mucho porque usted le vio en esa situación.

Puedo pensar en varias ocasiones en que ciertas personas me revelaron intimidades y yo sabía que luego les pesaría haberlo hecho. Mi estómago se enfermaba, pues sabía que después de haberme invitado a esos momentos de estrecha proximidad, probablemente terminarían enojándose conmigo con el fin de restablecer una distancia cómoda. Varias veces los interrumpí con la pregunta: "¿Está seguro que quiere decirme esto?"

Una pregunta para usted

¿Ha escuchado usted alguna vez una revelación incómoda que usted temiera que podría tener repercusiones negativas? Si es así, describa la última vez que sucedió sin usar nombres o la clase de detalles que podrían deshonrar a alguien.

Aquel día en el hogar de Amán, él pasó del vino a los gemidos. En un momento estaba cantando sus propias glorias y al siguiente minuto estaba llorando. Con toda seguridad la mayoría de sus invitados se sintieron incómodos y se miraron los unos a los otros, preguntándose qué vendría —o pasaría— después.

Si alguien en el grupo tuvo suficientes agallas, usted puede imaginárselo ofreciéndole esta clase de razonamiento a Amán: "No se preocupe acerca de ese tipo. Después de todo, él estará muerto con el resto de los judíos para el mes de Adar. Usted es el segundo al mando en el reino y lleva puesto el anillo de sellar del rey. Todos en Persia se inclinan ante usted. Él está tratando de provocarlo. Ignórelo. O haga que alguien envenene su comida por gritar tan alto. Ese hombre es como una mosca". O si el consejero no le tenía miedo a las represalias, le podía haber dicho: "Pero hombre, crezca y madure ya un poco, domínese. Que no todo tiene que girar a su alrededor".

En su lugar, este es el consejo que Amán recibió: "Hagan una horca de cincuenta codos de altura, y mañana di al rey que cuelguen a Mardoqueo en ella" (5.14). Para darle a usted un poco de perspectiva, esa altura es el equivalente a un edificio de siete pisos de alto. La clase de horca que se infiere del texto hebreo y de los registros históricos persas no era para colgar del cuello o para una crucifixión. La horca que se infiere en este contexto era más probablemente para empalar el cuerpo en la punta de un largo madero con el propósito preciso de exhibir a la víctima.

"La razón principal de atravesar el cuerpo con el poste no era tanto de castigo como para deshonrar. Simplemente matar a Mardoqueo no habría servido para calmar lo que para Amán era una terrible herida en su ego tan frágil. Sólo una deshonra enorme y visible de Mardoqueo le daría la necesaria satisfacción".[15]

Pregunta clave

¿Por qué no podría haberse sentido satisfecho Amán con sólo envenenar a Mardoqueo?

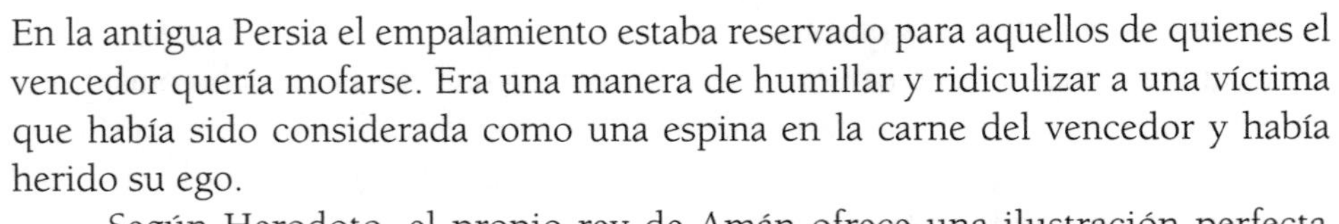

En la antigua Persia el empalamiento estaba reservado para aquellos de quienes el vencedor quería mofarse. Era una manera de humillar y ridiculizar a una víctima que había sido considerada como una espina en la carne del vencedor y había herido su ego.

Según Herodoto, el propio rey de Amán ofrece una ilustración perfecta. Un guerrero espartano llamado Leónidas insultó al rey Jerjes, rehusando tenerle miedo. El espartano tuvo un valor impresionante porque él sabía que con su

pequeño ejército de 300 hombres no tenía ninguna posibilidad contra las decenas de miles de soldados de Jerjes. Destinado a perder, ellos lucharon con la intención de comunicar un mensaje. Después que Leónidas y sus 300 asombraron a los persas matando alrededor de 30,000 de ellos, el héroe también encontró una muerte violenta defendiendo el paso de las Termópilas. No obstante, murió con dignidad rehusando entregarse a un rey que él menospreciaba.[16]

Cuando el rey persa llegó al cuerpo muerto de Leónidas, ordenó que le cortaran la cabeza, la clavaran a un palo y la llevaran delante de su ejército. "El rey Jerjes había odiado a Leónidas más que a ningún otro hombre vivo. De otra forma jamás habría violado el cadáver de esa manera, puesto que los persas, más que ningún otro pueblo que yo sepa, honraban a los hombres que morían con valor en batalla".[17]

Esta clase de empalamiento es el que Zeres sugería, pero en Ester 5.14, el "poste" se sugirió que tuviera 75 pies de altura. Irónicamente, los que habían demandado esa deshonra para sus enemigos casi siempre fueron deshonrados por ellos primero. Tanto Amán como Jerjes habían percibido que habían sido objeto de burla por aquellos cuyas cabezas ellos procuraban exhibir.

Es interesante, ¿verdad? ¿Pero qué tienen que ver estos antiguos episodios con usted y conmigo hoy? Gracias a Dios que empalar la cabeza de alguien no es la solución que viene a nuestra mente cuando alguien en nuestra familia nos pregunta cómo lidiar con las ofensas. La pregunta es: ¿Cuál es entonces?

Examine cuidadosamente las palabras atribuidas principalmente a Zeres después que ella aconsejó a Amán construir la horca. "Cuelguen a Mardoqueo en ella; y __________ __________ con el rey al banquete".

¿Percibe alguna indicación de que Zeres estaba dispuesta a que Amán hiciera algo indignante si él se callaba y se sentía feliz? Una razón por la que me siento tentada a pensar así es porque a veces he pensado de esa manera. De acuerdo, lo que venía a mi mente eran soluciones menos radicales, pero la irritación con alguien que parecía que nunca se le podía ver feliz, es similar. ¿No se ha sentido alguna vez tan cansado de ver a un ser querido quejarse acerca de alguien que usted quería decir: "¡Vé y haz algo al respecto y termina de una vez!" La doctora Karen Jobes señala que "Zeres le aconseja sólo para eliminar de forma inmediata la causa de su insatisfacción".[17]

¿Qué clase de riesgos estamos corriendo cuando buscamos la eliminación inmediata de una insatisfacción? Con frecuencia nuestro consejo para nuestro ser querido es puro y generoso, pero otras veces queremos que nuestro familiar tenga alguna solución porque él o ella están a punto de llevarnos al borde del precipicio emocional. Si una mosca que vuela alrededor de su cabeza es lo que está llevándole a esas quejas y lloros, al final le ofrecemos que lo elimine con un mazo de hierro a fin de obtener algún alivio.

Si Zeres es la Prueba A para ayudar a su esposo a aniquilar una mosca con un mazo de hierro, encontraremos la Prueba B en 1 Reyes 21.1-16. Lea estos versículos tan intrigantes y conteste lo siguiente:

¿Qué es lo que quería el rey Acab?

¿Cómo actuó él cuando no lo consiguió? (Anote toda descripción en el v. 4.)

¿Algún miembro de su familia reacciona de forma similar si no consigue lo que quiere? ______________ Sin dar nombres, ¿cuándo fue la última vez que una persona lo mortificó o enojó a tal grado que se sintió tentado a hacer algo fuera de lo normal para detenerlo?

La mujer de la casa puede tener mucho poder de persuasión, tanto negativo como positivo.

¿Qué hizo Jezabel por Acab? ______________________________

¿Piensa usted que sus acciones reflejan una devoción marital generosa? ¿Por qué?

Debido a que había tanta maldad en los miembros de estas dos familias, debiéramos ser cuidadosos en no pintar a Zeres y Jezabel como esposas devotas que simplemente querían lo mejor para sus maridos. No estoy diciendo que una parte de ellas no tuviera la intención de defender a sus esposos. Estoy sólo sugiriendo que quizás ellas estuvieran también dispuestas a hacer algo atroz a fin de acabar con el estado de ánimo tan indeseable de sus esposos. Después de todo, una persona infeliz nunca es feliz hasta que todos a su alrededor son infelices.

Al reflexionar sobre Zeres y Jezabel un par de pensamientos me surgieron en referencia a la condición de la mujer: Primero, consideré de nuevo cuánto poder de persuasión —tanto positivo como negativo— puede tener la mujer de la casa.

Segundo, reflexioné sobre cuánta paz necesitan las mujeres y cómo la desean. La habilidad para persuadir y el deseo de paz pueden ser elementos maravillosos en una mujer y una bendición para su hogar cuando ella actúa con en el poder del Espíritu Santo. Si no es así, ella puede ser peligrosa. A veces deseo tanto la paz que aconsejo a mis seres queridos hacer algo rápido… pero no necesariamente algo sabio. ¿Se puede identificar con eso?

Hace varios meses Melissa y yo iniciamos una conversación con una mujer joven que dijo: "¿Recuerdan el infame juicio de la madre que era animadora? Yo estaba en el grupo". Por supuesto que lo recordábamos. Aquella triste historia monopolizó los titulares de las noticias durante meses. Una mujer que quería ayudar con las ambiciones de su hija como animadora del equipo deportivo de la secundaria decidió que la estrella del grupo y rival de su hija era la causante del problema. Su solución fue hacer arreglos, completados con un anticipo para un juego de aretes con diamante, para deshacerse de la mamá de la niña rival.

¿Captó usted el detalle de que estas chicas cursaban la secundaria? Gracias a Dios, el plan de la madre no tuvo éxito, pero ese plan tan absurdo llevó a muchas madres en el área metropolitana de Houston a pensar dos veces en todo lo que las madres pueden estar dispuestas a hacer para conseguir el avance de sus hijos en la escuela.

La gran mayoría de nosotros puede decir con todo derecho: "¡Pero yo no voy a hacer nunca nada semejante a eso!" Con todo lo necia que a veces he sido, no me imagino yendo a esos extremos, pero podemos aprender la lección. Casos descabellados como el que hemos estudiado hoy nos pueden llevar a hacer un balance de algunas cosas en nosotros.

La habilidad para persuadir y el deseo de paz pueden ser elementos maravillosos en una mujer y una bendición para su hogar cuando ella actúa con el poder del Espíritu Santo.

Use las siguientes preguntas para hacer un balance de su vida:

_______ ¿Tengo poca tolerancia a la incomodidad y al enojo de los que me rodean?

_______ ¿Me siento presionada a aportar soluciones para los problemas persistentes de mis seres queridos?

_______ ¿Puedo llegar a estar tan cansado de los problemas de mi ser querido que me puedo sentir tentado a dar un consejo por lo general no típico de mí?

_______ ¿Tiendo a involucrarme tanto en los conflictos de mis seres queridos que desarrollo sentimientos fuertes de celos, resentimientos u odio hacia sus oponentes?

_______ ¿Tiendo a pasar con rapidez de ser apasionado a irracional?

Si usted responde sí a alguna de esas preguntas, ¿cuáles son sus opciones?

La lección de hoy es un toque de alerta para que despertemos. Pidámosle a Dios que nos enderece y fortalezca para amar completa pero sabiamente. Que Él guarde nuestras mentes y corazones de esa tolerancia tan baja a las agitaciones de los demás a fin de que nunca lleguemos a aconsejar a alguien a hacer algo que en verdad es malo.

¿Cuál es la enseñanza moral de la lección de hoy? Mantenga su cabeza sobre sus hombros y la cabeza del otro fuera de la horca.

Semana 6

Se cosecha lo que se siembra

Saber que somos importantes para Dios y que Él está dispuesto a preparar un escenario santo para hablarnos es grandioso para todo ser humano que alguna vez temió que fuera invisible y no llamara la atención.

Preguntas clave

1. ¿Por qué esa noche y no otra despertó la memoria de Jerjes?
2. ¿Por qué vino Amán a la corte del rey?
3. ¿Qué sugerencias le dio Amán al rey Jerjes?
4. ¿Qué frases de la boca del rey incluyen la palabra "tú" en referencia a Amán (6.10-11)?
5. ¿Qué razones dieron Zeres y los amigos y consejeros de Amán para la muerte de Mardoqueo (v. 13)?

Día uno

Desvelado en Susa

EL TESORO DE HOY

"Aquella misma noche se le fue el sueño al rey, y dijo que le trajesen el libro de las memorias y crónicas, y que las leyeran en su presencia".
Ester 6.1

Un programa en la estación de radio cristiana me divirtió. El tema era escoger el sonido del teléfono celular que mejor expresara la personalidad de uno. Los oyentes sintonizaron una gran variedad de temas musicales de la TV y hasta grabaron el regaño de una madre: "¡Responde a ese teléfono!" Una mujer llamó con una historia acerca de una buena amiga suya, compañera de oración, cuyo sonido era el "Coro del Aleluya". Un día, después de un tiempo de oración intenso y victorioso con otros intercesores, una de las mujeres dijo: "Hoy sentí la presencia de Dios muy fuerte. Sentí incluso que los ángeles cantaban". Las amigas no tuvieron valor para decirle que ella se había olvidado de silenciar el teléfono cuando estaba sonando el "Coro del Aleluya" en su bolso.

Toda clase de cosas suceden en los lugares celestiales a nuestro alrededor. Si nuestros oídos estuvieran abiertos para escucharlas, los sonidos de las actividades angelicales serían ensordecedores. Dios invitó al profeta Ezequiel a ver y oír los eventos de la esfera inmortal. Él describió sus sonidos: "Y oí el sonido de sus alas cuando andaban, como sonido de muchas aguas, como la voz del Omnipotente, como ruido de muchedumbre, como el ruido de un ejército. Cuando se paraban, bajaban sus alas" (Ez. 1.24).

Toda clase de cosas suceden en los lugares celestiales a nuestro alrededor.

Créame, cuando nuestros oídos sean abiertos por fin, no confundiremos lo que oímos con el sonido sordo del "Coro del Aleluya" que provenga de nuestras bolsa. Lo más probable es que nos tapemos los oídos para aguantar el sonido del canto de los ángeles.

Al abrirse el sexto capítulo de Ester, los judíos en Susa, aterrorizados y lejos del templo, no tenían ni idea de cuán cerca estaba Dios de ellos. En realidad, Él se encontraba allí mismo en las habitaciones reales, exactamente donde debería estar un rey. Puesto que nuestro Rey nunca se adormece ni se duerme (Sal. 121.4), quizá Él quería estar seguro que el otro rey menor tampoco. Por favor, lea el pasaje de hoy: Ester 6.1-3.

El versículo 1 empieza con las palabras "Aquella misma noche". Repase el capítulo anterior. ¿Qué noche fue esa?

¿Qué es lo que pidió el rey puesto que no podía dormir?

- Leche caliente
- Un plato de comida
- Música de arpa
- El libro de las crónicas de su reinado

Cuando mis hijas eran pequeñas, con frecuencia les ayudé a quedarse dormidas contándoles una historia. Las historias más solicitadas eran las relacionadas con ellas mismas. Les conté una y otra vez toda clase de experiencias y aventuras que habían tenido tales como subir la escalera de una resbaladilla sin mi ayuda. A los niños les gusta mucho saber acerca de ellos. Al parecer también a algunos reyes. Después de todo, ¿qué cosas mejor para quedarse dormidos que oír cosas acerca de ellos mismos? En vez de inducirle al sueño, las crónicas le recordaron a Jerjes de un descuido.

¿Cuál fue? ______________________________

A veces Cristo pasa por medio de nuestras crisis vestido con el mejor disfraz de todos: los sucesos cotidianos. Él lleva un milagro entre los pliegues de su túnica y entra y sale sin que nos demos cuenta. Sólo cuando lo vemos en retrospectiva nos damos cuenta de que una visitación divina suavizó nuestro invierno crudo y frío y que la resurrección de la primavera está en camino.

En ocasiones nos agarramos de la punta de la túnica de Cristo por amor de la vida y somos sanados. Otras veces Él pasa rozándonos y nunca reconocemos que el cambio que experimentamos en los meses siguientes comenzó con un solo toque. Solemos llamar providencia a sucesos como esos. Los sucesos de hoy demandan nuestra atención precisamente porque son muy comunes. Considere tres elementos captados en Ester 6.1-6 que juntos son demasiado asombrosos como para llamarlos coincidencias. Primero, el momento oportuno. Habían pasado cinco años desde que Mardoqueo denunció a los asesinos.

Pregunta clave

¿Por qué piensa usted que, entre todas las noches, Jerjes se desveló esa noche?

Con frecuencia pienso en las palabras de Jeannette Clift George: "Dios nunca llega tarde, pero se pierde unas pocas oportunidades de llegar temprano". ¡Amén! Pero Dios sabe en su sabiduría que si la respuesta viniera demasiado temprano, nos perderíamos su acción principal. Segundo, note las circunstancias. El rey no podía dormir. Es cierto que él bebió bastante vino en ese día, pero cuando Dios tiene en mente tener despierto a un hombre, ningún sedante le va a impedir lograrlo. La Septuaginta lo expresa muy bien: "El Señor le quitó el sueño al rey esa noche".[1]

A veces el sueño huye de mí porque mi mente no descansa, tomé ese último café demasiado tarde, o mis hormonas están peleándose sobre qué lado de la cama quieren para dormir: el lado dulce o el lado amargo. En otras ocasiones el sueño me deja porque el Señor me lo quitó. Tiene la intención de mantenerme

despierta para que preste atención a algo que llevo días pasando por alto debido al ajetreo diario.

En esos momentos Él me recuerda con alguna frecuencia que no presté la debida atención a alguien que hizo algo por mí. Mi mamá crió a sus hijos con buenos modales y costumbres. Cuando paso algo por alto sin ninguna razón, sino la miserable tiranía de sentirme muy importante, me siento muy mal. El alivio no me llega hasta que hago el reconocimiento debido acompañado de una sincera disculpa.

A veces el Señor tiene la intención de mantenerme despierta para que preste atención a algo que llevo días pasando por alto debido al ajetreo diario.

¿Y a usted, cuándo fue la última vez que el Señor le quitó el sueño?

En esos momentos cuando Dios nos quita el sueño, sus razones no son siempre un recordatorio o una reprimenda. A veces Él simplemente tiene algo que decirnos. Me gusta mucho la historia del niño Samuel. Dios lo había mantenido despierto toda la noche, pero con un propósito completamente distinto al que usó con Jerjes.

Escriba brevemente en el margen qué ocurrió en 1 Samuel 3.1-10.

No puedo describir cuánto anhelo oír el sonido audible de la voz de Dios. Nunca he escuchado con mis oídos físicos la voz de Dios llamándome: "¡Beth! ¡Beth!" pero sí he oído muchas veces en mi corazón que me llamaba. Hasta que no lo vea cara a cara, pocas cosas son más queridas para mí que el toque invisible pero inconfundible en mi corazón que me despierta y me dice que acuda a encontrarme con Él.

Todavía me siento profundamente conmovida por el pensamiento de que Dios desea mi compañía. Con tanta seguridad como que Él desea la suya, mi amigo. A veces cuando estamos despiertos por ninguna razón aparente y sentimos que Dios está cerca, ¿qué podría ser más precioso para Él que oírnos decir: "Habla [Señor] porque tu siervo oye"?

Es fascinante cómo la Biblia nos muestra una y otra vez que una persona no tiene que ser un hijo de Dios para que sin darse cuenta sea un siervo suyo. El Señor emplea a algunos reyes y su séquito para hacer su obra en el Antiguo Testamento y puede usar a un pagano con tanta seguridad como a su progenie. Aquella noche, en el palacio de Susa, Jerjes estaba a punto de servir a Dios, lo quisiera o no.

Tercero, note el asunto: Las crónicas de los antiguos reyes eran descripciones copiosas y detalladas de su coronación, conquistas, reinas y golpes de estado. Note que para esta fecha Jerjes estaba en el año trece de su reinado, por lo que el material a leer era ya voluminoso. Además, si Jerjes era como la mayoría de los reyes antiguos, él, pidió que le leyeran las crónicas con frecuencia. Como el doctor Breneman lo indica: "Los reyes de los grandes imperios de la antigüedad conservaban siempre los anales de sus reinados. Al parecer el rey se deleitaba en escuchar las crónicas de su propio reinado".[2]

La parte sospechosamente providencial de estos relatos es que el lector de las crónicas de Jerjes tenía marcada la porción correspondiente a Bigtán y Teres.

Recuerdo otra ocasión en que Dios tenía perfectamente marcado un lugar en el rollo de la lectura pública. Por favor, disfrute Lucas 4.14-21.

¿Quién fue el lector, cuál era la porción a leer y por qué era tan significativa?

La mención de la lectura pública de Cristo en la misma lección que la lectura de las comparativamente ridículas crónicas de Jerjes parece un insulto hasta que hacemos una conexión. Si los judíos hubieran sido aniquilados, la promesa de un Salvador no habría venido por medio de la familia judía. No piense por un momento en que Satanás no estaba tratando de ponerse en su dedo invisible el anillo de sellar de Jerjes. Bien versado en las Escrituras, Satanás era consciente desde la primera profecía que el Mesías vendría de Judá. ¿Por qué pensamos que él trató con frecuencia de destruir a los judíos? Con todo lo oportunista que es, Satanás probablemente pensó que disponía de una buena oportunidad en esta ocasión. Él esperaba que la rebelión de Israel fuera como un agujero en la cubierta protectora de Dios, que los dejaría indefensos. Satanás con seguridad imaginó sus cementerios llenos con los huesos secos de sus promesas incumplidas. Si eso es lo que él pensó, confundió mucho la infidelidad del hombre como si fuera de Dios.

¿Qué nos asegura 2 Timoteo 2.13? ________________________________

> Dios no puede romper sus promesas. Su Palabra no es sólo su vínculo, sino que es también su mismo aliento.

Dios no puede romper sus promesas. Su Palabra no es sólo su vínculo, sino es también su mismo aliento. Sí, Dios disciplina a sus hijos, pero con el propósito de que vivan y no mueran. Había mucho en juego para la nación de Dios en el momento y asunto de la lectura de las crónicas de Jerjes. Incomparable y eternamente mucho más estaba en juego en el tiempo y el asunto de la lectura pública que hizo Jesús en Lucas 4.

Incluso usted y yo experimentamos momentos en que sabemos que Dios nos ha llevado deliberadamente a leer u oír un mensaje en un tiempo oportuno. Si hemos caminado con Dios por largo tiempo, hemos experimentado ocasiones en que nos asombró o alarmó algo que nos dijeron en un momento específico que sentimos como si Él hubiera estado leyendo nuestros correos electrónicos o nuestra mente. Él leyó ambas cosas.

En tales momentos, ¿no se le pone la cara roja al preguntarse si las personas a su alrededor saben que Dios le está hablando a usted? ¿No piensa usted algunas veces que deben estar mirándolo? Si la palabra que usted recibió de Dios fue de ánimo o de afirmación, ¿no saltó casi del asiento para pararse y gritar alabanzas a Dios?

Una pregunta para usted

Describa un momento cuando usted tuvo la certeza de que Dios había preparado estratégicamente algo que leyó u oyó.

Me gustan esos momentos cuando Dios tiene algo que decirme, aunque sea duro. Saber que somos importantes para Dios y que Él está dispuesto a preparar un

escenario santo para hablarnos es grandioso para todo ser humano que alguna vez temió que fuera invisible y no llamara la atención. ¿No nos sentimos todos de esa forma en un momento u otro? Las experiencias como esas nos recuerdan que Dios está profundamente atento a nuestras más secretas heridas, preocupaciones y esperanzas.

Quizá lo más increíble hoy no es que Dios prepare el momento de la lectura para el rey persa, sino que Él lo hace también con personas tan comunes y corrientes como usted y yo, personas que tratamos de vivir la vida de fe con la poca luz que tenemos, preguntándonos a veces si llegamos a estar en la pantalla de radar del cielo.

De vez en cuando parece que Cristo se pone de pie y nos lee su Palabra como si nosotros fuéramos los únicos que estamos en el cuarto. Entonces se sienta y con autoridad resumen todo el contenido diciendo: "Hoy se ha cumplido esta Escritura delante de vosotros". ¿Traducción? "Me has oído. Esto se ha cumplido". Maravilla de las maravillas, lo hicimos. Aquel que es universal e internacionalmente providencial es también personalmente providencial.

Cuando el Dios de toda la creación reserva un comentario para usted, mi amigo, eso es todo lo que necesita para ser notable.

Día dos

¿Quién mejor que yo?

EL TESORO DE HOY

"Y dijo Amán en su corazón: ¿A quién deseará el rey honrar más que a mí?" Ester 6.6

Empiezo cada estudio de la Biblia con un plan y la propuesta de un tema, pero nunca una serie ha ido exactamente a dónde yo esperaba o implicó precisamente lo que yo supuse. Ester no es la excepción. Entre muchas sorpresas, nunca me pasó por la mente el pensamiento de que terminaría teniendo que ver con Amán tanto como con Ester. Aunque no podemos imaginar nuestras vidas llevando el fruto venenoso de Amán, reconoceremos que tenemos algunas de esas semillas enterradas profundamente en nuestros corazones, si las regamos lo suficiente con orgullo, ambición y prejuicio podrían crecer y llegar a ser algo espantoso.

Quizá el pensamiento más atemorizante de todos es que todos nosotros, como Amán, podemos estar tan absortos y centrados en nosotros mismos que no nos damos cuenta que nos convertimos en alguien que ni siquiera nosotros podemos aguantar. No caiga en ese precipicio. Si tenemos corazón por Cristo y un deseo auténtico de buscar ser como Él, lecciones como esta se pueden convertir en protección además de convicción. El segmento de hoy me cautiva y tengo la esperanza de que usted también quede intrigado por su desarrollo. Empezamos nuestra lectura con los tres primeros versículos del capítulo 6, y le añadimos tres nuevos versículos. Lea por favor Ester 6.1-6.

¿Qué tenía el rey en mente que le llevó a llamar a alguien para recibir consejo?

Observe cómo obra la providencia. ¿Quién estaba en el patio real?

- Amán
- Ester
- Mardoqueo
- Jesús

Dedique un momento para entender la referencia al patio de la casa del rey. Esa área era lo más cercano que alguien podía acercase al rey sin haber sido llamado. No es por pura coincidencia que, en este momento de la investigación de Jerjes, Amán acabara de llegar.

Pregunta clave

¿Por qué había acudido Amán?

Por favor, deténgase lo suficiente para percibir bien el elemento del tiempo. Todos los sucesos que estudiamos en Ester 5 habían tenido lugar en el último día y noche. Ester 6 empieza con las palabras "Aquella misma noche" refiriéndose a la noche que seguía a la comida de Ester para Jerjes y Amán, así como también a la reunión en la casa de Amán un poco más tarde. Los sucesos que se describen en Ester 6.1-3 ocurrieron durante la noche de desvelo de Jerjes. Cuando el rey preguntó quién, obviamente entre sus consejeros, se encontraba en el patio y supo que Amán se encontraba allí, algunos comentaristas no están ni siquiera seguros de que el sol hubiera salido.

Evidentemente Jerjes no fue el único que se había pasado toda la noche en vela. La horca estaba en proceso de construcción. Amán no esperó hasta la mañana siguiente como Zeres y sus amigos le habían aconsejado, sino que se fue derecho a hacerla. No piense en él con un martillo y clavos en la mano. Ester 5.14 nos dice que él ya tenía la horca preparada. Amán despertó a los carpinteros del rey y los puso a trabajar. Cortar maderos tuvo un significado completamente diferente aquella noche.

¿Qué es lo que el rey le preguntó a Amán (v. 6)?

Escriba las palabras exactas que Amán pensó para sí?

"Amán incapaz de imaginar que el rey pudiera considerar a otro que no fuera él, respondió en términos de su propia fantasía. ¿Acaso no se había hecho permeable la línea divisoria entre sus propios deseos y la orden del rey en el capítulo 3? ¿No había sido el rey muy magnánimo cuando la reina se acercó al trono sin haber sido llamada? ¿No sugería la lista breve de invitados al banquete de la reina una gran admiración por él de parte de la pareja real? Y ahora encuentra al rey que le espera temprano en la mañana con lo que parece ser un cheque en blanco. Amán había llegado al romper el alba deseoso de venganza, pero ahora está obviamente muy interesado (como siempre) en su propio honor".[3]

Ahora, Amán pensó para sus adentros: ¿Quién puede ser la persona que el rey quiera honrar sino a mí? Sáquelo del palacio y llévelo a su lugar de trabajo. ¿Quién se merece más reconocimiento por ____________ que yo? ¿A quién le corresponde el reconocimiento desde hace tanto tiempo? Piense en círculos fuera del trabajo. ¿Qué acerca del hogar? ¿De nuestra iglesia?

¿No se siente usted aludido como yo? ¿No le disgustaría tener algo en común con el comportamiento necio que se describe en Ester 6.6? ¿Qué tenía por dentro ese hombre? Mucho de lo que a veces tenemos nosotros mismos. Busquemos una forma nueva de ponerle nombres. Vamos a emprender un viaje rápido en nuestra imaginación para poner en marcha el juego "la rueda de la fortuna". Usted es el concursante que va ganando en la categoría de villanos de la historia. Sube la tensión. Su corazón se acelera. Usted tiene que resolver ahora un rompecabezas de tres palabras para obtener el gran premio. Usted se prepara al tiempo que se anuncia la categoría extra: Entre las cosas que le llevaron a Amán a equivocarse en cuanto a la persona que Jerjes quería honrar, se encontraban:

El reloj está avanzando. Usted debe resolver ahora el rompecabezas.

P R E ___ U ___ C ___ ___ N Y

E ___ G R ___ ___ M ___ E ___ T ___

Si este no es su mejor día para hacer rompecabezas, lea el último párrafo de esta lección para encontrar la respuesta.

En el espacio abajo escriba las dos palabras del rompecabezas y describa su relación con Amán en Ester 6.6.

________________: ______________________________

________________: ______________________________

Nos arriesgamos al concepto equivocado de Amán al menos en dos formas: Podemos pensar tanto en nosotros mismos que llegamos a suponer que los demás también lo hacen. Las circunstancias pueden propiciar nuestra versión de la vergonzosa presunción de Amán. Montados en las olas volubles de la opinión pública, podemos sentirnos en la cúspide una semana y en el fondo del pozo a la siguiente.

Creo que tuve uno de esos momentos de estar en la cúspide hace algunos años cuando una mujer en un ascensor dijo: "Me gusta mucho lo que lleva puesto. Luce usted muy bien". Yo estaba a punto de deshacerme en gratitud y lista para decirle dónde lo había comprando cuando me di cuenta para mi humillación que ella estaba hablándole a la señora que estaba detrás de mí. Fue el viaje en ascensor más largo de mi vida. Ella trató de suavizar el impacto diciendo: "¡Usted también!" Me sentí muy apenada. Para ese momento mi desodorante antitranspirante ya me estaba fallando.

Por favor, deme un ejemplo suyo de cuando haya pensado que los elogios dirigidos a otra persona eran para usted. Si es así, compártalo aquí, y siempre y cuando estemos dispuestos a aprender una lección, vamos a reírnos de nosotros mismos mientras que lo hacemos.

No es necesario tener un alto concepto de nosotros mismos para pensar obsesivamente en nosotros. Quizá usted no se pueda imaginar una manera de verse lo suficientemente elevado para suponer que lo están elogiando, pero si se tratara de críticas, ¿daría usted un salto que lo llevara al segundo piso? En ambos casos, basamos tales suposiciones inapropiadas en pensamientos obsesivos sobre nosotros mismos.

No es necesario tener un alto concepto de nosotros mismos para pensar obsesivamente en nosotros.

Pensar continuamente que otros están hablando de nosotros —ya sea positiva o negativamente— es una preocupación enfermiza en nosotros mismos. Incluso cuando le hemos dado a la gente suficientes motivos para hablar, tener pensamientos obsesivos respecto a nosotros mismos y estar siempre preocupados por nosotros sólo nos atrapa más profundamente en la prisión de la presunción.

¿Qué consejo podemos recibir de las siguientes Escrituras?

Romanos 12.3

Filipenses 2.3-4

La segunda manera en que nos arriesgamos a la conclusión equivocada de Amán es esta: Podemos desarrollar un apetito devorador por el honor, incluso si tratamos de mantenerlo oculto. Tengo una buena amiga que ha recibido más reconocimientos desde la escuela primaria a la universidad que los que puede colocar en sus estantes. Sus trofeos llenan la casa por completo. Comprensiblemente, sus padres reciben tantos elogios por ellos como su propia hija. Cuando ella se graduó de

la universidad y entró en el "mundo real", me confesó humildemente que estaba luchando por romper con esa adicción a los honores y reconocimientos.

Me sentí fascinada por el pensamiento de una clase muy diferente de dependencia que la mayoría de las personas probablemente no reconocen. No tenemos que recibir honores para tener ansias de honor. Todo lo que tenemos que hacer es renunciar a nuestra insaciable naturaleza humana.

No tenemos que recibir honores para tener ansias de honor.

Una pregunta para usted

¿En qué forma pueden las siguientes citas ayudar a suprimir el apetito en nuestras ansias de honores? Sea específico.

Mateo 23.6

Juan 4.44

Juan 7.18

Romanos 12.10

Escriba el Salmo 62.7 en el margen

Una de las cosas malas acerca de un deseo insaciable de honor es que tarde o temprano nos va a dejar muy mal, robándonos aquello mismo que queríamos recibir. Amán se aseguró de ser el primero en la fila para ver al rey temprano aquella mañana. Después de todo, él tenía cosas importantes que tratar. Dios prohibió que la luz del día rompiera cuando un hombre necesitaba ahorcar a otro en honor del gran visir.

Me gusta lo que dice un comentarista sobre el "don de ironía" del escritor inspirado en el versículo 4. Aunque sin saberlo Amán en ese momento, "aquí el pájaro madrugador fue cazado por el gusano".[4] Y él nunca vio que venía.

No sé cómo se sienta usted respecto a la lección de hoy, pero el mensaje ha sido bien claro para mí. Dos de las últimas palabras que quiero en un rompecabezas que describa mi vida serían "presunción y engreimiento". En ese momento miserable en que el monstruo de dos cabezas aparece en mi vida, quisiera verme transferida instantáneamente en mi imaginación a una nueva oportunidad en la "rueda de la fortuna".

Eche un vistazo a una palabra en el rompecabezas y tome una vocal prestada:

A R R e P e N T I M I e N T O.

Día tres
Tratado como un rey

EL TESORO DE HOY

"Traigan el vestido real de que el rey se viste, y el caballo en que el rey cabalga, y la corona real que está puesta en su cabeza". Ester 6.8

Ayer me encontré a Shirley al ir a pagar en la caja del departamento de zapatos. Atraídas por esa palabra mágica que es rebajas, estábamos las dos tan distraídas probándonos zapatos y estudiando nuestros pies que no nos habíamos fijado que habíamos estudiado las Escrituras juntas. Al fin hicimos la conexión y entonces la amable cajera se encontró en medio de un reencuentro gozoso. Ella estaba perpleja de que dos mujeres normales pudieran estar tan entusiasmadas por estudiar algo como la Biblia. Pero si ella sólo pudiera estudiar nuestra lección de hoy con nosotras, bien podría animarse a dejar a un lado los zapatos y correr con perseverancia a la clase reservada para ella.

Empecemos resumiendo el segmento de ayer. ¿Recuerda lo que Amán dio por supuesto acerca de quién quería el rey honrar? En lecciones anteriores centramos nuestra atención solamente en el proceso de pensamiento de Amán. Pensó que Jerjes estaba hablando acerca de él. Hoy vamos a montarnos en un tren y recorrer la ruta escénica desde el tronco encefálico hasta la lengua de Amán, fijando nuestra atención en lo que entonces dijo. Por favor lea Ester 6.6-9.

Pregunta clave

Indique en el margen cada sugerencia que Amán presentó al rey Jerjes.

¿Cómo piensa usted que él fue capaz de responder de forma tan rápida y elaborada?

A mí me suena como que Amán había soñado antes despierto en una escena similar, viéndose a sí mismo en el papel principal. Hemos llegado a uno de esos momentos en las Escrituras en el que poder leer en hebreo añadiría considerable dimensión a nuestra lección, por eso los buenos comentaristas nos son tan útiles en estas ocasiones. En la semana 5, día 2, hablamos de una interrupción en la estructura de una frase llamada "anacoluto". Permítame refrescar su memoria. Un "anacoluto" sucede cuando la persona que habla rompe la secuencia inesperadamente y empieza otra. Por ejemplo, cuando me encontré con Shirley

en el mostrador, quizá haya dicho algo semejante a esto: "Yo la he visto a usted en... ¿Está viniendo los martes por las noches ahora?"

Un "anacoluto" sucede cuando la persona que habla rompe la secuencia inesperadamente y empieza otra.

En el ejemplo dado señale en qué parte se presenta el "anacoluto".

La sintaxis hebrea en el versículo 7 sugiere que Amán hizo algo semejante, aunque la mayoría de las traducciones modernas no lo reflejan. Amán empezó una frase pero la dejó cortada. Sin embargo, ese "anacoluto" no transmite la idea de vacilación sino de entusiasmo.

Amán estaba "fascinado por la frase 'al hombre cuya honra desea el rey'. El corte en la sintaxis sugiere que Amán hace una pausa para saborear la frase, que él se la aplica a sí mismo. En su entusiasmo, él comienza su respuesta con esa frase más que con una fórmula de cortesía como "si a su majestad le place". Amán le da varias vueltas alrededor de su boca a la frase el "hombre cuya honra desea el rey", empezando y terminando su discurso con ello".[5]

En su "excesivo anhelo por promoverse a sí mismo",[6] Amán ve esto como una oportunidad para hacerlo suyo sin dudarlo. Después de todo, los más expertos oportunistas no tienen mayor habilidad que la explotación. Su primer pensamiento en toda nueva posibilidad es aprovechar todo para su beneficio.

El doctor Levenson sugiere que, con las palabras "al hombre cuya honra desea el rey" haciendo eco en su cabeza, el "narcisismo que lo domina lo priva momentáneamente de formular una respuesta eficaz a la pregunta del rey".[7] Está tan asombrado de que al final alguien pensara tan alto de él que no pudo pensar correctamente. La mente torcida nunca lo hace.

Lea las sugerencias de Amán en los versículos 8-9. ¿Exactamente cuántas veces usó las palabras "rey" y "real"? ____________________

Llegamos a la parte de la lección que encuentro más fascinante. Confío en ser capaz de demostrarle que nada en la lista de Amán era por casualidad. Él era demasiado calculador como para eso. Veamos si en otros pasajes bíblicos podemos determinar lo que él llevaba escondido. Empecemos con una porción de Génesis donde encontramos a José, el hijo amado de Jacob, en la cárcel en Egipto.

Prepare el escenario mediante la lectura de Génesis 41.14-16. El faraón llamó a José...

- ☐ Para que testificara a favor del copero.
- ☐ Para anular su sentencia de cárcel.
- ☐ Para decirle al faraón que sus hermanos habían llegado.
- ☑ Para que interpretara el sueño.

En términos sucintos, ¿cómo respondió José a la petición (Gn. 41.16)?

Continúe ahora con la historia en Génesis 41.33 donde José ofreció al faraón consejo basado en la interpretación del sueño y lea hasta el versículo 42.

¿En qué forma José y Amán parecen ser iguales?

Lea Génesis 41.42-45, traslapando un versículo del segmento anterior.

Semejanzas

Anote en el margen las semejanzas y diferencias entre la celebrada exaltación de José y la exaltación propuesta por Amán en Ester 6.8-9.

Estoy segura que usted notó que José y Amán eran los segundos en el mando con sus respectivos reyes. A ambos se les confió el anillo real de sellar y ambas escenas están vinculadas por desfiles: el de José en realidad y el de Amán en la fantasía.

Los contrastes son sutiles en la página, pero fueron enormes en el pavimento antiguo. Le pediré que indique algunos para efectos dramáticos. El faraón vistió a José con ropas de lino fino y lo hizo subir en un carro.

Diferencias

¿Cómo quiso Amán que lo vistieran? ____________________

¿Cómo quería Amán ser transportado? ____________________

Vamos a hacer otra parada en las Escrituras para ver si podemos armar las piezas del rompecabezas de la mente de Amán. ¿Qué implica 1 Reyes 1.28-35?

¿Cómo fue transportado Salomón (v. 33)? ____________________

¿Se le está aclarando la imagen? Algunos eruditos se preguntan si Amán no sólo quería ser como el rey, sino en realidad quería ser también el rey.

Esto también muestra por qué Cristo pidió un pollino "en el cual ningún hombre ha montado jamás" para su entrada triunfal (Lc. 19.30). En una de las profecías más significativas jamás cumplidas, cantidad de seguidores gozosos aclamaban diciendo: "¡Bendito el rey que viene en nombre del Señor!" (v. 38). Esta es una proclamación anticipada por Zacarías concerniente a una realeza concedida sólo por Dios. Ningún hombre ha usado jamás la corona que Dios el Padre reservó sólo para Cristo. En realidad, al final todas las demás diademas son echadas a sus pies en su gloriosa manifestación: "y había en su cabeza muchas diademas" (Ap. 19.12). Hasta entonces, muchos mortales van a pensar de sí mismos que son más dignos de la corona que otro hombre lleva.

Amán no sólo quería montar uno de los caballos del rey, sino también llevar una de sus túnicas reales. Las túnicas de los antiguos reyes de Persia, descritas como "de púrpura con adornos de oro" muy rara vez eran tocadas por los que no eran de la realeza, mucho menos usadas.[8] Adele Berlin explica: "Esta es una

petición muy seria, equivalente a pedir ser parte de la realeza. La vestidura de la persona se consideraba parte de su cuerpo, o parte de su ser".[9] Para añadir misterio, se creía que la túnica real persa poseía poderes mágicos, que en alguna forma concedía realeza a los que la llevaban.[10]

Amán no podía hacer que corriera la sangre real por sus venas, de modo que tenía pocas esperanzas de suceder al rey de forma natural. Quizá supuso que si se las ingeniaba para conseguir una de las túnicas del rey, podría recibir poderes mágicos que le concedieran la realeza. La creencia en la magia estaba muy extendida en el mundo antiguo. Poco sabía Jerjes que a su más cercano asociado le hubiera gustado mucho usar abracadabras para apoderarse de su trono.

Para hacer una petición tan audaz en Ester 6.8-9, la mirada codiciosa de Amán parece estar fija en aquello que lo eludía. Había ascendido tan alto como un hombre puede llegar, poniéndose de puntillas de unos pies promedios. Lo que le faltaba por alcanzar está a la vista, pero para conseguirlo necesitaba poner un pie en las gradas del trono.

Cuando Jerjes pidió su consejo, a Amán se le hizo agua la boca con el sabor especial de la sangre real. No nos asombra que no fuera capaz de decir: "Si le place a su majestad". Considere una pregunta cuidadosamente y responda sólo después de una rápida zambullida en las turbulentas aguas de la psique humana. Todos hemos oído que el hombre quiere aquello que no puede conseguir, pero me gustaría preguntar por qué.

Una pregunta para usted

¿Qué cree usted que hace que la mente humana lleve consigo ese impulso?

Podemos seguirle la pista a esta tendencia hasta el árbol del conocimiento del bien y del mal. En el Huerto del Edén la serpiente convenció a Adán y a Eva que Dios quería tenerlos lejos de ese árbol. Dios les había dicho que podían comer del fruto de todo árbol que había en el huerto (Gn. 2.9). Una variedad inimaginable. No sólo manzanas y naranjas, sino peras, mangos, granadas y toda clase de frutas delicadas y sabrosas, pero se sintieron cautivados por una sola cosa que no podían tocar, irónicamente privándose de todo el bien y creatividad que Dios les ofreció.

Lamentablemente, nosotros también lo hacemos a veces. Algo que llama la atención a nuestros ojos, y cautiva nuestro deseo. Quizá antes nos pareció distante y poco agradable, pero ahora nos parece que está al alcance, y creemos que nos pertenece por derecho propio. Somos humanos, después de todo.

La prohibición atormenta nuestras terminaciones nerviosas. Nos sentimos vivos de nuevo. Jóvenes. Atrevidos. Convicciones no deseadas brotan en nuestra alma que debemos redefinir para resistir. El momento en que redefinimos prohibición como precaución, nuestra carne quiere disfrutarlo. Protestamos: "Dios quiere privarme de la diversión, de la libertad. Es mi vida. Mi decisión".

El fin inevitable nos lleva a la suprema ironía. En nuestra búsqueda de la libertad, nos olvidamos de todo los demás y desarrollamos una obsesión hacia esa cosa. Acorralados en una jaula como un animal contra una cerca de alambre, la carne se rasga y sangra, miramos nuestra espalda herida por los límites de la buena voluntad de Dios y aullamos. La serpiente promete vida y nos entrega a la muerte. El Creador anuncia muerte y nos proporciona vida.

Describa la importancia de Romanos 8.32 a la luz de lo leído arriba.

Dejemos de mirar al estilo de Amán a aquello que al final destruye. Lo único que Dios quiere que no toquemos causa estragos.

Día cuatro
Como tú has dicho

EL TESORO DE HOY

"Entonces el rey dijo a Amán: Date prisa, toma el vestido y el caballo, como tú has dicho, y hazlo así con el judío Mardoqueo, que se sienta a la puerta real". Ester 6.10

Me gusta el café fuerte y el estudio de la Biblia aún más fuerte. Me he servido una nueva taza, tan oscura y espesa que incluso una buena dosis de crema no cambia el color para nada. Tengo mi Biblia abierta a mi lado donde puedo cambiar de página o simplemente pasar la palma de mi mano por ella. Para gozo de mi alma tiene la calidez y la vida de las manos regordetas y ocupadas de mi nieto pero con un poder más allá del vínculo humano más fuerte.

En mi Biblia las páginas de Ester se ven bastante manoseadas. Las puntas están dobladas, y las notas están emborronadas, pero la búsqueda de Dios en las Escrituras y su relación con la experiencia humana, son vida para mí. Ayer leí palabras que penetraron en mi corazón con deseos de afecto renovado por la Palabra.

La autora Patricia Raybon describe un momento en el que ella buscó la presencia de Dios en la capilla de un hospital cuando su esposo estaba en el quirófano con una operación de vida o muerte. "Abrí mi Biblia. Esperé por ese impulso que viene por sostener una copia amada y gastada de las Escrituras. Las Biblias como esa tienen su propio tacto. Se ha orado sobre ellas, llorado, cantado, golpeado, agarrado y amado tanto que exteriorizan emociones —sólo con tocarlas— que los humanos quieren percibir mediante la fe".[11]

No se pierda lo que quiere decir mirando con lupa la doctrina. Métase en la emoción. Mire a su Biblia. Piense en lo que usted ha pasado con Dios a través

de esas páginas, incluso si este es su primer estudio. Piense en la esperanza, guía, seguridad y afecto que usted ha buscado. Piense en cuán agradecido se siente que Dios haya escrito algo que usted puede apretar contra su pecho, sostenerlo allí cuando su corazón falla y sus ojos están tan nublados que no puede leer. Cada Biblia es Palabra de Dios, pero sin oídos para escucharla, corazones para amarla, o manos para calentarse con el fuego que surge de ella, el hombre se la pierde por completo.

Cierto, Cristo nos ha dicho palabras que "son espíritu y son vida" (Jn. 6.63). Incluso palabras muy incómodas acerca de un alma muerta como Amán tienen vida para el oyente dispuesto. Aprendemos tanto de las Escrituras acerca de lo que no queremos ser como de lo que sí queremos. Tenemos también el beneficio de conocer algo que Amán no conoció cuando él se lanzó a su lista audaz de formas de honrar a un hombre (él mismo). Amán sufría de un caso crónico de identidad equivocada, una enfermedad que le iba a causar el mayor bochorno de su vida. Antes de leer el siguiente pasaje de Ester, lea por favor Proverbios 18.6-7.

Aprendemos tanto de las Escrituras acerca de lo que no queremos ser como de lo que sí queremos.

¿Cómo indican esos versículos que las dificultades venían para Amán?

El Salmo 59.12 se hace eco de esos sentimientos. El orgullo es un estado del corazón que tarde o temprano, es traicionado por la boca. Mateo 12.34 nos dice por qué: "¡Generación de víboras! ¿Cómo podéis hablar lo bueno, siendo malos? Porque de la abundancia del corazón habla la boca". Dios creó al hombre con una conexión innegable de corazón y boca. Como lo ilustró nuestra anterior lección, lo que tenemos en el corazón saldrá inevitablemente por la boca.

La conexión corazón-boca es nuestra salida gloriosa cuando nosotros no sólo queremos alabar a Dios sino que debemos hacerlo o de lo contrario las piedras clamarán. Eso nos invita a susurrar "Mamá te quiere mucho" a un niño que se está durmiendo, pero esa conexión corazón-boca también sirve para el propósito de ocultar pecados como el orgullo. Cuando caemos (y lo haremos), nuestras palabras nos ayudan a identificar claramente lo que nos llevó a tropezar.

Ve usted, quizá no recuerde el orgullo que sentimos, pero difícilmente olvidaremos las palabras que dijimos por causa de ello. Pocas palabras resuenan en mi mente como palabras de orgullo que yo sé me llevaron a las experiencias más humillantes de mi vida.

Sin embargo, en su gracia, Dios siempre proveyó una forma de escapar. En cualquier momento podemos tomar la decisión de humillarnos a nosotros mismos. Proverbios 16.18 nos asegura que el orgullo viene antes de la caída, pero si estamos dispuestos y somos sinceros, podemos decidir caer directamente de rodillas.

No obstante, Amán no quiso caer de rodillas. Él quería que otros cayeran sobre las suyas... a sus pies. Hablando desde la perspectiva bíblica, él no pudo haber hecho las cosas mejor para acelerar su propia destrucción. Volvemos ahora

"Por el pecado de su boca, por la palabra de sus labios, sean ellos presos en su soberbia, y por la maldición y mentira que profieren".

SALMO 59.12

a nuestra historia con la respuesta entusiasta de Jerjes a la sugerencia audaz de Amán. Note el giro de los eventos en Ester 6.10-11.

Pregunta clave

Anote cada frase que dijo el rey que incluye lo que "tú has dicho" refiriéndose a Amán.

Varios elementos de las instrucciones de Jerjes añadieron hiel al giro de los sucesos. Note primero que el rey identifica al hombre que él quería honrar:

"Hazlo ______________________ Mardoqueo, que __________ a la ___________________________"

No había dos palabras más agrias para Amán que las de: "el judío". Para él estas dos palabras no deberían decirse, sino escupirse. El hecho de que Jerjes buscara honrar a un hombre que él claramente sabía que era judío debió haber causado gran extrañeza a los ojos de Amán. Sin embargo, este momento habla tanto de Jerjes como de Amán. ¿Acaso el rey no sabía cuánto eran dos y dos? ¿No se dio cuenta que el hombre que buscaba ahora para honrar era el mismo que había sentenciado a muerte en el siguiente mes de Adar? Vea una vez más la falta de atención que prestaba el rey de Persia, un elemento que hace de su carácter casi un misterio cómico.

"Él no relaciona la condición de judío de Mardoqueo con el decreto de aniquilación que había autorizado. El rey no se había molestado en averiguar a qué pueblo había destinado a la destrucción, y en cualquier caso da la impresión de que no recuerda el incidente, como 7.5 implica. Su memoria es corta, como lo muestra el no recordar el servicio que Mardoqueo le había prestado".[12]

La corona del rey Jerjes era demasiado grande para él. Le seguía cayendo sobre los ojos. Si hubiera tenido el mínimo discernimiento se habría dado cuenta de la palidez de su asociado. En el libro de Nehemías, Artajerjes, el hijo y sucesor de Jerjes, se dio cuenta de la tristeza de su copero y le preguntó qué le sucedía (Neh. 2.2). Preguntarle a Amán si algo le preocupaba no habría estado fuera de lugar, excepto para un rey despistado. La identificación de Jerjes del judío que se "sienta a la puerta real" tuvo que ser sin duda como echarle otro galón de hiel a la cabeza de Amán.

¿Puede usted pensar en alguna razón por qué el recordatorio de este lugar en particular sería como echarle sal al orgullo herido de Amán? Explique.

Para colmo de males, la instrucción que fue la puntilla final para Amán fue el recordatorio de que él mismo lo había sugerido y recomendado. Según se fueron

desarrollando los sucesos del día, nunca pudo olvidar que cada detalle había sido idea suya.

Según Ester 6.11, ¿qué sucedió a continuación?

Si usted es como yo, no podrá evitar sentirse mal por Amán, y la parte de usted que se siente peor por Amán es la parte que teme más a la humillación, porque teme que se lo ha ganado. No me gusta ver a nadie humillado, incluso a alguien que se lo merece. Aun alguien a quien desprecio.

Algo que es más difícil de observar que la arrogancia es el profundo bochorno de la persona cuando rebota. Una de las razones por las que me estremezco al verlo es porque yo no quiero experimentarlo de ningún modo. Me acuerdo muy bien de los momentos en que acaricié el orgullo necio, y aunque un profundo bochorno siguió en numerosas ocasiones, no recibí toda la humillación que me correspondía. Quizá estoy en esto sola, pero la parte de mi corazón que más se parece a Amán es la más reacia a revelarse en Ester 6.11. He crecido lo suficiente para aprender de ello, pero no lo he conquistado lo suficiente como para reírme de ello.

Una pregunta para usted

Anote en el margen cuatro palabras que usted pueda usar para completar la frase: "Preferiría soportar ________________________ antes que la humillación".

La ironía es que el orgullo es exactamente la razón por la que aguantamos casi cualquier cosa antes que la humillación, por eso nos lleva en desfile a lo largo de la calle principal en medio de ella. Señor ayúdanos. Señor ayúdame a mí.

Ester 6.11 es tan importante por lo que no dice como por lo que dice. Sólo un versículo nos cuenta todo un suceso real y el día más largo de la vida de Amán. Después de todo, él se había levantado muy temprano. Lea Ester 6.11 de nuevo.

¿Cuáles son varias cosas importantes que este versículo no dice?

Me encantaría ver sus respuestas porque usted ensancharía mi pensamiento. Quizá ambos notamos que faltaba un elemento. Ester 6.11 no nos dice nada acerca de la dinámica entre Amán y Mardoqueo a lo largo de todo el tormento de la celebración. Las miradas, declaraciones o reacciones entre ellos son notorias por su ausencia. Las únicas palabras que salieron de la boca de Amán son irónicamente aquellas que se deslizaron de su lengua cuando pensó que estarían dirigidas a él. "¡Así se hará al varón cuya honra desea el rey!" Todo lo demás quedó en silencio.

No tener algo bien explicado puede ser una invitación a ejercer algo de imaginación. ¿Cómo se imagina usted la dinámica entre los dos rivales el día en que Amán escoltó a Mardoqueo por las calles de la ciudad? Déjeme guiarle para que desarrolle su propia teoría por medio de las siguientes actividades.

Use una palabra para describir la atmósfera en el cuarto cuando Amán le llevó a Mardoqueo la ropa y el caballo.

____

Ofrezca tres palabras que usted crea que describen a Amán durante el desfile ____________, ____________,

____

Ofrezca tres palabras que usted crea que describen a Mardoqueo durante el desfile

______________________, ______________________,

____

Escriba una frase que usted crea que Mardoqueo podría haberle dicho a Amán en cualquier momento en aquel día:

Hemos sido cuidadosos en no elevar a Mardoqueo o a Ester a lugares que quizá ellos no se hubieran ganado. Al mismo tiempo hemos sido testigos de una fortaleza y valor impresionantes en ambos, así como una disposición de hacer lo que era correcto incluso a gran riesgo personal. Reconozcamos a Mardoqueo los méritos que tiene en este capítulo. Por favor, lea conmigo la primera frase de Ester 6.12.

¿A dónde fue Mardoqueo después del desfile en su honor?

Mardoqueo regresó al lugar donde había sido ignorado después de poner al descubierto el complot de asesinato cinco años antes. Regresó a su tarea. Él no demandó una mejor posición o mejor paga. Él simplemente regresó a su trabajo.

De la escena donde se puso cilicio y empezó a clamar, hemos llegado a conocer a Mardoqueo como un hombre que no se avergüenza de mostrar sus sentimientos. No obstante, aquí no vemos ni oímos nada acerca de su reacción. No vemos ni la mínima evidencia que sugiera que él mostrara sus puños como si fuera el campeón de los pesos pesados. No tenemos ni idea de lo que Mardoqueo pensó acerca de ese día.

Podemos encontrar significado y satisfacción en el refugio del Altísimo.

Podemos extraer varias cosas del ejemplo de Mardoqueo. Si nos pasan por alto y no recibimos afirmación o promoción, está bien. Sigamos cumpliendo con nuestra tarea. Si somos elevados y celebrados, está bien. Sigamos cumpliendo con nuestro deber. Busquemos seguir caminando con Dios tan de cerca que las luces de este mundo —ya estén a nuestro favor o en contra de nosotros— queden eclipsadas por la enorme sombra que Dios arroja en nuestro camino.

Allí en el refugio del Altísimo podemos encontrar nuestro sentido de importancia y la única satisfacción para nuestra insaciable necesidad de ser reconocidos. Allí y sólo allí somos libres de la depresión o de quedar impresionados con las reacciones de este mundo carnal.

Día cinco

Sabios inesperados

EL TESORO DE HOY

"Entonces le dijeron sus sabios, y Zeres su mujer: Si de la descendencia de los judíos es ese Mardoqueo delante de quien has comenzado a caer, no lo vencerás, sino que caerás por cierto delante de él". Ester 6.13

Acabo de regresar de Nashville donde me uní a un grupo de hermanos amados en el funeral de alguien muy estimado por todos nosotros. En realidad, usted tiene una conexión con él más de lo que piensa porque sostiene este libro de estudio en sus manos. Su nombre era Lee Sizemore y Dios le confió la visión de crear estudios bíblicos muy bien trabajados e inspiradores por medio de videos.

Cuando Lee se puso en contacto conmigo en nombre de LifeWay hace 16 años y me compartió su visión, sinceramente no me pude imaginar cómo trabajaría el concepto. Yo no veía cómo representar a Dios derramando su Espíritu sobre un grupo de personas a través de una pantalla de televisión, pero parecía que Lee sabía de qué estaba hablando. Acordamos hacer uno. Luego dos. Más tarde cinco. Después diez. Cada serie que Dios me confió, incluyendo esta, la número 13, fue soñada primero con Lee en una llamada de larga distancia mediante la cual oramos juntos, a menudo con lágrimas, dedicándolo al Señor Jesucristo.

Lee produjo más de 100 series con numerosos autores. Sin exageración, Dios usó a un individuo para alterar todo el panorama del discipulado cristiano como lo conocemos hoy. Y aquí está lo asombroso: Lo hizo desde una silla de ruedas. Él había estado en muchas partes del mundo en aquella silla de ruedas para grabar estudios bíblicos.

Su equipo de videos, cada uno de ellos como familia para mí, formó el equipo de personas que cargaron el ataúd. Mientras todavía permanecía abierta su caja mortuoria, uno de ellos me dijo: "Lo hemos llevado a cuestas por casi todo el mundo. Quizá nosotros seamos los que le llevemos al hogar".

Sí. Era un comentario apropiado. Lee y yo a veces comentamos que Dios rara vez había puesto juntos a dos individuos discapacitados para su reino: uno físicamente y la otra emocionalmente. Sin embargo, cuando no queda ninguna otra excusa excepto la misericordia y el poder de Dios, Él es el que recibe más gloria. Y así será siempre.

Al comenzar la última lección de la semana 6 y reflexionar de nuevo con usted sobre el necio orgullo y ambición de Amán, no puedo evitar pensar en mi amigo Lee. Limitado a una silla de ruedas, su cabeza y sus hombros sobresalían por encima de los individuos más exitosos de *Fortune 500* de los que puede este mundo jactarse, todo porque él invirtió su vida en lo único que permanece. Él se derramó a sí mismo como una ofrenda a Dios, a menudo en medio de la incomodidad física y el dolor, a fin de que las personas —especialmente los heridos— pudieran aprender a conocer a Cristo por medio de la Palabra de Dios.

Desde una silla de ruedas, el discapacitado Lee puso las Escrituras a disposición de aquellos lisiados por la vida y la falta de amor. En agudo contraste, Amán había pasado su vida esculpiendo un monumento a su persona, y empezaba a tambalearse. No importa cuán exitosos parezcan momentáneamente los Amanes de este mundo, al final se demuestra que son un fracaso. Peor aún, necios.

Lea Ester 6.12-14. Recuerde que echamos un vistazo por adelantado al versículo 12 hacia el final de la lección anterior para reflexionar sobre el regreso de Mardoqueo a su tarea en la puerta real.

¿Por qué es importante esta información para nosotros?

En contraste, ¿a dónde fue Amán? ______________________________

Compare los términos en los versículos 12 y 14:

Amán ______________________ casa (v. 12)

Los eunucos del rey llegaron apresurados, ______________ a Amán (v. 14)

De repente todo en la narración va a paso rápido. Notamos la prisa y el desarrollo de los sucesos como si casi se estuvieran alejando de nosotros. A veces esperamos y esperamos que Dios se mueva, entonces cuando Él lo hace, nos quejamos de que se mueve muy deprisa. Nuestras quejas: "Señor, ¿a qué esperas?" se convierten en "¡Señor, espera!"

Ester 6.13 nos habla de la segunda vez que Amán corre a su casa para hablar con su esposa y amigos para una infusión de ego. En realidad, las dos escenas de Amán en casa son como sujetalibros para estos versículos que nos dejan constancia de su llegada a la cima y de su pasmosa caída.

Volverse a los familiares y amigos en tiempos de necesidad o de celebración es apropiado, pero tengo el sentimiento que Amán casi dejó seco a su grupo de apoyo. Las personas inseguras en grandes posiciones y con grandes egos suelen ser agotadoras. Rara vez salen de su egocentrismo el tiempo suficiente para corresponder a los demás, y cuando lo hacen generalmente es para sacar algo para

ellos. Sabemos por experiencia que obtener apoyo emocional de parte de alguien no siempre fluye de motivos puros.

¿Ha visto usted al menos una forma en que podemos ser muy interesados en nuestras muestras de apoyo a alguien?

Si Amán alguna vez actuó como si se interesara por alguien, usted puede estar casi seguro que brotó de algo como lo que usted acaba de describir. Él era la clase de persona que se convencía a sí mismo que otros eran unos privilegiados por vivir indirectamente de él. Estaba equivocado.

Tarde o temprano las personas se cansan de este tipo de individuos y ya no se preocupan de ocultar sus verdaderos sentimientos. Creo que algo de eso sucedió en la casa de Amán aquel día. Note la audacia de Zeres y sus amigos.

¿Cuál era lo básico que le dijeron (v. 13)? ______________________________

Estoy deseosa de que usted note el cambio en los términos. Lea el versículo 13 con cuidado. Se alude a las personas reunidas en la casa de Amán con dos términos:

- Vecinos
- Compañeros
- Consejeros
- Magos
- Amigos
- Sabios

El significado de la palabra hebrea que se traduce como "consejeros" (lea v. 13 en NVI) quiere decir literalmente "hombres sabios".[13] Según varios comentaristas, quizá la expresión "hombres sabios" aquí "se esté usando en un sentido deliberadamente irónico, es decir, son sabios después de los hechos (v. 14)".[14]

¿Cuándo fue la última vez que usted quiso gritar: "¿Ahora me lo dices"?
Nada me hace a mí querer más un mechón de cabello de alguien que cuando
cometo un error de juicio y tengo a mi lado a la persona que nunca se ofreció a 1.
detenerme para decir: "Yo tuve la impresión de que eso es lo que iba a suceder".
Todo el mundo es sabio después de que suceden las cosas. Turbados preguntamos:
"¿Por qué no me lo dijiste cuando lo necesitaba?" Hagamos una pausa por un 2.
momento y hablemos sobre las posibles respuestas a esa pregunta.

Indique en el margen tres razones por las que una persona tal vez no 3.
nos diga lo que piensa acerca de una situación dada.

A veces pienso que mi entusiasmo, determinación o incluso desesperación pueden ser tan pronunciados que alguien no se atreva a decirme la verdad. Me veo demasiado obstinada como para que me detengan. Ayúdame, Señor. Quiero estar dispuesta a recibir buen consejo incluso cuando desvanezca mis grandes ideas. ¿No lo quiere usted también? Otras veces la persona puede estar en un proceso de negación como yo misma, reprimiendo sus recelos. Entonces, cuando ocurre la peor de las situaciones, desde el fondo de su mente los pensamientos son catapultados hasta el frente y de pronto se da cuenta que sabía que eso es lo que iba a suceder.

Un comentario explica el cambio que sucede en los corazones de Zeres y los amigos de Amán de la forma siguiente: "Las situaciones difíciles quitan la capa de los rasgos de carácter superficiales. La esposa y los amigos de Amán le dieron consejos y ánimo cuando estaba en la cúspide de su poder (5.9-14). Sin embargo, cuando él está en desgracia sólo le ofrecen palabras negativas que no lo consuelan ni lo guían (6.13). La amistad que le mostraron desaparece pronto en el capítulo 6 cuando experimenta dificultades".[15]

Una pregunta para usted

¿Ha pasado por un tiempo difícil cuando sus amigos se distanciaron emocionalmente de usted? Si así fue, ¿cuál cree que fuera la raíz del asunto?

Pienso que a veces las personas temen debido a una superstición que las dificultades también los alcanzarán. O simplemente se les agota la energía emocional para continuar apoyándonos. Alabado sea Dios, Él nunca tiene temor de nosotros ni se cansa de nosotros.

Pregunta clave

¿Qué razones dieron Zeres y los amigos-consejeros de Amán para su muerte certera (v. 13)?

Note que ellos no le dicen a Amán que tal vez no venciera. Dicen enfáticamente que Amán caerá. ¿Por qué es eso cierto?

"Ellos ven en estos sucesos un mal augurio: 'Si de la descendencia de los judíos es ese Mardoqueo delante de quien has comenzado a caer, no lo vencerás, sino que caerás por cierto delante de él' (v. 13). No hay duda que la rivalidad étnica estaba en la raíz de la animosidad de Amán contra Mardoqueo; quedaba entonces claro para aquellos más cercanos a Amán que los judíos iban a ganar.

"Lo que la superstición caprichosa había antes apoyado (al echar el pur), ahora lo niega. Zeres habla con la sabiduría percibida por los gentiles cuando Dios está presente en medio de su pueblo (Nm. 22-24; Dn. 2.46-47; 3.28-39). En el texto se refiere a los amigos de Amán como 'consejeros' (NVI). Ellos no le ofrecen esperanza al hombre que está marcado para caer por el destino. Como Balaam, reconocen la inutilidad de intentar maldecir al pueblo escogido de Dios y bendecir a los enemigos de Israel, especialmente cuando son amalecitas (Nm. 24.20; Jue. 5.21)".[16]

Eso era una terrible predicción para los que no pertenecían a Dios. Para los que vivimos en pacto con Dios a través de Cristo, ¿qué clase de ánimo podemos recibir de este concepto?

Antes de concluir, quiero llamar su atención a un juego de palabras. No es tan evidente en las lenguas modernas, pero el escritor hebreo teje con maestría la palabra hebrea que traducimos como "caer" en un tapiz profético a lo largo de toda la narración

En los ejemplos que ofrezco, subraye cada uso de la palabra "caer" en el siguiente párrafo:

> Se nos dice en 3.7 que la suerte "cayó" (*NVI*) en el mes duodécimo, que es el mes de Adar. En 6.10 Jerjes le dijo a Amán que hiciera con Mardoqueo lo que sugirió y "literalmente, que no 'caiga' nada de todo lo que has dicho". En consecuencia, Zeres usó el verbo [dos] veces en su predicción: "Si de la descendencia de los judíos es ese Mardoqueo delante de quien has comenzado a caer, no lo vencerás, sino que caerás por cierto delante de él" (6.13). (La construcción hebrea usa el verbo en dos formas diferentes para dar énfasis en la frase "sino que caerás por cierto delante de él".) La suerte de Amán queda completamente sentenciada en el siguiente capítulo cuando él 'había caído' sobre el lecho en el que estaba Ester (7.8). A partir de ese momento, el temor 'cae' sobre todos los que se oponen a los judíos (8.17; 9.2-3)".[17]

En términos menos académicos, nadie puede caer más que aquel que se ha elevado a sí mismo. El humilde, por el otro lado, que dedica su fortaleza a ayudar a los débiles será elevado en el tiempo oportuno.

¿Recuerda a mi amigo Lee? Su salud siguió una espiral descendente después de que cayó de su silla de ruedas. Nunca he sido capaz de superar la pena que me dio que él, a solas en el cuarto de un hotel, tratara con todas sus fuerzas de levantarse mediante sus manos débiles. Hace unos días Dios lo levantó de esa silla de ruedas y lo llevó a dar sus primeros pasos en más de 20 años por calles de oro del hogar celestial, corriendo como un joven hacia el trono. Al pensar en esto, recuerdo un correo electrónico que recibí hace unos años de él. Él y su maravillosa esposa Myrna, estaban trabajando con la serie sobre Daniel y se encontraban en medio de la sesión 7. Lee me escribió: "Lee Daniel 7.9". Permítame que interrumpa para compartir su correo electrónico con usted:

"Estuve mirando hasta que 'fueron puestos tronos, y se sentó un Anciano de días, cuyo vestido era blanco como la nieve, y el pelo de su cabeza como lana limpia; su trono llama de fuego, y las ruedas del mismo, fuego ardiente' ".

Tal vez usted quiera volver a leer las últimas siete palabras. Cautivado por esas palabras, mi amigo Lee, continuó: "¡No tenía ni idea de que el trono de Dios fuera la silla de ruedas más santa!"

Todo caerá delante del trono de Dios. Bendito sea aquel —y bendita sea aquella— que no tiene mucho camino que recorrer.

Todo caerá delante del trono de Dios.

Semana 7

¿Quién es ese hombre?

Jesús vino a buscar y salvar personas como nosotros.

Todos salvos por gracia. Liberados por gracia

¡Oh, por gracia amarle a Él cada vez más!

Preguntas clave

1. ¿Por qué cree usted que Ester agregó la aclaración de que si sólo los vendieran como esclavos, ella no hubiese molestado a Jerjes?
2. ¿Qué semejanzas puede usted establecer entre las acciones de Amán y lo que conoce de Satanás a través del resto de las Escrituras?
3. ¿Cuál piensa usted que fuera la razón exacta por la cual Amán permaneció en la sala del banquete después de que se fuera Jerjes?
4. ¿Qué hizo Amán al instante que Jerjes salió de la sala del banquete? Al volver el rey, ¿cuál fue su conclusión?
5. ¿Cuál era el estado de ánimo del rey después de la ejecución de Amán?

Día uno

Si... fuéramos vendidos, me callaría

EL TESORO DE HOY

"Si para siervos y siervas fuéramos vendidos, me callaría". Ester 7.4

Los salones de belleza son algunos de mis lugares favoritos para encuentros divinos. Justo hoy tenía mi cabellera llena de champú metida en el lavabo mientras dos peinadoras que aprecio mucho platicaban en español. Fui una tonta en no tomar clases de español en la escuela puesto que la mayoría de los habitantes de Houston lo hablan, pero esta vez no lo necesitaba. Estas dos preciosas mujeres hablaban un lenguaje que entendí con toda claridad. La una miraba a la otra con una amplia sonrisa, se daba palmadas en el vientre con una mano y con la otra indicaba cinco con los dedos de su mano. En ese momento, la que me estaba lavando el cabello dijo en inglés: "Yo he comenzado hoy".

Usted y yo sabemos de qué estaba hablando, ¿no es cierto? De mujeres y de dieta: ¿Hay dos cosas que parezcan más destinadas a pasar la vida juntas? ¡Líbranos, Señor! Unos minutos más tarde una de las peinadoras empezó a contarme en inglés lo que entre ellas estaban hablando. Todas disfrutamos de una gran carcajada cuando dije: "Permíteme que te interrumpa y se lo interpreté. ¡Tú has bajado cinco libras de peso!" Correcto. Nuestro encuentro me recordó un ejemplo de estructura quiástica:

Come para vivir.

No vivas para comer.

Hemos aprendido que una estructura quiástica es una inversión de la redacción para hacer hincapié en un punto amplio. También se le conoce como "paralelismo invertido". Le di varios ejemplos de ello en esta sesión y le recordé uno en el último párrafo.

Haga uno por su cuenta y escríbalo en el margen

Me siento muy agradecida por su gran tesón en el estudio. Temía que algunos de ustedes se resistieran a meterse en las aguas de la lingüística. Quiero que aumentemos nuestro aprecio por las Escrituras y nos maravillemos no sólo sobre lo que Dios ha inspirado, sino también cómo lo ha inspirado. La habilidad artística del hebreo bíblico es a veces muy bella. Captamos una visión del lado artístico de Dios en nuestras sesiones por medio de la ilustración de ocho platillos que representan ocho de los banquetes en este libro único. Aprendimos que el libro de Ester es un lienzo de pinceladas quiásticas de brillantes colores que encuentra sus puntos de intersección en el capítulo 6. En verdad, Ester 6 es el punto de inversión de todo el libro.

Abra el capítulo 7 donde empezamos a encontrarnos los resultados dramáticos de esas inversiones sutiles. Nos centraremos en Ester 7.1-4, pero releamos los versículos precedentes para refrescar nuestra memoria en cuanto a sucesos recientes. Por favor lea Ester 6.12-7.4.

¿En qué tiempo del banquete estaban el rey, Amán y Ester cuando tuvo lugar la conversación que vamos a considerar?

- del vino
- del postre
- de los aperitivos

El tiempo del vino era el momento último de la abundante comida persa. Imagínese la ansiedad dando vueltas en el estómago de Ester. Por fin Jerjes hizo la pregunta, ofreciendo el mismo gesto retórico de "aunque sea la mitad del reino, te será otorgada".

Si estos capítulos fueran una película, para este momento ya habríamos arrojado las palomitas a la pantalla y habríamos gritado: "¡Díselo! ¡Díselo!" ¿Ha visto usted una de esas películas en las que la crisis se podía haber evitado mediante la verdad, pero el personaje, sea cual fuera la razón, se resistía a decirla? Cuando la pregunta al fin llegó, Ester no soltó la respuesta, sino que la expresó con mucho tacto.

A primera vista, su introducción ceremoniosa ("Oh rey, si he hallado gracia en tus ojos") se parece mucho a la que ella usó en el banquete la tarde anterior. Pero hizo un ligero cambio que marcó una gran diferencia. Esta vez no se dirigió al rey usando una distante tercera persona: "Si he hallado gracia ante los ojos del rey". Le habló directamente en un tono mucho más íntimo: "Si he hallado gracia en tus ojos"). Tal vez en nuestra cultura de falta de modestia, de decir lo que se nos ocurra, nosotros no apreciemos la diferencia en toda su extensión, pero en las sociedades antiguas eso significaba mucho. Si alguien me hubiera ofendido y yo quisiera que Keith lo tomara de forma personal, yo probablemente le diría: "¿No te gustaría saber lo que alguien le hizo a tu esposa?"

Una pregunta para usted

 Si usted estuviera tratando de obtener una reacción intensa de su padre, ¿cómo haría la pregunta?

Ester jugó la carta de la esposa y lo hizo con sabiduría. Después de todo, ella estaba a punto de decirle algo acerca de su esposa que a él podría parecerle muy desconcertante.

Con cuidado y una apreciación correcta por su situación, llene los espacios en blanco del versículo 4: "Porque hemos sido vendidos, ________________________________, para ser destruidos, para ser muertos y exterminados".

Ahí lo tiene, mi amigo. Salió el gato encerrado. El rey Jerjes se había casado con una judía y la había coronado reina del vasto Imperio Persa. Él no llegó a esa conclusión paso a paso. Ella le soltó la verdad como un cohete. Al usar las palabras "yo y mi pueblo", ella transmitió la idea de que eran uno solo. El destino de ellos era su destino. La sabia reina sabía que la disposición de proteger a su reina por amor de su propia dignidad bien podía ser su única motivación para librar de la muerte a un pueblo al que él ya había sentenciado. De nuevo, Ester escogió sus palabras cuidadosamente al expresar su petición.

Lea Ester 3.13. ¿Cuáles eran las tres acciones que el decreto real ordenaba llevar a cabo con respecto a los judíos, jóvenes o ancianos, mujeres o hijos pequeños?

En 7.4 Ester usó otra forma de esas mismas tres palabras. Usted las encontrará en el versículo cuyos espacios en blanco acaba de llenar. Dé una ojeada y encuentre el versículo impreso en nuestra lección, y subraye las tres palabras. Ofrezca una razón de por qué ella pudo haber expresado su descripción del decreto exactamente de esa forma.

Ester probablemente repitió los mismos términos —destrucción, muerte y exterminio— para despertar la memoria del rey y enfatizar el horror. Mientras tanto, el cerebro detrás del plan bebía vino en esa misma mesa. Me gusta la perspicacia de un comentarista sobre la línea tan fina que Ester tuvo que evitar cruzar.

"Ella entiende muy bien la naturaleza delicada y precaria de su posición. La amenaza contra ella y su pueblo tenía dos autores: Amán y el rey, y los dos están allí presentes. Ella debe de alguna manera exponer la culpabilidad de Amán, mientras que al mismo tiempo no debe dar la impresión de que estaba acusando al rey. Por eso su respuesta está muy bien pensada y presentada con un gran tacto".[1]

Poner al rey a la defensiva hubiera sido un grave error. Uno de los elementos más inteligentes de la exposición bien planeada ante Jerjes la encontramos en la segunda parte del versículo 4.

¿Qué condición afirmó ella que no habría justificado su participación?

¿Por qué piensa usted que ella agregó esta aclaración?

Pregunta clave

Ester y Amán reconocían con toda claridad que el rey tenía muy poco interés en todo lo que no estaba centrado en él. Para Jerjes nada importaba más que Jerjes. Su egocentrismo era su punto débil y la forma más rápida de acercarse a él.

Dios usó su manera de abordar el asunto: educada, femenina, dulce, inteligente y astuta.

Ester calificaría muy bien para ser una de las grandes políticas de su tiempo. Ella se acercó a la mesa de negociación con poca o nula experiencia, no obstante, "logró lo que parecía imposible, anular una ley que parecía irreversible".[2] Por supuesto usted y yo sabemos que la providencia divina era la suprema razón de su éxito, pero pocos de nosotros negarían que Él usó su manera de abordar el asunto: educada, femenina, dulce, inteligente y astuta.

El apóstol Pablo vio el éxito con palabras desde una perspectiva diferente. ¿Qué quiso él decirnos en 1 Corintios 2.4-5?

El poder del Espíritu Santo estaba sin duda obrando en Persia aquella noche. Ester no se dio cuenta de ello. Como amante de las palabras y del lenguaje, encuentro el diálogo en la narración de Ester sumamente interesante. Confío que usted también.

Hace pocos días en una conferencia en una ciudad del norte me encontré con una mujer que me habló de la empleada de la recepción de su hotel. La empleada sentía curiosidad de saber por qué tantas mujeres estaban llegando a la ciudad. Cuando la mujer le habló acerca de la conferencia, el rostro se le iluminó y se tocó el corazón. Ella explicó que había tomado uno de esos estudios bíblicos en la cárcel y como resultado había recibido a Cristo Jesús como su Señor y Salvador. Casi me puse a llorar cuando me lo contaba. Aunque seguimos platicando, casi no me pude concentrar en otra cosa. Me metí en el auto y le pedí a mi amiga que me llevara hasta el hotel. Para mi desilusión, la empleada no estaba trabajando en ese momento pero su supervisor la esperaba para el momento cuando comenzara la conferencia.

Dejé una nota para ella diciéndole cuán emocionada estaba por su conexión y cuánto me gustaría que ella fuera mi invitada en la reunión si es que ella podía asistir. Dejé también el teléfono para que ella me dijera si le era posible. A la mañana siguiente me enteré que la empleada había llamado y que iba a venir. Me explicó que había llegado tarde porque llevaba en el tobillo la pulsera de su libertad condicional y no podía salir hasta cierta hora determinada. Yo podía haberme puesto a gritar. Durante el tiempo de alabanza y adoración una amiga me dijo al oído: "Está aquí y ha traído una amiga. ¿Es este un buen momento para salir a saludarlas?" La mujer y yo nos abrazamos como viejas amigas que no se habían visto en mucho tiempo. Ella y yo habíamos sido cautivas pero habíamos sido liberadas y ninguna de las dos era más que la otra.

Jesús vino a buscar y salvar personas como nosotros. Todos salvos por gracia. Liberados por gracia ¡Oh, por gracia amarle a Él cada vez más!

Pude ver su rostro todo el tiempo que enseñé y, al hacerlo, en ella pude verme a mí misma. Amo a esta mujer mucho. En realidad, más de lo que es posible para extraños. Yo sé que era el amor de Cristo usando mi persona como un conducto temporal. Al sentir las indicaciones de su amor por ella, también tuve el impresionante sentimiento de que también me ama a mí. Después de todo, Jesús vino a buscar y salvar personas como nosotros. Todos salvos por gracia. Liberados por gracia ¡Oh, por gracia amarle a Él cada vez más!

Seguí pensando cuán en lo cierto estaba Jesús cuando dijo que aquellos que están dispuestos a conocer la verdad serán libres (Jn. 8.32). Por supuesto, Él se refería a Su verdad, pero empecé a pensar cuán encarcelados estamos por nuestra falta de disposición para decir la verdad acerca de nosotros mismos. Para ser sinceros. Auténticos. No estoy hablando sobre hacer confesiones impactantes que nos ayudan a sentirnos mejor, pero que destruyen a la otra persona. Me refiero a ser veraces respecto de dónde venimos... y a dónde tenemos la esperanza de llegar.

¿Por qué no podemos ser sinceros? La respuesta está en que hacerlo nos puede costar mucho. Esa es la razón por la que Ester vaciló, la razón por la que tuvo que ayunar, orar y planificar. Para que muchos pudieran ser liberados, ella tenía que decir la verdad sobre sí misma. Y eso podía ser mortal. A veces usted decide que las personas son dignas de saber la verdad sobre usted.

Día dos

Un enemigo y un adversario

EL TESORO DE HOY

"Ester dijo: El enemigo y adversario es este malvado Amán. Entonces se turbó Amán delante del rey y de la reina". Ester 7.6

Mi esposo se divierte haciendo una pausa en un programa de televisión y dejar al personaje o protagonista bloqueado con la más extraña expresión facial. Entonces deja a la persona en la pantalla en esa pose humillante por media hora mientras él se prepara un bocadillo. No pienso que eso sea divertido, un hecho que hace que Keith se ría aún más. Le recuerdo que alguien podría hacer lo mismo con su esposa. Bien sabe Dios que yo ofrezco muchas expresiones raras o cómicas que podrían bloquearse en poses humillantes. Le pregunto, ¿te gustaría que me lo hicieran a mí? Me dice que se sentiría horrorizado, pero con un hombre como Keith, nunca se sabe.

Terminamos ayer una lección con un momento de mucha tensión. Decir que dejamos a los personajes bloqueados en la pantalla sería una declaración muy modesta y una palabra profética para uno de ellos. Empezamos la lección aplicando la técnica de Keith a la escena. Vuelva a leer Ester 7.1-4. Imagínese que usted ha pulsado el botón de "pausa" en el control remoto y ha bloqueado la escena en el mismo instante de la frase de Ester en el versículo 4.

Describa las expresiones y posturas que usted se imagina de cada personaje.

Jerjes

Amán

Ester

1. Lea ahora 7.5-7. Por fin ella soltó el nombre del sinvergüenza. ¡Qué alivio! ¡Y qué gran riesgo! Ya hablaremos de esto más tarde, pero primero necesitamos analizar varios fragmentos de esta escena. Note la reacción inmediata de Jerjes.

Anote en el margen las dos preguntas que él hizo.

2.

He sugerido que Ester no identificó a propósito a Amán cuando ella dio a conocer la crisis en el versículo 4. Esperó hasta que Jerjes pidió la identidad del villano para señalar a su invitado. La Biblia nos habla en 2 Samuel de una manera semejante de abordar el asunto para identificar la mala conducta de uno que se resistía a confesar. Eche un vistazo a 2 Samuel 11 para recordar las circunstancias, y luego lea 2 Samuel 12.1-7.

¿Qué metáfora usó el profeta Natán para hablarle al rey David?

Describa la reacción de David en los versículos 5 y 6 ________________

¿Cuáles son cuatro palabras que Natán dijo a David en el versículo 7?

____

¡Hable por un momento sobre esta escena bloqueada. Imagínese las expresiones de David. A medida que la realidad fue penetrando en la cabeza de Jerjes probablemente él también tuvo una expresión parecida.

Hacia el final de la lección anterior hablamos acerca de una línea muy fina que Ester tenía que evitar cruzar en su petición al rey. Recuerde que por su pasividad Jerjes era tan culpable respecto a la sentencia de muerte de los judíos como Amán por su acción. Además, Jerjes era la única persona en el mundo que podía salvarlos. Si Ester lo ponía a la defensiva, ella perdería su caso y quizá también su cabeza.

De forma brillante ella dejó fuera la identidad de Amán en el versículo 3 de modo que podía poner un arco y una flecha en las manos de Jerjes antes de orientarlo hacia el blanco. Si él hubiera sabido desde el principio que el culpable era el hombre que era su mano derecha, el rey podía haberlo protegido. En cambio, él casi lo había declarado culpable para el momento en que lo identificó. ¿Qué podía hacer si no en efecto culparlo? Y para cuando ella había encendido su ira hasta el techo del palacio, ¿por qué no iba a querer hacerlo?

Vamos a bajar el tono y a identificarnos. Si Sabrina, mi directora de ministerio,

me hubiera dicho que alguien del equipo estaba flojeando en el trabajo después de varias advertencias, yo podría decidir inmediatamente que lo despidiera. Pero si me entero que eran Amanda o Melissa, me sentiría atrapada en mis propias palabras y obligada a cumplir lo dicho. Pero si Sabrina empieza, por ejemplo, diciendo: "Necesito hablar con usted acerca de su hija", probablemente empezaría a estar a la defensiva y reaccionaría de forma diferente. ¿Tiene sentido?

¿Puede recordar alguna ocasión en la que consideró haber hablado demasiado pronto pero no supo cómo dar marcha atrás? Si así fue, descríbala en el margen.

Una pregunta para usted

¿Notó usted en Ester 7.5 las palabras que usó Jerjes? "¿Quién es, y dónde está, el que ha ensoberbecido su corazón para hacer esto?" ¿Cómo discierne usted la diferencia entre la pregunta: "¿Cómo puedes?" y "¿Cómo se ha ensoberbecido tu corazón?" ¿No le tocan de forma diferente?

Para mí "¿Cómo se ha ensoberbecido tu corazón?" habla de insulto y herida. Es una pregunta que hace aquel que se siente horrorizado con el insulto. Estas palabras pueden sugerirnos que Jerjes "no está preocupado por el pueblo en peligro, ni siquiera por la seguridad de Ester, sino por el honor real. Este había sido de alguna manera ofendido (no importa exactamente cómo) y él quiere saber quién es el culpable".[3]

Si las traducciones modernas del diálogo entre Ester y Jerjes en los versículos 5-6 es intensa y dramática, en el hebreo es como una descarga eléctrica. "Aunque se pierde un poco en las traducciones [modernas] la furia del rey aparece eficazmente comunicada en las palabras hebreas, que suenan como una descarga de ametralladora cuando se pronuncian en voz alta".[4] En mi propia paráfrasis: "¿Quién es él? ¿Dónde está? ¿Cómo se atreve?"

"La emoción y el enojo de la respuesta de Ester también quedan un poco perdidas en las traducciones [modernas]. En el hebreo, sus palabras suenan con una cadencia staccato".[5] Quédese con este pensamiento a fin de que pueda oír su incisiva aliteración en su corazón como el tambor de la banda de música. La "acusación de Ester [contra Amán] está formada en dos frases de tres golpes cada una, con la segunda frase puntuada con las mismas sílabas iniciales. Cada palabra es un golpe".[6]

Así que imagíneselo: Jerjes y Ester se unieron en la pista de baile de un drama espléndido, sus palabras danzan pero no con los pies ligeros del despreocupado. Cada sílaba era como pisotear fuerte con tacones de acero en el suelo de mármol, haciéndose eco de acusaciones de tono tan elevado que podía haber hecho añicos la copa de vino que Amán sostenía en su mano temblorosa. Para el final de esta danza, Ester y Jerjes se encontraban en el mismo lado de la pista de baile.

Escriba en el margen el primer pensamiento que usted cree que Amán tuvo en el momento en que Ester lo identificó. Tenga en cuenta que probablemente él no tenía ni idea de que ella fuera judía.

Cierre los ojos en el momento en que Ester identifica a Amán en el versículo 6. ¿Cuáles fueron las dos palabras que usó ella para referirse al villano de Amán?

Adversario Blasfemo Traidor Asesino Enemigo

Esas dos identidades resuenan con inquietante familiaridad. Primera de Pedro 5.8 nos advierte en contra de "vuestro adversario el diablo, como león rugiente, anda alrededor buscando a quien devorar". El nombre Satanás significa adversario. En términos monumentales, usted y yo tenemos un adversario y enemigo mucho más peligroso que Amán. De igual modo, Ester. Reflexione en los capítulos 3-6 de la narración de Ester y piense en formas en las que las acciones de Amán hacen eco de lo que usted sabe sobre Satanás.

Pregunta clave

Anote en el margen todas las semejanzas que usted pueda identificar entre los dos.

Puesto que sabía que esa pregunta venía, ya tenía preparadas algunas respuestas y nuestras comparaciones son probablemente similares. Satanás es un arrogante (Ez. 28.17), ambicioso (Is. 14.13-14), engañador y manipulador (Jn. 8.44), un oportunista (Lc. 4.13) que ha sido "homicida desde el principio" (Jn. 8.44). Una y otra vez me quedo asombrada de la eficacia de nuestro enemigo para engañar a las personas y llevarlas a pensar que el cristianismo es esclavitud, pero que su camino (camuflado como independencia humana, Mt. 16.23) es libertad.

¿Cómo compara el Salmo 18.3-6, 16-19 el cuidado de Dios con el ataque del enemigo?

Satanás, nuestro adversario, promete libertad, pero, después de ganar nuestra confianza, nos mete en tales enredos destructivos que sus víctimas sienten como si les exprimieran la vida. Dios, por el otro lado, nos lleva a un "lugar espacioso" donde nos rescata porque Él se deleita en nosotros (Sal. 18.19).

Esté alerta contra las intrigas del enemigo. Él sabe que usted ha sido escogido por Dios para momentos históricos como estos. Con tanta seguridad como Ester denunció a Amán ante Jerjes, denuncie a su enemigo ante Cristo. A diferencia del rey de Ester, usted ya sabe la identidad y tácticas de su enemigo y adversario, pero su victoria empieza en el momento en que usted se pone del lado de Cristo.

Día tres

Para suplicar por su vida

EL TESORO DE HOY

"Luego el rey se levantó del banquete, encendido en ira, y se fue al huerto del palacio; y se quedó Amán para suplicarle a la reina Ester por su vida". Ester 7.7

Conozco a un hombre que está cosechando el torbellino de dos años de decisiones destructivas. Él no entiende por qué su esposa no cree que él ha cambiado. Hay que decir a su favor que ha estado en un buen camino durante las dos últimas semanas, pero antes de eso rompió muchas promesas que hizo como la que está haciendo ahora. Lo que él dice: Es real y auténtico esta vez. Lo que dice su esposa: ¿Por qué va a ser esta vez diferente de las otras?

Pude ver a alguien muy cercano a mí quedarse arruinado económica y emocionalmente en 15 series de sesiones de rehabilitación para su esposa, sólo para verla entregarse de nuevo a la bebida cada vez que terminaban una serie. Cuando él establecía un límite, ella representaba el papel de víctima, haciendo que él se sintiera culpable y haciéndole pensar en cuán mezquino era.

¿Qué significa tener misericordia? ¿Significa darle a él o a ella lo que quieran? ¿Confiamos en el que no es digno de confianza? ¿Dónde está el equilibrio entre perdón y prudencia? Por más que lo intentemos no podemos leer la mente de otra persona, mirar en su corazón, ni estar seguros de sus motivos. Sólo Dios tiene ese poder. Él sabía que nadie más podía manejarlo. Con frecuencia luchamos contra profundos conflictos del alma sobre confiar o no en una persona.

Una pregunta para usted

Sin mencionar nombres, describa en el margen las circunstancias generales de su última lucha con la confianza.

¿Está usted agradecido por su decisión ahora o tiene pesar?

Estas son situaciones difíciles, ¿no es cierto? Ester nos ha metido en discusiones que no esperábamos. Sin duda estamos a punto de presenciar una de ellas. La segunda mitad de la lección de hoy va a plantear una cuestión difícil, pero no porque rara vez sea planteada.

Dicho sea de paso, ¿le he dicho a usted últimamente cuánto aprecio y valoro el privilegio de estudiar la Palabra de Dios con usted? Si la hubiera estudiado sólo para mí, nunca habría dedicado el tiempo para lidiar con ciertas cuestiones. Usted ha intensificado en gran manera mi caminar con Cristo. Eso significa mucho para mí.

Lea Ester 7.6-7 y no trate de mirar a lo que está por delante. Veamos varios elementos captados en este segmento antes de meternos con el asunto principal.

Primero, ¿cuál fue la reacción de Amán cuando Ester lo acusó ante el rey?

_______ terror _____ vergüenza _______ furia __________ ansiedad

Note hacia quién dirigió su reacción. Dos pequeñas palabras tienen una enorme implicación. "Entonces se turbó Amán delante del rey ______________________________".

De repente Ester tenía poder por sí misma. Nadie llega a la plenitud del poder de su destino de un solo golpe. Casi invariablemente descubrimos esa clase de habilitación en un tiempo de desesperación cuando ya no podemos depender de nosotros mismos. Crece entonces en un lugar privado de oración. Algo más me toca por su importancia en lo que se dice en 7.6. Esta es la primera referencia específica "al rey y a la reina". Nos hemos encontrado con ellos en las mismas escenas, pero no parecían personas que estuvieran compartiendo juntos la vida como uno solo. Hasta ahora nunca había aparecido como pareja uno al lado del otro en el mismo nivel como un equipo unido.

No me malinterprete. Ellos todavía están lejos de ser una pareja normal. Si estuviéramos en un estudio sobre un matrimonio sano, nos estaríamos equivocando de pareja con Jerjes y Ester; sin embargo, algo digno de mención se infiere aquí.

El esposo y la esposa pueden unirse mucho cuando surge una amenaza. Podemos ser dos personas que llevan vidas muy separadas cuando, de pronto, una crisis conmueve nuestro terreno común. En los viciosos ataques de Satanás en contra de nuestros matrimonios y familias, él no se altera para nada hasta que nosotros decidimos, con todo lo diferentes que somos y muchos conflictos que podamos tener, pararnos juntos. Entonces, mi amigo, él queda aterrorizado.

¿Qué nos dice Cristo acerca de esto en Mateo 12.25?

Alabado sea su nombre misericordioso, pero lo contrario es también cierto. Un reino unido permanece, de la misma manera que una familia unida. Vamos a concentrarnos ahora en la reacción de Jerjes a la noticia de que Amán había preparado la destrucción de su reina.

¿Qué hizo Jerjes (v. 7)? ____

¿Por qué piensa usted que él se marchó del cuarto?

Si un maremoto de crisis amenazara mi familia y mis acciones necias hubieran sido cómplices en la situación, yo necesitaría un tiempo de reflexión. La situación de Jerjes era todavía más complicada. Él tenía que sopesar cuidadosamente el valor de una buena esposa contra el de un hombre que era su mano derecha. ¿No le

habían traicionado ambos en cierto sentido? ¿Habían sido los dos completamente sinceros con él? Su mente, que todavía tenía que demostrar que era brillante, giraba a toda velocidad como un trompo.

Una emoción sincera mantenía al rey del vasto Imperio Persa vinculado mediante un hilo fino con el resto de la humanidad: estaba enojado. Un hombre había intentado, no obstante, sin darse cuenta, privarle de su esposa. Todo lo que sabemos acerca de Jerjes sugiere que su interés principal fue siempre él mismo, pero me pregunto si algo fuera de él mismo, algo que no podía entender ni definir, avivó el fuego de su ira. La palabra hebrea que traducimos "ira" no se usa en ningún otro momento para él.

¿Cuáles fueron las circunstancias en Ester 1.12? ____________________

Esta vez Jerjes no estaba furioso con su reina. Quizá la solitaria astilla no egoísta de él estuviera furiosa por su reina. Quizá sólo por un momento, Ester no fuera simplemente la reina de Jerjes. Era también su esposa. Con un hombre como Jerjes, la atracción va y viene. La vinculación era ahora el tema. ¿Se sentía más vinculado a una mujer o al hombre que era su mano derecha? Vasti fue una mujer reemplazable al instante. ¿Lo era Ester? Irónicamente, Amán conoció la respuesta a esa pregunta quizá con más rapidez que Jerjes.

¿De qué se dio cuenta Amán (v. 7) ______________________________

Pregunta clave

Llegamos ahora al asunto que presentamos al comienzo de la lección de hoy. ¿Por qué permaneció Amán en la sala del banquete?

Hagamos hincapié en este hecho: Amán suplicó a Ester por su vida. Escriba en el margen las frases que podría haber usado en su súplica.

El versículo 8 sugiere que Amán se encontraba probablemente hincado mientras suplicaba a la reina Ester por su vida. Ella no se la concedió. Los eruditos han discutido por siglos si ella hizo o no lo que era correcto. Cuanto más conscientes somos de nuestra necesidad de misericordia, tanto más inclinados nos sentimos a concederla a otros.

¿No hubiera Dios podido efectuar la liberación de Israel por medio de Amán arrepentido? ¿No habría Dios recibido aún más gloria? Dios dice de sí mismo en Ezequiel 33.11: "Diles: Vivo yo, dice Jehová el Señor, que no quiero la muerte del impío, sino que se vuelva el impío de su camino, y que viva. Volveos, volveos de vuestros malos caminos; ¿por qué moriréis, oh casa de Israel?"

No creo que Ester debería haber librado a Amán de la muerte, y le daré unas cuantas razones. No pienso que ella debía arriesgarse a que él o la situación cambiaran. Además, ¿suplicar por la vida de uno es igual al arrepentimiento? ¿Hay algo más natural o instintivo que suplicar por su propia piel cuando está en riesgo de perderla? Un comentarista fue el que me habló de forma más racional: "Mientras viviera un enemigo tan poderoso y astuto como Amán, sería una amenaza para Ester, para Mardoqueo y para la comunidad judía. Decir que Ester actuó aquí sin misericordia y sin sentimientos es interpretar mal la situación. De modo que aunque su corazón la podría haber llevado a la misericordia, la lógica y la prudencia la frenaron".[7]

Pienso que Ester hizo lo único que ella podía hacer sabiamente, pero tal vez no sin lucha interna. Quizá el único terreno sólido debajo de estas aguas turbias sea la ascendencia de Amán. Si el rey Saúl hubiera cumplido con su deber siglos antes aniquilando a los agagueos como Dios le dijo que lo hiciera, Ester y los judíos no habrían tenido que vérselas con este sanguinario asesino.

El amigo más íntimo de Keith durante 25 años, es un juez activo en Houston. Los individuos sometidos a juicio en su tribunal son afortunados por tenerle a él como juez. Nunca he conocido a un hombre y a su esposa que busquen la sabiduría y el discernimiento de Dios con más deseo que ellos. ¿Se puede imaginar tener la responsabilidad de supervisar quién recibe clemencia y quién necesita severidad? ¿Quién recibe una sentencia de cadena perpetua o a quién se le sentencia a la pena capital?

Me gustaría pensar que la mayoría de los jueces llevan a cabo su cometido con seriedad y reverencia, pero esto es lo que sé con seguridad: Ya sea en un tribunal de justicia o en nuestra cocina, si el ser humano rehúsa tener misericordia con alguien que debiera haberla recibido, Dios se la negará a él. Lo opuesto es también cierto. Si el hombre muestra misericordia con alguien que la desaprovecha, el Anciano de días tendrá siempre la última palabra. La última cara que Amán vio en esta tierra fue la de Ester. La primera que vio en la eternidad fue la de Dios. Pobre del que su remordimiento no le lleva al arrepentimiento.

No puedo pensar en una mejor forma de terminar que pedirle que escriba Proverbios 26.27 en el margen. Gracias por su vulnerabilidad, estimado amigo.

Día cuatro

¿Querrás también...?

EL TESORO DE HOY

"Después el rey volvió del huerto del palacio al aposento del banquete, y Amán había caído sobre el lecho en que estaba Ester. Entonces dijo el rey: ¿Querrás también violar a la reina en mi propia casa?" Ester 7.8

Dios a veces le permite al injusto saborear su propia medicina por medio de la injusticia. Con profunda sobriedad, esta semana me recuerda que los individuos no se escapan del castigo por asesinato o incluso premeditación. Nuestra escena

de hoy es el ejemplo superlativo de la ilustración del Antiguo Testamento de un pasaje del libro de Proverbios:

"El que cava foso caerá en él; al que revuelve la piedra, sobre él le volverá". Proverbios 26.27

Escriba ese mismo proverbio con sus propias palabras

Amán acusó y condenó a todo un pueblo por un delito de insubordinación que no había cometido. Irónicamente, la sentencia real lo condenó a él a muerte por un delito que no había cometido. A sabiendas o no Amán se había puesto en las manos de Satanás sólo para verse traicionado por él. Eso sucede siempre. Primero Satanás nos miente, luego Satanás miente por nosotros y después Satanás miente respecto a nosotros. Por favor lea Ester 7.6-9, permitiendo que ese segmento se traslape a otras lecturas previas a fin de que usted pueda experimentar todo su efecto.

¿Qué hizo Amán en el momento que el rey salió de la sala del banquete?

Pregunta clave

¿Cuándo el rey volvió a entrar, qu·é supuso que estaba sucediendo?

Sabemos que nada podía haber estado más lejos de la mente de Amán que coquetear con la reina. Él estaba preocupado por suplicar por su vida. Jerjes no tenía ese conocimiento ni se habría preocupado quizá. Tal vez una idea preconcebida lo llevó a saltar de la sospecha a la convicción en un abrir y cerrar de ojos.

Volvamos a pensar en nuestra conversación en el capítulo 5. Recuerde que varios eruditos piensan que la inclusión de Amán en las fiestas de la reina puede haber despertado los celos del rey. Podemos estar seguros que Ester estaba vestida con una perfección absoluta, quizá más bella que nunca antes. Él, por el otro lado, había estado preocupado y no se había molestado en llamarla durante 30 días. Los hombres que trabajaban más cerca de él quizá fueran leales, pero no eran ciegos. Seamos sinceros. A veces no apreciamos en su justo valor lo que tenemos hasta que vemos que alguien lo admira. Cuando nos acostumbramos a lo bello, llegamos a tener una visión renovada de ello por medio de los ojos asombrados de otra persona.

Ester poseía esa clase de belleza que robaba la atención a cualquier otra persona en la habitación. No sea rápido en imaginarla menos exquisita que lo que había sido cinco años antes cuando apareció por primera vez delante del rey. En mi opinión una mujer se hace cada vez más bella durante las cuatro primeras décadas de su vida. Entonces, como suelen decir, se hace más sabia. (Lo suficientemente sabia como para elegir el color de tinte adecuado para su cabello, espero.)

Ester no invitó a nadie más sino a Amán para comer con la pareja real, un hecho que podía considerarse razonable para una cena de intimidad, ¿pero dos? Quizá Jerjes desechó la idea al principio, demasiado egocéntrico para pensar que Ester podía tener algún otro interés. Cuando Jerjes entró de nuevo en el cuarto y encontró a Amán caído sobre el lecho donde se encontraba Ester, sumó dos y dos y obtuvo seis. Incluso los genios entre nosotros podían haber tenido un poco de dificultad calculando una simple operación aritmética si nuestra mente hubiera estado girando como un torbellino. Tengo el sentimiento que la mayoría de nosotros hemos aprendido por el camino duro que la sospecha puede oscurecer nuestro razonamiento.

¿Cuándo fue la última vez que usted sumó dos y dos y obtuvo seis?

Hace unos años alguien se sintió lo suficientemente "protector" de mí como para decirme que habían visto a mi esposo en un restaurante chino con una mujer y que se comportaron con mucha familiaridad el uno con el otro. No piense ni por un momento que no puedo saltar a conclusiones, pero no pude evitar pensar que Keith había perdido la cabeza para irse a comer en público con otra mujer. Conozco mujeres por el estudio bíblico que se habrían presentado inmediatamente en el restaurante y habrían golpeado al marido en la cabeza con el libro de estudio hasta hacerle sangrar. Los platillos habrían salido volando.

Mi matrimonio no es invulnerable, pero los números no cuadraron en esa ocasión. La otra mujer resultó que era Tina, mi amada cuñada, y desde luego, los dos se comportan el uno con el otro con mucha familiaridad en público.

Confío en que usted y yo, en esos momentos en que sumemos dos y dos y obtengamos seis, no sentenciemos a nadie a consecuencias irreversibles por causa de un error de cálculo. Los fuertes sentimientos viscerales como los celos no son en absoluto fuentes dignas de confianza para leer una situación y, lo que es peor, para invitar a respuestas apropiadas. Los celos sobresalen porque afectan la percepción.

Una pregunta para usted

Si está de acuerdo, ¿por qué piensa que eso es verdad?

Proverbios 6.34-35

Lea las Escrituras en el margen y anote los impactos específicos de los celos.

Amán recibió la sentencia correcta aunque fuera por la razón equivocada. Acabamos de encontrarnos otra vez con la providencia. Dios podía usar incluso la percepción equivocada de un rey para establecer su justicia. Amán perdió todas sus oportunidades cuando Jerjes volvió a la habitación. El rey ya no podía culparse a sí mismo, de modo que la cabeza de alguien tenía que cargar con las culpas. Uno de ellos —Amán o Ester— tenía que morir.

Tenga en cuenta que para el momento en que Jerjes encontró a Amán caído

sobre el lecho de Ester, el enojo del rey había sido estimulado al máximo por la situación humillante en la que se vio metido, gracias al hombre que era su mano derecha. Jerjes había accedido sin haberlo pensado bien a una inmutable sentencia de muerte que incluía a su propia reina quien, incidentalmente, sería reconocida como judía de inmediato. Las circunstancias habían sido manipuladas por Amán y el rey corrió a firmar el edicto sin darse cuenta de nada.

Proverbios 27.4

Un comentarista explica la situación: "El protocolo del harén establecía que nadie, excepto el rey se podía quedar sólo con una mujer del harén. Amán debería haber dejado sola a Ester cuando el rey se marchó al jardín, ¿pero a dónde podía haber ido? Su elección podía haber sido seguir al rey, que acababa de salir enojado por culpa suya, o escapar del cuarto, lo que habría indicado culpabilidad y habría causado que lo buscaran. Aun en la presencia de otros, un hombre no debía acercarse a una mujer en el harén del rey a menos de siete pasos. ¡Qué Amán cayera en el diván [Ester 9.8 NIV] donde Ester se reclinaba era algo impensable! El comportamiento de Amán es tan inaceptable que en el arameo Tárgum de Ester se dice que "él cae en el lecho de la reina sólo porque el ángel Gabriel le había dado un fuerte empujón, sentenciando así su suerte. Es la acción última y fatal de Amán".[8]

Cantar de los Cantares 8.6

Yo dudo que Gabriel le diera a Amán un empujón, pero no me cabe duda que él se encontraba cerca y dispuesto. ¿Se dio cuenta del detalle en la cita concerniente a la distancia requerida entre un hombre y una de las mujeres del rey? Otro comentarista se hace eco de esa costumbre: "A ningún hombre, excepto los eunucos designados y al rey, se les permitía pararse a menos de siete pasos de las mujeres del harén".[9] No sé mucho acerca de harenes, pero sí sé acerca de hogares. Como madre de dos hijas, me gusta esa norma. Los jóvenes varones que acudían a ver a mis hijas adolescentes deberían haber sido bien advertidos de mantenerse a siete pasos de ellas o se hubieran encontrado a medio paso con la señora Moore.

La desesperación de Amán le llevó a caer en graves errores de decoro. Vea de nuevo la acusación que el rey le hace a Amán en Ester 7.8: "La reacción de Jerjes es una exclamación, literalmente: '¿También violar a la reina estando yo en la casa?' ".[10] Un comentarista explica que nuestras traducciones [modernas] vienen del fragmento de una frase que el hebreo indica el estado de ánimo agitado del rey. Él llamó al estado mental de Jerjes "furia confundida".[11] Yo he tenido algo de eso de vez en cuando. ¿Y usted? Pocas cosas me hacen sentirme más descontrolada que estar elevada en emociones y baja en información. Felizmente para Jerjes, el rey no tenía que pensar con claridad acerca de qué hacer después. Él tenía a alguien que lo haría por él. Lea Ester 7.9.

¿Quién se adelantó con un plan? ___________________________

Ya hemos visto a este personaje antes. Lea Ester 1.10-12. ¿Quién era?

¿Qué había experimentado él en la primera parte de nuestra narración?

Harbona se encontraba obviamente entre los eunucos designados que tenían permiso para estar dentro del espacio de siete pasos de la esposa del rey. En la narración se le llama dos veces por su nombre y en cada caso en el contexto donde una de las reinas de Jerjes, Vasti y Ester, estaban presentes. No nos sorprende, pues, que Harbona fuera rápido en sugerir una sentencia para Amán.

Terminar una vida en buenas condiciones para encontrarse con su Creador es sumamente importante.

¿Qué aprendemos acerca de Ester al final de 2.15?

La posición de Harbona le daba la oportunidad de ver ambos lados del escenario como un pájaro posado sobre una rama. A diferencia del rey Jerjes él disponía de buena información pero no estaba completamente bajo en emoción. Él había observado el hambre de poder de Amán que no cesó hasta que se hizo con el anillo del rey. También había visto como se había pasado por alto el valor de Mardoqueo y se había ignorado la posición real de Ester. De alguna manera a lo largo del camino Harbona había descubierto su relación… y su nacionalidad. Posiblemente también se dio cuenta de algunos encuentros en secreto. Algo más es claro: Harbona se sentía inclinado lo suficiente por Mardoqueo y por Ester como para ofrecer al rey una solución conveniente que estaba a mano, como era la horca que Amán había preparado para el hombre que había protegido al rey.

No llegamos a ver el rostro de Amán cuando se dio cuenta que la suerte que él había asignado a Mardoqueo con tal malvada satisfacción era la que ahora reservaban para él. Recuerde, que habían cubierto el rostro a Amán. No obstante, él bien podía haber adivinado la ruta. Después de todo, al no tener a Dios de nuestro lado, vamos directo al lado terrible de donde hemos estado.

Día cinco
Lo colgaron

EL TESORO DE HOY

"Así colgaron a Amán en la horca que él había hecho preparar para Mardoqueo; y se apaciguó la ira del rey". Ester 7.10

Últimamente he estado pensando bastante en los buenos finales. No me refiero a cómo terminar un libro, aunque me gusta mucho un final bien escrito. Estoy hablando sobre cómo terminar bien en la vida. Quizá el tema está en mi mente debido a que acaba de pasar el primer aniversario de la muerte de mi papá. Como muchos de nosotros, mi papá vivió una parte de su vida con el dolor de la derrota.

Pero durante mis años de adulta joven dobló sus rodillas en arrepentimiento y se rindió por completo para servir a Cristo el resto de su vida. Papá terminó bien. Me sentiré muy bendecida si yo la termino como él.

Decir que "a buen fin no hay mal principio" es simplista y en ocasiones inexacto, pero terminar una vida en buenas condiciones para encontrarse con el Creador es sumamente importante. Hoy terminamos nuestra séptima semana de estudio. La historia estará centrada alrededor del cuello de Amán y cómo cuelga de lo alto de la escalera por la que quiso subir toda su vida. Su vida termina ahí, de forma bien pobre y vergonzosa. Después de esa celosa búsqueda de la grandeza, su cuerpo va a colgar como una bandera hecha jirones, ondeando sobre Susa las palabras: "¡Fracaso! ¡Infiel! ¡Fraudulento! ¡Necio!" Nuestro texto en Ester consta de un versículo breve, pero en la forma que sólo las Escrituras pueden hacerlo, es fuerte en pocas palabras, nos provee de una transición clave en nuestra narración. Por favor lea Ester 7.10.

¿Cuál era el estado de ánimo del rey después de la ejecución de Amán?

Pregunta clave

Esta pequeña porción de información recalca sutilmente lo que hemos llegado a esperar de Jerjes. Nada había cambiado para los judíos, a pesar de que este egocéntrico rey rebosaba de alivio y su enojo estaba satisfecho. Un comentarista lo capta muy bien: "La espantosa denuncia de los manejos e intrigas de Amán fueron vistos a través de la penumbra del ego de Jerjes... Todos los sucesos fueron reinterpretados como un asalto directo contra él. Carecía de toda visión respecto a los efectos sobre otros y la terrible catástrofe que todavía se cernía sobre los judíos".[1]

¿Por qué piensa usted que nuestro ego nos puede hacer ver una situación sólo a media luz?

Quizá más en la penumbra que una sola vez, Jerjes se sintió mejor con la muerte de Amán. Mientras tanto los judíos permanecían sentenciados a muerte por una ley irrevocable.

Ester todavía tenía que bailar con la música que Amán había compuesto. Un antiguo proverbio yugoslavo dice: "¡Diga la verdad y eche a correr!" Lamentablemente, Ester no podía decir la verdad y correr, y a menudo tampoco nosotros podemos hacerlo. Como dijimos en las últimas semanas, para denunciar a Amán y luchar por las vidas de su pueblo, Ester tenía que exponerse a sí misma. A diferencia del proverbio secular, Ester tenía que decir la verdad y quedarse... después que el cuerpo de Amán había sido empalado en un poste.

¿Cuándo fue la última vez que se vio tentado a decir la verdad y huir?

Una pregunta para usted

Quizá como Ester, usted descubrió que decir la verdad era sólo el grito de batalla. La guerra apenas había empezado. Me gusta la forma en que un comentarista ofrece una escena de una película para captar la situación: "Desde el principio de Ester 7 hasta el final, los judíos van de las profundidades de la desesperanza a ver el fin de la misma: Amán, el enemigo, está muerto. Los judíos podían celebrarlo. No obstante, no todo está como debiera. Así como en El Mago de Oz, cuando los Munchkins cantan: "Ding, dong, la bruja ha muerto", los espectadores pronto se dan cuenta que matar a la bruja (o a Amán) no resuelve todos los problemas que se presentan en la historia".[12]

Amán estaba muerto, pero miles de persas estaban listos para cumplir con las órdenes recibidas. Incluso aquellos asombrados por el decreto real carecían del valor suficiente para cuestionarlo. ¿Qué podía hacer Ester ahora? El enemigo auténtico de los judíos había recibido un golpe con la muerte de Amán, pero el plan continuaba en marcha. Tal vez él susurrara al oído de Ester su traducción de la famosa frase: "¡Te atraparé, mi cara bonita!", pero estaba equivocado. Ella era mucho más que una cara bonita.

La brevedad del texto de hoy nos ofrece el espacio para cambiar el curso de lo que queda de esta lección. Oro pidiendo que la desviación del tema sea guiada por el Espíritu porque Dios parece salir un poco de su camino para abrir mis ojos en este tema. Esta mañana cuando me hallaba sentada a la mesa en el patio de atrás y le pedía a Dios que me llenara y me entusiasmara para escribir la lección de hoy, reflexioné sobre todas las aventuras reales que hemos compartido en esta narración singular de la Biblia. El libro de Ester es una mini-serie en secuencia rápida, para morderse las uñas, en la que el mal amenaza con ganar y los cambios giran vertiginosos, donde una huérfana se convierte en reina y los villanos engañan al rey.

El drama no se pone mejor que Ester. Al hacer mi petición a Dios para que me ayudara a terminar este capítulo, mi mente se inundaba con pensamientos sobre la realeza. Por alguna razón, mis ojos también recogieron las ideas de la mañana en mi diario de oración como si fueran lecciones en divertido contraste. La autora no es la reina Ester. Es una mujer en la edad madura que sacó su ropa de la secadora esta mañana. Al mirar mis peticiones escritas a mano a través de la página, percibí repentinamente la belleza de la simplicidad.

Había escrito cosas como: "Señor, cuida de Keith mientras él viaje por el sur de Texas. Gracias por ayudarnos a mi esposo y a mí a superar la discusión que tuvimos esta semana". Y "Señor, gracias por proteger a Jackson cuando él se cayó por las escaleras. Cuida de este pequeño niño en su espíritu aventurero. Gracias por sus padres. Ayúdalos a que se amen bien hoy". "Señor, gracias por Melissa, por los dulces caseros que me envió por correo. Por los nuevos bolígrafos de la Biblia que ella no pudo resistir meter con los dulces en la caja. Por la risa, Señor. Por el amor. Por los planes". "Señor, por favor ayúdame a no estar triste hoy por Sunny".

Esto puede parecer pequeño si usted no tiene mascotas, pero hace unos días dije adiós a mi perrito, mi sombra constante durante 16 años. Él no salió en las noticias de la televisión en la noche, pero me rompió el corazón. Quizá usted

también haya elevado a Dios peticiones que no son nada impresionantes según los estándares globales.

Anote en el margen algunas cosas diarias de su reciente lista de oración

Estas son las pequeñas cosas de la vida. Tenemos basura que sacar al contenedor. Facturas que pagar. Hipotecas que atender. No se equivoque. Cosas extraordinarias suceden continuamente a nuestro alrededor. Lo que ocurre es que no siempre las reconocemos. Se me ocurre de nuevo el pensamiento de que las grandes vidas no siempre parecen grandes mientras las estamos viviendo. Pueden parecer muy comunes. Buscar ser extraordinarios no es la respuesta porque las grandes vidas nunca se alcanzan fijando como meta la grandeza.

Hoy vamos a trazar los últimos rasgos en el boceto del carácter de Amán, un hombre envenenado por su propia búsqueda de la grandeza. Impulsado por ambiciones egoístas, su vida terminó trágicamente, ¿pero había empezado inofensivamente? Como muchacho, ¿podría él haber sido lo que llamamos un líder nato? Como madre retorciéndome en la camilla del psiquiatra donde los padres son culpados por todo, me resisto a ser injusta. Pero cuando la vida de Amán se torció tanto, ¿no debiéramos preguntarnos dónde empezaron las cosas a ir mal? Las generaciones cuyas tendencias fueron acumulándose en su vida no fueron del todo inocentes al menos en un sentido: Los niños no nacen con prejuicios. Se les enseña a tenerlos.

¿Estimuló el mismo grupo de personas el narcisismo? Incluso si lo hicieron, ¿tuvieron buenas intenciones? ¿Pudieron ellos llegar a pensar que él era especial y le hablaron una y otra vez cuán destinado estaba él a la grandeza?

Esta es una razón por la que estoy preguntando. En un artículo muy estimulante del pensamiento titulado *My So-Called Genius*, la autora Laura Fraser cuenta su notable peregrinación desde ser una niña extraordinaria a una adultez bastante común con expectativas insatisfechas. Para cuando tenía cinco años ya conocía bien la palabra precoz y le dijeron con frecuencia cuán especial era ella. En los siguientes años ella no desilusionó. Era brillante y favorita y sobrepasaba a todos sus compañeros, atraía la atención de los adultos que decían que ella estaba destinada a la grandeza. Entonces llegó la universidad donde entró en un mundo académico de compañeros a los que se les había dicho a todos lo mismo.

Para sus cuarenta y pico de años, Fraser había logrado muchas cosas, pero la expectativa de grandeza y el sentido de que ella nunca lo alcanzaría (a pesar de un éxito de librería) la persiguieron con sentimientos de fracaso. Todos los pronósticos bien intencionados no habían hecho otra cosa que echar una carga de perfeccionismo sobre ella y, como dijo tan acertadamente uno de sus consejeros, "los perfeccionistas siempre pierden".

Fraser escribe: "Si su identidad está envuelta en las cosas magníficas que está destinada a conseguir —como un gran escritor, músico, científico, político, chef— el pensamiento de que usted puede producir algo mediocre es devastador".[15]

No estoy sugiriendo que esta clase de mentalidad produzca un "Amán", pero

Vivir para la grandeza de Dios es vivir la vida a lo grande.

sí me pregunto, ¿qué sucede cuando alguien es criado con grandes expectativas de grandeza, pero sin respeto para su prójimo? ¿No sería cualquier medio hacia la fama aceptable? Tenga en mente esa pregunta cuando usted empiece la sesión 8.

La búsqueda de la grandeza convirtió a Amán en un oportunista sin vergüenza. Para otros, la tentación es convertirse en un perfeccionista. Cuando Fraser estaba lidiando con su primer libro que "tenía que ser grande", un psicólogo le planteó una pregunta intrigante: "Usted puede escribir un buen libro, ¿no es cierto?" Parafraseado: ¿Tiene usted que hacer algo grande? ¿Puede usted sentirse feliz haciendo algo realmente bueno?

Piénselo, amigo. ¿No podrían las ansias por hacer algo grande impedir que hagamos algo bueno?

En la semana 5 hablamos de cómo el perfeccionismo habría paralizado a Ester si se entregaba a ello, pero la lección de hoy nos ofrece la oportunidad de ampliar el espectro. Demos a conocer la responsabilidad que tenemos por crear expectativas destructivas de grandeza en las generaciones siguientes. Como padres, maestros, familiares, líderes y espectadores, somos sabios en ser cuidadosos en cuanto a decir a niños talentosos cuán grandes están destinados a ser. Es una trampa y un pronóstico que Fraser afirma rara vez se cumple. Ella señala la gran diferencia entre talento y tener una buena idea de qué hacer con él, y cómo el genio rara vez exime a las personas de tener que trabajar con diligencia como cualquier otro individuo que quiere llegar lejos.

No me malinterprete. Creo seriamente en animar a los jóvenes de la misma manera que el apóstol Pablo animó a Timoteo.

Anote algunas de las cosas que Pablo le dijo a su "hijo en la fe" en 1 Timoteo 4.12-15.

Elogios como estos tienen la intención de ser equilibrado con la enseñanza de que todo don es un depósito confiado en manos humanas por el Dios santo. El bendito receptor es responsable por desarrollar la integridad, humildad y ética de trabajo para saber qué hacer con ello. (Lea 2 Ti. 1.6.) El don sin agallas es un derroche lamentable.

El artículo de Fraser me hizo pensar en cuán sabio es el camino de Dios. Si estamos dispuestos a seguir su senda en este sinuoso mapa de carretera de las Escrituras, tenemos el gozo de pasar de largo de las trampas del camino. Así lo harán unos pocos hijos a quienes tenemos el privilegio de entrenar. Vivir para ser grande demostrará al final que está vacío y puede que sea mortal. Se lo podemos preguntar a Amán si él no estuviera tan ocupado colgando de la horca.

Entregarnos a nosotros mismos a algo infinitamente superior aviva nuestras almas con la necesidad dada por Dios de ser importantes, pero nos libera del dolor implacable de ser el centro de las cosas. Amán quería ser el centro de todo en la peor manera. Al hacerlo así, su vida terminó siendo un humillante desastre.

Vivir para la grandeza de Dios es vivir la vida a lo grande. Sí, yo sé que hemos

oído eso antes, ¿pero ahora sí lo comprendimos? ¿Qué tal si nos despertáramos al perfeccionismo que es destructor de sueños? ¿Si nos diéramos cuenta de cuán pequeño y miserable es un objetivo de grandeza personal? Fuimos creados para algo mucho mejor.

Los que abrazamos la gloria de Dios como nuestro propósito terminaremos haciendo grandes cosas precisamente porque hacemos las cosas de Dios. Su mano santa reposando en el acto más pequeño termina convirtiendo lo común en extraordinario. Dando de comer al débil o si nos encargamos del departamento infantil para que una madre cansada pueda ir a la iglesia son actos de gran adoración cuando se ofrecen en el nombre de Cristo. Él considera eso como si fuera una gran obra de arte y mira desde distintos ángulos para estudiar cada sutil detalle. "Buena obra me ha hecho" (Mt. 14.6).

Cristo, aquel que nos llamó a una vida abundante y eficaz y nos mandó que disfrutáramos de los manantiales frescos de gozo mientras los vivíamos, anunció los siguientes secretos para una vida grande sin ningún indicio de contradicción.

Lea cada segmento reflexionando en él, después anote los secretos.

Mateo 16.24-26

Marcos 10.43-44

Cristo llamó a los desilusionados a la bendición paradójica de entregar nuestra vida generosa y con sacrificio para la gloria de Dios y el bien del hombre. Aquellos con presencia de mente y apariencia de salud son llamados a derramar su vida como una ofrenda a Dios, dando su vida hasta que la copa se vacíe y cada gota de energía caiga —quizá desapercibida y sin celebraciones— en el vasto océano de la necesidad humana. La última gota imperceptible de su vida bien vivida suena para las huestes celestiales como un maremoto que golpea el lecho del Gran Cañón.

Cristo en efecto nos está diciendo: "Yo soy lo suficientemente grande para los dos", quitándonos así esa carga pesada. Tú "sígueme".

Semana 8

El derecho de estar preparado

A menudo cuando nos entusiasmamos en la realización de un llamamiento de Dios, nos imaginamos yendo desde nuestro rostro a nuestros pies según Él va elevando progresivamente nuestra posición. Sin embargo, lo opuesto es aun más cierto en la esfera terrenal.

Preguntas clave

1. En lo concerniente a Jerjes, él le ofreció a Ester el mundo; pero desde la perspectiva de Ester todavía él no le había dado lo que ella buscaba. ¿Cómo aparece Ester representada en Ester 8.3?
2. De acuerdo a Ester 8.7-8, ¿qué sugirió Jerjes que debían hacer Ester y Mardoqueo?
3. De acuerdo a Ester 8. 9-13, ¿cómo invitan las Escrituras a sentir la urgencia de la respuesta de Ester y de Mardoqueo?
4. ¿Cómo dejó Mardoqueo la presencia del rey, en el momento en que los mensajeros salían de Susa en Ester 8.14-15?
5. ¿Qué sucedió en Ester 8.15-17?

Día uno
Se echó a sus pies

EL TESORO DE HOY

"Volvió luego Ester a hablar delante del rey, y se echó a sus pies, llorando y rogándole". Ester 8.3

Le estoy escribiendo de nuevo sentada en un avión de pasajeros, luchando contra la tentación de volverme a preguntar cómo esta máquina de tantas toneladas de acero puede volar suspendida en el aire a 25,000 pies de altura. No pude evitar escuchar la conversación entre los sobrecargos. Está bien, admito que puedo evitarlo, pero me siento muy atraída por la dinámica de la vida de las personas.

El sobrecargo varón dijo:

—Tengo entendido que es apropiado felicitarte.

La sobrecargo mujer respondió secamente:

—Sí, es cierto. Me casé. Y probablemente he cometido el peor error de mi vida.

Con ojos de asombro, mi primer pensamiento fue que confiaba en que no fuera así. Mi segundo pensamiento fue que estaba agradecida de que los primeros meses de mi matrimonio no fueron indicadores de lo que estaba por delante.

Ester había llegado a la posición real para "esta hora has llegado al reino".

Cuando la realidad de un matrimonio distante e infiel penetró al fin en la bella cabeza de Ester, quizá también ella se preguntara si había cometido el peor error de su vida. Por ahora, sin embargo, ella no se podía dedicar a ese juego consigo misma. Mardoqueo tenía razón. Ella había llegado a la posición real para "esta hora has llegado al reino" (Est. 4.14). Las dos fiestas ya habían terminado, Amán estaba muerto, pero también lo estarían los judíos en cuestión de meses si el resto del plan de Ester no tenía éxito.

Comience leyendo Ester 8.1-6.

Anote en el margen los sucesos extraordinarios que leemos en 8.1-2.

Según lo que nosotros sabemos Mardoqueo y el rey nunca se habían visto cara a cara hasta este momento. ¿No se pregunta usted si Mardoqueo estaría abrumado por el palacio o no estaba impresionado de ningún modo como parece en este momento? Una de mis partes favoritas de la sesión 7 fue el vocabulario empleado en el versículo 1. Ester le dijo al rey lo que Mardoqueo "era respecto de ella". El tono sugiere mucho más que identificarlo como su primo. Ella le contó a Jerjes cuánto significaba para ella el padre que la adoptó.

Afortunadamente para ellos en este momento clave del drama, Jerjes estaba profundamente conmovido. ¿Por qué esperar para conocer a Mardoqueo? Alguien necesitaba la tarea de Amán o Jerjes podía haber hecho las cosas por su cuenta. El anillo de sellar del rey salió de su dedo y fue a parar a Mardoqueo antes de que la mano de Amán se pudiera enfriar.

¿Qué ironía aparece al final del versículo 2?

En muchos de los reinos antiguos la corona podía tomar posesión de las propiedades de un traidor, y nadie cuestionaba el hecho. Mardoqueo supervisaba ahora las propiedades de Amán y, en realidad, si hubiera querido podía haber ido con un camión de mudanza hasta esa mansión.

¿Piensa usted que sentiría satisfacción o repugnancia si el Estado le otorgara a usted la propiedad de su enemigo principal? En lo que se refería a Jerjes, él había ofrecido a Ester el mundo, pero desde la perspectiva de Ester él todavía no le había dado a ella lo que más deseaba.

Pregunta clave

¿Cómo aparece Ester representada en 8.3?

En 5.2 Ester está de pie delante del rey. En 5.6 y 7.1, ella está sentada con él en la mesa del banquete, pero aquí Ester está a los pies del rey, llorando y suplicando.

A menudo cuando nos entusiasmamos en la realización de un llamamiento de Dios, nos imaginamos yendo desde nuestro rostro a nuestros pies según Él va elevando progresivamente nuestra posición. Sin embargo, lo opuesto es aun más cierto en la esfera terrenal. Para llevar a cabo nuestro llamamiento, debemos ser mucho más humildes que exaltados, aunque Dios ciertamente exalta a sus siervos fieles a su debido tiempo. Hasta este momento hemos visto a Ester guardar la compostura aunque nerviosa. Aquí, sin embargo, la urgencia remplaza a la dignidad y las lágrimas caen como la lluvia.

A veces usted ya no puede aguantar ni un segundo más. Usted se mantuvo fuerte para ser la roca de todos en una situación difícil. No podía permitirse perder la cabeza porque había mucho en juego. Se mantuvo firme a través de la fase más amenazadora, preguntándose durante todo este tiempo quién estaba dominando su cuerpo. Justo en el momento en el que el último indicio de presión desaparece y usted se imagina que siente alivio, aquí viene: el llanto a mares. Usted no puede detenerlo. No puede excusarlo. Ha estado acumulándose por meses y la olla de presión empieza a estallar. El rostro se contrae, el pecho suspira, la nariz estornuda y el diluvio cae.

Una pregunta para usted

¿Ha llorado usted alguna vez en público sin poder disimularlo? Si es así, anótelo en el margen.

Quizá algo semejante le sucedió a Ester. Piense en la variedad de emociones que ella experimentó en unas pocas horas. Denunció a Amán y observó a Jerjes salir furioso de la sala del banquete. Su malvado enemigo suplica misericordia. Pudo ver cómo se lo llevaban a rastras, y en un abrir y cerrar de ojos, su amado

Mardoqueo estaba en presencia del rey y fue recompensado con el anillo de sellar del rey. El vaivén de emociones desde la ejecución de Amán hasta la promoción de Mardoqueo era demasiado para poder guardar la compostura.

Cuando yo tenía 23 años y Amanda 1, dos hombres jóvenes se escondieron en el patio de atrás y esperaron a que yo regresara a casa. Keith estaba fuera de la ciudad y ellos debieron de saberlo. Enganchados en anfetaminas, no estaban esperando robar nuestra modesta casa. Muchos creen que planeaban algo mucho más grave. En una acción que todavía no puedo explicar aparte de Dios, decidí de improviso no ir a casa, sino dirigirme directamente a la casa de mis padres que estaba a varias horas de viaje.

Después de esperar escondidos durante dos horas, aquellos hombres saquearon la casa, pero uno de nuestros vecinos los vio y los identificó ante la policía. Uno estaba en libertad provisional y regresó de inmediato a la cárcel. Mientras yo esperaba en la sala de juicio que el otro fuera sentenciado, observé el rostro asustado de aquel joven, y no sé cómo empecé a llorar sin poder contenerme. No era capaz de controlarme. Él me puso en la situación de tener que meterlo en la cárcel. El castigo es algo que corresponde a los delincuentes, pero el proceso con frecuencia es doble castigo para la víctima.

Me pregunto si Ester sintió algo similar sobre la ejecución violenta de Amán. Entonces, antes de que ella pudiera procesar una sola emoción, Mardoqueo recibió el anillo del rey, proporcionando a Ester la primera ola de alivio y quizá el primer permiso para exhalar. A veces dos emociones se mezclan como el vinagre y el bicarbonato de sodio y el corazón erupciona como un volcán.

Por otro lado, quizá el lloro y la súplica de Ester no hayan sido tan complejos, sino parte también del plan. Sucedió que no sabía cuándo exactamente empezar a ejecutarlo. Lea otra vez las últimas frases de Ester 4.8.

¿Qué le había dicho Mardoqueo a Ester que "fuese ante el rey" e hiciera?

Es interesante notar que la misma palabra hebrea para la súplica de Ester 4.8 se usa para describir las acciones de la reina en 8.3. Hasta ahora ella había hecho peticiones, pero no súplicas. Sólo ahora hizo lo que Mardoqueo le había aconsejado.

A veces las personas nos aconsejan que hagamos inmediatamente lo que sólo se puede llevar a cabo de manera gradual. Una reacción emocional al principio podía haber sido desastrosa. Quizá la presencia de Mardoqueo y su promoción inesperada también pudo estimular el valor y los sentimientos en ella.

¿Qué piensa usted? ¿Describe 8.3 un arranque emocional o una parte vital del plan de la reina? De una u otra manera, aquel rey despistado obtuvo más de una mujer que lo que esperaba. Estudie el versículo 5 cuidadosamente.

Si...

¿Qué era lo básico de la petición de Ester?

¿Qué hemos aprendido ya acerca de la ley de los medos y persas?

Y si he hallado gracia...

Y si le parece...

Y yo soy...

Este recordatorio nos ayuda a comprender por qué Ester ofreció al rey una gran cantidad de deferencia antes de presentar su petición en Ester 8.5. Ella pidió al rey que hiciera algo que los persas no hacían. ¿Ha estado usted alguna vez tan nervioso acerca de lo que tiene que decir que ha divagado? ¡Yo sí! Por favor no se pierda el preámbulo de Ester en cuatro partes antes de su petición.

Complete en el margen las cuatro declaraciones de Ester 8.5:

La aprobación de alguien no siempre significa que se aprueben sus peticiones.

¡Todo bien hasta ahora! ¡Sin duda él captó la idea! Sin embargo, la última declaración contiene la insinuación más fuerte de las cuatro. "Ella junta dos actitudes: El amor del rey por ella y su aprobación del plan".[1] En otras palabras, estar contento conmigo es estar contento con mi plan, y amarme a mí es hacer lo que pido. Nosotros naturalmente queremos que la aprobación del rey de ella equivalga a la aprobación de su petición, pero la aprobación de alguien no siempre significa que se aprueben sus peticiones.

La introducción de Ester pudo haber sido un poco redundante, pero no piense ni por un momento que ella se ha olvidado de su habilidad. Ella sabía que una ley no podía ser anulada, de forma que ella evitó con cuidado usar la palabra ley. En su lugar, ella le pidió a Jerjes que diera órdenes de revocar las cartas. Ella minimizó la autoridad de Amán, presentando sus acciones en unos términos menos formales y obligatorios como maquinaciones malvadas que el rey podía revocar fácilmente. Su largo título para Amán ("Amán hijo de Hamedata agagueo") mantenía la atención sólo en él, librando a Jerjes de culpa.

Genial. El abordamiento no tuvo éxito, no obstante fue genial. Al desarrollar la lección de hoy, considere cómo concluyó Ester su petición con una rara transparencia de corazón y una súplica en el versículo 6.

¿Qué razones últimas le dio Ester a Jerjes para anular la ley (v. 6)?

Sencillamente: "Hazlo por mí, no puedo soportar ver que eso suceda". Jerjes podía haber decidido librar a Ester, afirmando que la reina estaba exenta de ser ejecutada. Él podía haber dicho que no era necesario que se conociera públicamente que Ester era judía, pero todo su pueblo hubiera perecido. La súplica final de Ester fue que si ella era librada, pero su pueblo destruido, su vida ya no valía la pena. "Cómo podré yo ver..."

¿No nos hemos sentido a veces de esa manera? ¿Qué la pérdida o el peligro de un ser querido nos amenaza también a nosotros? En momentos como esos nos damos cuenta cabal que, en oposición a nuestro historial, que en lo profundo de nuestro ser egoísta nosotros en realidad no creemos que la vida gire alrededor de nosotros. Estamos interrelacionados con una comunidad de personas cuyas vidas están envueltas en las nuestras. Con todo, a veces tenemos que seguir adelante viviendo en la ausencia de alguien amado o incluso encontrar que los corazones con el tiempo pueden sanar.

Hallamos gran consuelo en saber que nuestro compañerismo con aquellos en Cristo se reanudará en un día feliz y nada lo volverá a interrumpir. Sin embargo, hasta entonces triste es el alma que determina existir en una isla emocional. Las personas desconectadas nunca pueden vivir con plenitud. Con todo lo vulnerable y doloroso que puede ser, una comunidad de personas cuyas vidas están unidas por los lazos tiernos del corazón es la vida a la manera en que Dios quiere que se viva.

Arriesgarlo todo por su pueblo matará a Ester... o bien la sanará.

Día dos

Como bien os pareciere

EL TESORO DE HOY

"Escribid, pues, vosotros a los judíos como bien os pareciere, en nombre del rey, y selladlo con el anillo del rey; porque un edicto que se escribe en nombre del rey, y se sella con el anillo del rey, no puede ser revocado". Ester 8.8

He estado buscando la persona perfecta toda mi vida. No estoy hablando de un interés romántico. Estoy hablando de un héroe real y sostenible. Alguien que nunca me defraude, cuyo amor nunca se enfríe, que no tenga facetas ocultas. Alguien que nunca pierda mi respeto, cuya pasión por Dios aumente con el tiempo, llegando a su momento cumbre con su último suspiro. Alguien perfecto aquí mismo en la tierra donde yo permita que mi idealismo disfrute al calor de su sol.

El único lugar donde nunca me ha molestado buscar a esa persona es el espejo de mi cuarto de baño. La ironía bochornosa es que la única vez que he estado cerca de encontrar a un humano perfecto, he tenido que luchar con tanta autocondenación y fracaso a su alrededor, que al final tuve que distanciarme de ella. Estoy ofreciendo un poco de transparencia aquí. Hay algo que quiero y no puedo encontrar. Y quiero a alguien que yo misma no puedo ser.

Tal vez en ocasiones haya sido como los israelitas en 1 Samuel 8.20, pidiendo a Dios un "rey" humano que me guiara, fuera delante de mí y luchara mis batallas. Yo no vi mi petición como una forma de remplazar a Dios. Yo espiritualicé mi petición de un héroe terrenal al estar de acuerdo en que lo vería como un don de Dios.

Los humanos somos adictos a encontrar maneras de hacer lo que queremos como si eso viniera de Dios. Al menos yo lo soy. Gracias a Dios, Él no sólo ve los deseos de nuestros corazones, sino también mira directamente a la razón de nuestros deseos y sabe cuándo estamos pidiendo —aunque sea accidentalmente— por un falso Cristo. Dios les dio a los israelitas lo que ellos estaban pidiendo y las consecuencias que venían con ello. Con la diferencia de que Él me negó mi petición y en ocasiones con una desilusión no pequeña de mi parte.

¿Ha tenido usted esta misma clase de lucha. Si es así, escriba en el margen su explicación. Si no, explique por qué piensa usted que no.

Tenga presentes estos pensamientos mientras leemos el segmento de hoy y nos muestra los hilos de la realeza. Primero, un repaso. En el segmento de ayer Ester cayó a los pies del rey Jerjes y le presentó una petición específica con lágrimas y súplicas.

¿Cuál fue la petición en Ester 8.5?

- Reintegrar a Mardoqueo como un guardia real
- Destruir a la familia de Amán
- Concederle la mitad del reino
- Revocar las órdenes de Amán

La respuesta de Jerjes a la petición de Ester con lágrimas es el objetivo de la lección de hoy. Por favor lea Ester 8.7-8.

Pregunta clave

¿Qué sugirió el rey que hicieran ellos?

Me gustaría dedicar unos minutos y construir un caso sugiriendo que el rey estaba molesto por la demanda de Ester. Quizá incluso fastidiado. Nuestras traducciones modernas no lo expresan con la misma claridad, pero encontramos ciertas pistas en el versículo 7.

¿Cuáles fueron las dos acciones que Jerjes les recordó que ya había emprendido a favor de ellos?

Quizá él estuviera diciendo: "¿Por qué lloráis tanto? ¿No he hecho ya suficiente? ¿Qué es lo que queréis de mí?" "Mas que responder con simpatía, el rey parece estar algo turbado por la súplica tan apasionada de Ester... En lo que respecta al rey, él ya había hecho más de lo que correspondía".[3]

Sin difamar a nadie, ¿cuándo fue la última vez que usted solicitó ayuda a alguien sólo para oír el equivalente a "Ese no es mi problema"?

Quizá la persona tuvo el valor de sugerir que él o ella ya habían hecho suficiente. No estoy sugiriendo que nunca podamos pedir demasiado de las personas o que ellas no hayan hecho todo lo necesario. Lo que estoy diciendo es que Jerjes le había dado a Ester casi todo, excepto lo que ella en verdad quería. La reina probablemente quería gritarle algo parecido a esto a su obstinado y distante esposo-rey. "¡Pero todavía no has hecho lo que te pedí! ¿Te pedí yo la mitad del reino? ¿Te pedí que le entregaras a Mardoqueo su anillo de sellar? ¡Estamos suplicando por vidas! ¡No por cosas!" Lea de nuevo El Tesoro de Hoy. Usé una traducción diferente para Ester 8.8 con el fin de que pudiera percibir el encogimiento de hombros de Jerjes.

"Escribid, pues, vosotros a los judíos como bien os parezca, en nombre del rey...

y selladlo con el anillo del rey; porque un edicto que se escribe en nombre del rey, y se sella con el anillo del rey, no puede ser revocado..."

Llene los espacios en blanco en el margen conforme a El Tesoro de Hoy.

¿Puede usted percibir la actitud en las palabras de Jerjes? Otro comentarista aporta una indicación de impaciencia porque le parece que aquello no es suficiente para satisfacer a Ester. Él parece estar diciendo: "Haz todo lo que puedas, legalmente, para satisfacerte", pero él no se involucra.[4]

¿Mi traducción? "Déjame en paz. Sólo recuerda que no puedes cambiar la ley. Haz lo que quieras. No me preocupa". Cuando Keith usa las palabras: "Haz lo que quieras", yo sé de inmediato que está enojado y fastidiado. Él supone lo mismo cuando se trata de mí. Nada le fastidia más que cuando se siente ignorado, y esa es la razón por la que sólo uso esta táctica cuando quiero molestarlo lo más posible. Pocas sugerencias son más molestas que "No me preocupa". Si usted es como yo, prefiere que alguien se ponga a gritar en su cara más que actuar como si usted no contara para nada.

Por supuesto, tenemos que reconocer a quien merece reconocimiento. Sin duda alguna Jerjes mostró gran interés en Ester, en especial cuando dejó en sus manos las propiedades de Amán, pero él no le había dado aquello que ella estuvo pidiendo en todo ese tiempo. Ester quería que el rey ejerciera su soberanía y revocara la ley. Él rehusó. Además, la aguja de medir su cuidado y atención con ella se había elevado mucho, y si ella continuaba presionando, podría descomponerse del todo.

En momentos como esos, los individuos egocéntricos como Jerjes, se dicen a sí mismos: "¿Lo ves? Esa es la razón por la que no quiero involucrarme. Siguen pidiendo cada vez más. Les da la mano y se toman el pie". ¿Le suena familiar?

Queremos algo más de nuestros héroes que eso, ¿no es cierto? Queremos que sean los campeones de nuestra causa. Queremos que entren galopando en un caballo blanco, que nos tomen en sus brazos y nos lleven. Queremos un rescate... y, si no para nosotros, para alguien que amamos. ¿Dónde están los que nos aman lo suficiente como para amar a quien nosotros amamos? ¿No es la prueba más verdadera de nuestra devoción que lo que estamos dispuestos a hacer por nuestros seres queridos lo hagamos por sus seres queridos más necesitados? Ve usted, no estamos sólo buscando ayuda. Estamos buscando héroes genuinos.

Lo que nos frustra más e incluso a veces nos enfurece es conocer a alguien que tenía el poder para darnos lo que pedíamos... pero no lo hizo. Ese era Jerjes, aunque estamos de acuerdo en que Ester probablemente no tuvo oportunidad de considerar al rey su héroe; sin embargo, aunque por un momento fugaz él tuvo la gran oportunidad de emerger como uno. Cada uno de nosotros hemos tenido a un Jerjes, y mucho más convincente aún es el hecho de que cada uno ha sido probablemente un Jerjes.

Una pregunta para usted

¿Recuerda alguna ocasión en la que de veras alguien necesitaba que fuera usted su héroe pero usted no pudo serlo? Si así fue, explique por qué.

Tuve oportunidades de ser la heroína de alguien y me retiré, corriendo el riesgo de perder nuestra relación. Varios factores contribuyeron a mi poca disposición de ocupar esa posición: temor a una relación poco sana, mi temor de que las peticiones nunca terminaran, y mi fracaso en ese papel en la última ocasión. Agonizo sobre la posibilidad de desilusionar a las personas, pero a veces el heroísmo es tan costoso que nos puede llevar a la bancarrota emocional.

Las situaciones como estas siempre tienen dos caras. Al tratar de sopesarlas, me gustaría sugerir dos razones por las que Dios nos permite tener —y ser— héroes caídos.

Dios es celoso, tiene cuidado de que nuestro héroe verdadero y perdurable sea su propio Hijo. Dios quiere que Jesús sea nuestro campeón inigualable. Él responde a mis oraciones de amar a Jesús por encima de todo permitiendo que alguien me desilusione y demuestre que es insuficiente para mí. Cuando lloro y pataleo sintiéndome abandonada, me despierto a la vez al milagro de que aprecio a Jesús cada vez más.

Es hora de que yo despierte a esa conexión, ¿usted también?

Éxodo 20.3

Deuteronomio 4.35, 39

Isaías 44.8

Isaías 45.5-6

Hechos 4.12

Lea las Escrituras señaladas en el margen e indique la enseñanza básica de cada una.

¿Cuál es la idea que aparece repetida una y otra vez?

Amigo, esa idea puede tener una influencia sin paralelo en la experiencia de nuestra vida. Sin embargo, para nuestro alivio y gozo, la idea de "ningún otro" guarda nuestros corazones a la vez que afirma la gloria de Dios. Innumerables personas son dignas de nuestra estima, pero nadie puede ocupar el lugar de nuestro campeón incomparable.

A veces Dios quiere mostrarnos lo que nosotros podemos hacer antes que dejarnos buscar quién puede hacerlo por nosotros. No se pierda la inferencia en Ester 8.8. Dios le permite a Jerjes eludir la responsabilidad de modo que Ester tuviera que aceptarla.

Amigo, a veces usted y yo andamos buscando a alguien que salga a hacer lo que Dios quiere que hagamos nosotros. Un ejemplo: Hace casi 20 años que gemía y me quejaba con Dios de que no podía encontrar un estudio bíblico para

mujeres en el formato y con profundidad de *Mi experiencia con Dios*, de Henry Blackaby. Eso me tenía loca. Si Dios me hubiera permitido encontrar lo que yo quería en ese tiempo, nunca hubiera tratado de ponerme a trabajar para escribir estudios bíblicos que pudieran ayudar a ministrar a las mujeres.

Permítame un ejemplo más: Yo quería que alguien en mi apaleada y golpeada familia de origen se pusiera de pie, fuera fuerte y nos dijera a todos que las cosas podían ser normales. Los miembros de mi familia nunca discutían mi afirmación de que en la niñez yo era la más débil de carácter y constitución en nuestra familia. Mi hermano mayor decía que yo siempre parecía que iba a echarme a llorar en todo momento y que aun mi propia sombra me asustaba. Yo anhelaba que alguien rompiera la cadena de esclavitud en la que nos encontrábamos. En vez de eso, Dios empezó el proceso quebrantándome a mí. Confío en que pueda identificarse con uno de estos ejemplos.

¿Puede usted pensar en un momento en que Dios quería mostrarle lo que usted podía hacer en vez de dejar que alguien lo hiciera por usted? Por favor compártalo.

Shakespeare escribió los siguientes versos conmovedores en Romeo y Julieta [versión libre]:

> Ven, noche serena; ven, noche amorosa y oscura noche,
> dame mi Romeo; y cuando él muera,
> tómalo y córtalo en pequeñas estrellas,
> y él hará tan hermosa la cara del cielo
> que todo el mundo estará enamorado de la noche,
> y no prestará atención al sol estridente.[5]

Robert Kennedy usó los últimos cuatro versos en referencia a su hermano asesinado en la Convención Demócrata de 1964. Mi amado amigo, una de las razones por las que Dios nos disuade de convertirnos en campeones humanos es para evitar que nos enamoremos de la noche y no adoremos al glorioso Hijo.

Día tres

En seguida

EL TESORO DE HOY

"El rey daba facultad a los judíos que estaban en todas las ciudades, para que se reuniesen y estuviesen a la defensa de su vida". Ester 8.11

Ester no consiguió de Jerjes exactamente lo que quería, pero consiguió algo extraordinario: Permiso para aprobar un decreto que contrarrestara la matanza. El rey se negó a anular la ley ya establecida, pero dio permiso para aprobar una nueva. Mardoqueo y Ester deben de haber ideado acciones a toda velocidad. Vayamos a nuestro texto para ver lo que sucede después. Lea Ester 8.9-13.

Pregunta clave

Escriba en el margen varias indicaciones de la urgencia de su respuesta

A veces Dios nos pide que esperemos. En otras ocasiones nos llama a actuar y a actuar en el momento. Algunos asuntos hay que hay que manejarlos "de inmediato" (v. 9, NVI). Tengo una amiga cuyo hijo de secundaria fue abusado de niño por un vecino. Dios lo ayude. Dios nos ayude a todos. Hace unos pocos días ella se enteró que él actuó de forma inapropiada con varios niños. Esta madre no tiene el lujo de esperar. Ella debe actuar amorosa y sabiamente "de inmediato" por amor de su hijo y de otros.

Amigo, una de las razones por las que el tiempo de oración en la mañana es tan importante es porque nunca sabemos cuándo va a surgir un asunto que necesita nuestra atención "de inmediato". No tenemos tiempo para deliberar sobre ello durante varias semanas y estudiar las posibles opciones. Si no estamos ya en comunión con Dios en ese día con nuestras mentes y corazones guardados por las Escrituras, lo más probable es que reaccionemos por impulso más bien que por el Espíritu Santo.

Cada mañana Dios ya conoce cada gozo y preocupación que el día tiene para nosotros. Algunas crisis son tan terribles que sentimos que nada podría habernos preparado para enfrentarlas. Otras veces podemos ver que Dios pone estratégicamente la verdad en nuestras mentes de modo que se convierte en esperanza y seguridad para nosotros en los meses venideros.

Una pregunta para usted

¿Puede pensar en alguna ocasión en la que Dios lo preparó de antemano para enfrentar una situación que requirió una respuesta inmediata? Si fue así, cuéntela, por favor.

Los días de ayuno y oración habían puesto a Mardoqueo y a Ester en una posición en la que ellos podían levantarse y "de inmediato" empezar a tomar decisiones. Una vez que Jerjes dio su permiso para la redacción de otro decreto, el tiempo que transcurrió hasta que estuvo listo para ser enviado y que los afectados se beneficiaran debió haber parecido una eternidad.

Imagínese a Mardoqueo y a Ester recibiendo al fin el permiso para salir de la presencia del rey y pasar por un protocolo interminable sólo para salir de la sala del banquete. Véalos recorriendo el pasillo, inclinados y de espaldas a la puerta, porque nadie podía dar la espalda al rey, pero en el momento que estaban ya lejos de la mirada del rey, se recogieron las vestiduras y echaron a correr como el viento. Imagínese la escena como una gran película. Había que tomar decisiones, llamar a los escribanos, redactar el decreto y que los jinetes estuvieran listos para partir.

Preste atención a los versículos 13-14 y podrá escuchar el galope de los caballos que llevan los correos del rey por toda Persia. Si un coro divino se escuchara durante estos sucesos, sería en verdad un canto de liberación (Sal. 32.7) acompañado de toda la orquesta celestial de címbalos, trompetas y tambores. Nuestros corazones laten con el galope de los caballos sobre la tierra seca de Persia. Esa es la respuesta que el narrador trata de estimular en Ester 8.10. Vamos ahora a hablar acerca del momento oportuno.

¿Cuál fue la fecha del nuevo edicto (v. 9?

- [ ] 13 de Nisán
- [ ] 13 de Adar
- [x] 23 de Siván

Acertó si marcó la tercera opción, pero si las otras dos fechas le suenan familiares, tiene usted una excelente memoria. Las tres fechas son cruciales en Ester. El edicto de destrucción de Amán fue dado a conocer el 13 de Nisán (marzo-abril). No hay coincidencias en el calendario del reino de Dios, las noticias de la matanza planeada llegaron a las provincias en el tiempo de la Pascua. La fecha de la masacre era 11 meses más tarde en el 13 de Adar (febrero-marzo), dejando suficiente tiempo para el tormento psicológico. La fecha que aparece en el segmento de hoy corresponde al segundo edicto. Fue decretado por Mardoqueo y Ester exactamente 70 días después del primero.

Para ayudarle a recordar las fechas en orden correcto, señale por favor en el calendario en el margen las tres fechas y los correspondientes sucesos.

Mes hebreo	Mes
	Marzo
Nisán	
	Abril
Iyyar	
	Mayo
Siván	
	Junio
Tammuz	
	Julio
Ab	
	Agosto
Elul	
	Septiembre
Tisri	
	Octubre
Marjesván	
	Noviembre
Kisléu	
	Diciembre
Tébet	
	Enero
Shebat	
	Febrero
Adar	
	Marzo

Muchos toman nota de los 70 días entre el primer y el segundo edicto. Como el número siete, "el número setenta es con frecuencia en la Biblia simbólico de algo completo y perfecto. Pero el lector debe inferir lo siguiente, la narración no hace mención del número setenta".[6] No sabemos si el número 70 conlleva un significado aquí, pero lo que sí sabemos es que el tiempo de Dios siempre es perfecto.

En este tiempo de mensajes instantáneos, difícilmente entendemos la urgencia de enviar correos con jinetes montando los caballos más rápidos del rey si la fecha de la mantaza estaba todavía a nueve meses de distancia, pero tenga en cuenta dos factores:

1. El Imperio Persa era tan vasto que se requerían tres meses para que un mensaje llegara hasta sus fronteras.

2. Los judíos necesitaban todo ese tiempo para prepararse. No eran guerreros. Ni siquiera eran nacionalistas. Recuerde, los judíos estaban ya muy adaptados a la vida y cultura de Persia. Esa condición me recuerda otra generación de israelitas muchos años antes. Demos marcha atrás al reloj por un momento a otra ocasión histórica de la nación cuando los judíos por fin se establecieron en la tierra prometida.

Lea Jueces 2.1-3. ¿Por qué permitió Dios que algunas naciones permanecieran en Canaán?

Es interesante, ¿no es cierto? Tan seguro como que los judíos en la tierra prometida y Persia tenían que aprender a mantenerse firmes y luchar contra un enemigo físico, nosotros debemos aprender a luchar contra un enemigo invisible (Ef. 6.10-17). A veces estamos exactamente donde nos corresponde estar —justo en medio de nuestra Canaán espiritual— donde Dios nos prueba para enseñarnos un nuevo nivel de guerra.

Una de las partes más difíciles de ser una madre o un mentor es observar a nuestros hijos enfrentarse a una batalla que nosotros no podemos pelear por ellos. Si Dios va a llevar a nuestros hijos a ser guerreros poderosos de la fe, debemos ser libres para enseñarlos a pelear. Con todo lo duro que puede ser el proceso de verlos, ¿cómo puede una persona experimentar la alegría de la victoria en la batalla que ellos nunca han peleado? Allí, en el sudor y la suciedad de la guerra espiritual, he aprendido las realidades de los siguientes dos versículos.

Romanos 8.37

Escriba en el margen los versículos indicados. Si usted está muy familiarizado con ellos, cópielos de una versión diferente de la Biblia.

Filipenses 4.13

¿Qué mensaje llevaron los correos a las provincias (v. 11)?

Si usted compara el edicto en 8.9-13 con el edicto original de Amán en 3.12-14, verá que tienen semejanzas y diferencias. Primero note una inquietante semejanza. Nos perturbará, sin duda, el permiso de atacar no sólo a los hombres, sino también a las mujeres y los niños. Si bien algunos hechos referentes a la guerra son demasiado horribles para justificarlos, podemos al menos intentar llegar a cierto entendimiento en cuanto a la fuerza del edicto. Note los siguientes factores:

Primero, se asemeja intencionalmente al decreto de Amán (esa es la razón por la que usted ve las palabras "destruir, matar y exterminar"). Dicho de otra manera, los israelitas dijeron a los persas: "Lo que vosotros hagáis con nosotros, haremos nosotros con vosotros". La gran diferencia es que la orden de Amán era la de atacar y la orden de Ester era la de defenderse y vengarse. Los judíos no recibieron permiso para asesinar a los persas. Recibieron permiso para defenderse a sí mismos, hasta la muerte si era necesario.

McConville señala un segundo factor. Tal vez el pasaje no significaba que los judíos estaban autorizados a destruir a las mujeres y los niños de los persas, sino que podían destruir cualquier grupo que atacara a la comunidad judía. Quizá las mujeres y los niños en el versículo sean los israelitas, y el permiso dado es el de destruir cualquier ejército que los atacara a ellos.[7]

Tercero, quizá Ester temiera que nada detendría a los hombres persas a menos que ellos temieran que las vidas de sus mujeres y niños corrieran peligro. De manera que la aparición de las mujeres y los niños en la proclamación podía ser una fuerte amenaza. En cualquier caso, es muy desagradable y va a ser mucho más desagradable en el siguiente capítulo. Dejaremos nuestra discusión sobre el exceso de matanza y la guerra santa para la próxima vez.

Al concluir, saquemos algo de luz de estas tinieblas estableciendo un poderoso paralelismo con el edicto de Ester.

Lea cuidadosamente Ester 8.11. ¿Qué se les decía a los judíos? Llene los espacios en blanco al responder. El edicto del rey concedía a los judíos en cada ciudad el derecho a ________________________ y ____________________ a sí mismos.

Amigo, permita que esas palabras empapen su espíritu. El derecho de reunirse. El derecho de defenderse. No sólo tenían la responsabilidad. Tenían el derecho.

Por favor, estudie en detalle las palabras de Hebreos 10.24-25 y describa el paralelismo con sus propias palabras.

La versión Reina-Valera-1960 lo expresa con claridad: "No dejando de congregarnos, como algunos tienen por costumbre, sino exhortándonos; y tanto más, cuanto veis que aquel día se acerca". Los que llamamos a Cristo Señor y Salvador tenemos el derecho de reunirnos en su nombre. Somos la iglesia comprada por su sangre y dirigida por el Espíritu de Dios y las puertas del infierno no pueden prevalecer contra nosotros. El plan de las huestes de las tinieblas es la destrucción de la esposa de Cristo sobre todo "cuanto veis que aquel día se acerca..." Satanás está enfurecido porque le queda muy poco tiempo (Ap. 12.12).

Dios está tratando de hacer guerreros de nosotros.

Algunos de nosotros con muy poca experiencia previa de guerra no tenemos ni idea de por qué Dios nos está permitiendo pasar por momentos tan difíciles en un lugar que pensábamos era su voluntad. Dios está tratando de hacer guerreros de nosotros. Amigos, estén a la altura de las circunstancias. Pero no se espera que luchemos solos contra fuerzas invisibles. Usted y yo tenemos el derecho de unir nuestras manos y armas con los hermanos en Cristo y defendernos a nosotros mismos con la palabra del Espíritu y el escudo de la fe. Esta es la mejor parte: Cuando lo hacemos, tenemos garantizada la victoria. Dije garantizada.

"Acontecerá que si oyeres atentamente la voz de Jehová tu Dios... Jehová derrotará a tus enemigos que se levantaren contra ti; por un camino saldrán contra ti, y por siete caminos huirán de delante de ti" (Dt. 28.1, 7).

Día cuatro
Con vestido real

EL TESORO DE HOY

"Y salió Mardoqueo de delante del rey con vestido real de azul y blanco, y una gran corona de oro, y un manto de lino y púrpura". Ester 8.15

Puesto que la providencia de Dios es el tema de Ester, la ausencia de su actividad obvia nos invita a imaginar las actividades divinas detrás del escenario. Si tan sólo pudiéramos ver lo que está ocurriendo a nuestro alrededor en la esfera de lo invisible, nuestros ojos saldrían de sus cavidades. ¿No se pregunta qué está sucediendo en el mundo invisible cada vez que alguien recibe a Cristo como Salvador? Lucas 15.7 nos dice que los cielos se regocijan cuando un pecador se arrepiente. Piense en ello. ¡Los ángeles hacen fiesta por el arrepentimiento humano!

Hay mucho que nos emocionaría más allá de nuestros ojos. Los hijos del pacto de Dios están sellados —incluso vestidos— en formas que son obvias para el cielo y el infierno pero invisible para el ojo humano. No estoy segura si llevamos grabada en la frente una inscripción semejante a la que Dios mandó para la lámina de oro que llevaba el sumo sacerdote en su turbante. La frase grabada "Santidad a Jehová" era lo primero que las personas veían cuando miraban al rostro del sumo sacerdote. Irónicamente, una indicación sugiere la posibilidad de una marca parecida como una reacción contraria de parte de Satanás en Apocalipsis.

¿Qué demandó el anticristo o la "bestia" en Apocalipsis 13.16-17, 14.9-10?

¿Cómo eran identificados los santificados de Dios (Ap. 14.1)?
- Una túnica blanca
- Una llama de fuego
- Un nombre escrito

A Satanás le gusta falsificar lo que Dios hace. Un cristiano puede a veces inquietarse debido a su falta de seguridad en relación con su salvación, pero nunca crea al diablo sobre quién pertenece a Dios y quién no. Somos identificables con toda claridad por las túnicas de justicia y las vestiduras de salvación.

Al abrir hoy la Biblia y meditar en lo que le sucedió a Mardoqueo como continuación de nuestra historia, quizá podamos dedicar un momento a imaginarnos que algo no del todo diferente nos ha ocurrido también a usted y a mí. Lea Ester 8.14-15.

Describa la manera en que Mardoqueo salió de la presencia del rey.

Pregunta clave

El narrador no relata que Mardoqueo hubiera salido de la presencia del rey desde Ester 8.1. Aunque Ester y Mardoqueo actuaron sin duda alguna con rapidez, ellos tenían que redactar el decreto, llamar a los secretarios reales, y sacar copias para 127 provincias, "a cada provincia según su escritura, y a cada pueblo conforme a su lengua, a los judíos también conforme a su escritura y lengua" (Est. 8.9).

Incluso una orden rápida requiere tiempo. Para cuando los caballos salían galopando de Susa, Mardoqueo se encontraba de nuevo en presencia del rey. Quizá el rey y su nuevo gran visir vieran por una de las ventanas del palacio cómo partían los correos reales dejando tras de sí una gran nube de polvo.

Misión cumplida, Mardoqueo entonces "salió... de delante del rey con vestido real de ______ y ______, y una gran ______ de oro, y un ______ de lino y púrpura", Ester 8.15

Tome nota de su importancia. "Nadie en el libro de Ester —ni siquiera los siete eunucos (1.10), ni la reina Vasti (1.11), ni los hombres sabios de la corte (1.13-14), ni la reina Ester (2.17), y ni tampoco Amán (3.1; 5.11; 6.6-8)— recibió los honores que el rey concedió a Mardoqueo (8.15)".[8] Dios inspiró las Escrituras y sólo Él conoce los detalles sutiles que quiere incluir que tienen significado para el estudiante investigador, pero quizá aquí tengamos algo muy bello que llama la atención. Evidentemente, las vestimentas reales de Mardoqueo fueron una gran investidura, pero quizá, desde la perspectiva del cielo, algo con mayor significado para la amenazada nación de Israel estuviera implícito en estas vestiduras.

Lea por favor Éxodo 28.1-6. ¿Para quién fueron ordenadas estas vestimentas?

- Sacerdotes
- Príncipes
- Reyes
- Cabezas de las 12 tribus

Anote todas las semejanzas entre Éxodo 28.1-6 y Ester 8.15 en cuanto a sucesos, artículo o color.

Ya fuera que Jerjes tuviera o no esa intención, él vistió a Mardoqueo como un sumo sacerdote y luego lo presentó a sus súbditos de forma parecida a la que

Aarón y sus descendientes fueron presentados ante los israelitas después de servir a Dios en el tabernáculo. El doctor Jon D. Levenson explica: "Debiéramos notar que las vestimentas y colores mencionados en Ester 8.15 son reminiscencias de las vestimentas de los sacerdotes en la Torá. Esto no es sorprendente dada la sustancial sobreposición de las funciones reales y sacerdotales en el antiguo Israel. Es probablemente correcto que Mardoqueo es visto aquí como una clase de sacerdote secular honrado por su servicio a su pueblo amenazado. La alegría con que se expresa la ciudad de Susa en Ester 8.15 es el gozo de la salvación. Eso nos recuerda la respuesta de la comunidad que adora cuando sabe que sus sacrificios han sido aceptados (Lv. 9.24)".[9]

Un siervo de Dios no es un sacerdote secular en la estimación de Dios. Su devoción a la voluntad de Dios lo aparta automáticamente de lo común y lo integra a lo sagrado. Quizá Mardoqueo mismo jamás se diera cuenta cabal de lo que representaba cuando estaba de pie entre el rey y los antiguos cautivos de Israel, pero nosotros no debemos de perdérnoslo.

Por favor, lea cada uno de los siguientes pasajes de las Escrituras. Anote la era, el pueblo al que se aplica, y cualquier otra idea que usted perciba mediante la superposición de la realeza y el sacerdocio.

TEXTO	ERA	PUEBLO	IDEA
Éxodo 19.1-6			
1 Pedro 2.9-10			
Apocalipsis 1.6			

Las Escrituras son consistentes desde Génesis a Apocalipsis.

Uno de los muchos elementos que fomentan la confianza en la inspiración de las Escrituras en su consistencia temática sin defectos desde Génesis hasta Apocalipsis. Dios no se vio forzado a pensar en algo nuevo cuando el libro de Malaquías llegó a su fin y el Evangelio de Mateo tocó a su puerta. El plan de Dios para Israel no ha caído entre las grietas de los dos Testamentos. Por el contrario, los acontecimientos se han ido desarrollando a lo largo de la historia como rollos sagrados en las manos del sumo sacerdote manteniéndose perfectos en el plan profético de Dios. El tema de la redención se extiende como un arco iris brillante de la promesa divina desde el comienzo de las Escrituras hasta el final de ellas. Los truenos y relámpagos que reverberan desde la oscuridad y temibles nubes de la Biblia sólo saludan la venida del arco iris.

Como el hilo escarlata en las vestiduras sacerdotales de Éxodo 28.6, la sangre del sacrificio perfectos corre por el río del Edén a lo largo de todo el camino hasta el "río limpio de agua de vida" de Apocalipsis (Ap. 22.1; lea también Gn. 2.10). Nuestro gran Sumo Sacerdote que se sentó a la diestra de Dios permanecerá una vez más sobre sus pies santos heridos pero triunfante en gloria. Su manto real teñido en sangre (Ap. 19.13). Sus ojos brillarán como llama de fuego y sobre su cabeza habrá muchas coronas (Ap. 19.12). Montará el caballo más veloz de los establos del Rey y cruzará todas las barreras de la vista y del sonido humanos con los ejércitos del cielo "vestidos de lino finísimo, blanco y limpio, le seguirán en caballos blancos" (Ap. 19.14). "Y en su vestidura y en su muslo tiene escrito este nombre: REY DE REYES Y SEÑOR DE SEÑORES" (Ap. 19.16).

¡Oh, la majestad y la gloria de su nombre! ¡Cristo Jesús, el Sacerdote-Rey! La combinación de realeza y sacerdocio es una señal de bendita consumación en las Escrituras. Muchos de nosotros hemos oído Isaías 6.1 tantas veces que nos perdemos su singularidad gloriosa.

Lea Isaías 6.1 y vea si puede encontrar la menor indicación sobre el sacerdocio real. Anote lo que encuentre.

Isaías vio al Señor "sentado sobre un trono" en "el templo". No en el palacio, se pregunta usted. En la visión de Isaías, el trono de Dios estaba en el templo. ¿Qué importa eso? El templo era el lugar para los sacerdotes, no para los reyes; de ahí un sacerdocio real. Juan 12.38-40 se refiere a este mismo encuentro citando las palabras que Dios dijo a su profeta. Juan 12.41 nos da un asombroso resumen de lo que Isaías vio.

Lea Juan 12.41 y anótelo aquí:

Desde Génesis hasta Apocalipsis, el pueblo de Dios ha sido miembro de un sacerdocio real con nadie más que Cristo Jesús, el Mesías, como su celestial Sacerdote-Rey reinando. Cada vez que oramos diciendo: "Venga tu reino. Hágase tu voluntad, como en el cielo, así también en la tierra", estamos orando por el regreso de Cristo con toda su majestad. Estamos invitando a que cada habitante de la tierra lo reconozca como es reconocido por los moradores del cielo: ¡Bendito el Rey Jesús!

¡Bendito el Rey Jesús!

Hasta entonces, cada vez que el diablo lo ve a usted y a mí él recibe un fuerte recordatorio mediante nuestro coro espiritual de que todo título de honor, autoridad y supremacía tanto en la iglesia como en el estado le pertenecen al Cristo que servimos. Tengo la sospecha de que, para que lo vean los cielos e infierno, estamos de alguna forma vestidos para reflejar la gloriosa y doble identidad del sacerdocio real de nuestra ciudadanía.

Una pregunta para usted

¿Qué cambios ha hecho Jesús en su vida que son señales externas de su nueva identidad como miembro de un sacerdocio real? (Anótelos en el margen.)

Quizá nosotros estamos vestidos un poco al estilo de Mardoqueo que "salió… de delante del rey con vestido real de azul y blanco, y una gran corona de oro, y un manto de lino y púrpura". Entonces, de nuevo nos encontramos con una gran diferencia. Nosotros nunca tendremos que salir de la presencia del rey.

Jesús se acercó a ellos y les dijo: "Toda potestad me es dada en el cielo y en la tierra. Por tanto, id, y haced discípulos a todas las naciones, bautizándolos en el nombre del Padre, y del Hijo, y del Espíritu Santo; enseñándoles que guarden todas las cosas que os he mandado; y he aquí yo estoy con vosotros todos los días, hasta el fin del mundo. Amén" (Mt. 28.18-20).

Día cinco

Tuvieron luz y alegría, y gozo y honra

EL TESORO DE HOY

"Y los judíos tuvieron luz y alegría, y gozo y honra". Ester 8.16

No estoy segura de por qué mis ojos están llenos de lágrimas y mis labios están temblando de forma ridícula al leer las palabras de El Tesoro de Hoy. La vida es tan dura. Conozco a muchas personas que sufren. Conozco a muchos hombres y mujeres con corazones rotos. Hace unas horas estaba sentada en mi auto en el estacionamiento de un supermercado y observé a una preciosa mujer joven, alta y delgada con una cabeza brillante y sin pelo y oré a Dios por su curación… y para asegurar que ella conociera a Cristo Jesús.

Mis compañeros de trabajo y yo nos hincamos ayer en un tiempo de oración para pedirle a Dios que acelerara la ayuda para la esposa de un pastor principal que estaba en severa tentación, por un adolescente que acaba de terminar quimioterapia, por un hombre que estaba muriendo de enfermedad del hígado pero que, no obstante, todavía no había recibido a Cristo, y por muchos otros en gran necesidad. Lo necesitábamos desesperadamente.

La tristeza no siempre viene por sucesos terrenales demoledores o incluso

por acontecimientos que otras personas encontrarían descorazonadores. No hace mucho le dije que había perdido a mi perrito que fue mi sombra por muchos años, mi Sunny, por causa del cáncer. Lo que usted no sabe es que 13 días más tarde nuestra amada perrita Beanie enfermó y también le diagnosticaron cáncer. Tratamos de hacer todo lo posible para salvarla, pero la enfermedad invadió su cerebro y murió antes de que nosotros pudiéramos estar listos para ello.

Beanie fue una fuente de ilustraciones para la enseñanza y una fuente constante de risa para mi esposo y para mí. Los cuatro —Keith, Beanie, Sunny y yo— hacíamos todo juntos. Nos quedábamos en hoteles baratos en todo el país sólo para poder tener con nosotros a aquellos animales. Sin esos dos perros, amigo, nuestra casa se siente vacía.

Me doy cuenta que esto les puede parecer tonto a muchos que no tienen esa misma pasión por los animales, pero no puedo ni siquiera decirles cuántas lágrimas hemos derramado en el último mes. Ha sido una experiencia difícil.

Una de las razones por las que perder dos compañeros constantes en 21 días duele tanto es porque la vida ya es de por sí difícil. Ellos nos daban un respiro muy deseado. Keith y yo disfrutamos de un buen matrimonio, pero todavía peleamos de vez en cuando. Todavía me siento herida en mis sentimientos. Medito cosas que él haya dicho. Me pregunto si en verdad él me ama siempre. Tenemos muchos problemas serios con otros miembros de la familia extendida. Nuestras vidas también chocan con frecuencia por causa de seres amados cercanos que lidian con enfermedades mentales. A veces me siento estresada más allá de la capacidad humana y en otras me siento muy sola. En ocasiones me siento tan frustrada que podría gritar y otras veces me veo tan mal preparada que entro en pánico. Y esas son sólo las cosas de las cuales me siento en libertad de hablar. Las otras condiciones mucho más desafiantes son muy privadas para compartirlas. Me aventuro a decir que por esta razón vivo la vida todo lo bien que puedo... no obstante, es difícil. De modo que cuando llega un tiempo de alegría y gozo, pienso que debemos tomarlo y echar a correr.

Por favor disfrute Ester 8.15-17; luego explique qué ocurrió

Pregunta clave

Céntrese en las palabras "alegría y gozo" porque es responsable de disfrutar de lo que significan. La misma palabra aparece traducida de forma diferente en el Salmo 139.12.

Lea el versículo, luego llene los espacios en blanco "Aun las tinieblas no encubren de ti, y la noche resplandece como el día; lo mismo te son las ____________________ que la ________".

La palabra hebrea que se traduce como "alegría" en Ester 8.16 también significa "luz". En otras palabras, los judíos en Susa celebraron un tiempo de luminosidad. El día nunca nos parece más brillante que cuando salimos de un cuarto en completa oscuridad, ¿no es cierto? ¿Puede usted recordar un tiempo cuando experimentó los primeros rayos de luz cálida del sol después de una verdadera estación oscura?

Si fue así, ¿cuáles fueron las circunstancias? Si lo puede definir, ¿qué hizo Dios para darle luz a usted?

Cuando Dios interviene en nuestras circunstancias y tenemos la oportunidad no sólo de conocer que somos bendecidos sino también de sentirnos bendecidos, nada es más apropiado que aprovechar ese momento de felicidad.

Amigo, cuando un momento como ese sucede, necesitamos tomarlo. Con frecuencia hablamos de felicidad como un término menos noble que gozo porque el primero es circunstancial y el último es menos condicional. No voy a discutirlo, pero cuando Dios interviene en nuestras circunstancias y tenemos la oportunidad no sólo de conocer que somos bendecidos sino también de sentirnos bendecidos, nada es más apropiado que aprovechar ese momento de felicidad. "Un tiempo de felicidad" puede venir como una inyección de vitaminas B-12 para el alma que mejora su sistema cuando las tinieblas se extienden de nuevo como un virus.

Uno de lo retos más difíciles sobre aprovecharnos de ese tiempo de felicidad dado por Dios es el sentimiento de culpa de saber que eso coincide con la tristeza de otra persona. No, nosotros no alardeamos de nuestra luz ante la oscuridad de otra persona, pero ciertamente podemos encontrar maneras de sumergirnos en el baño de burbujas de una segunda bendición cuando viene. Aun si todo lo que hacemos es inclinar nuestra cabeza en la luminosidad del Sabbath de nuestras almas y dedicamos un minuto a sentir la gozosa emoción, que está destinada por Dios a ser medicina para nuestras almas cansadas. Los tiempos de felicidad son vislumbres del cielo hasta que lleguemos allí. Sentir nostalgia no siempre nos hace sentir enfermos. A veces es como un destello de felicidad que nos hace anhelar encontrarla y conservarla.

Lo que hizo el tiempo de felicidad de los israelitas supremamente ideal es que contagió a todos los que lo abrazaron. ¿Hay algo más tonificante que compartir algo que es divinamente alegre con un grupo numeroso de personas?

Una pregunta para usted

¿Cuándo fue la última vez que tuvo una experiencia semejante?

Hace unos meses mi pastor anunció a toda la congregación cuánto dinero habíamos conseguido para nuestra campaña de renovación que era muy necesaria. La cifra era muy superior a lo presupuestado, lo que nos permitiría invertir generosamente en varias misiones. El confeti cayó del techo como un aguacero y el equipo de alabanza cantó con todas sus fuerzas mientras que nosotros, una iglesia conservadora, saltábamos de gozo en el nombre de Dios y dábamos gritos de alegría por los pasillos.

Un grupo completo de pequeñas niñas y yo agarramos confeti en el aire y danzamos en círculos, riendo y gritando. Nunca olvidaré esa experiencia en toda mi vida. Fue un momento genuino de felicidad y fue tan dulce porque lo experimentamos todos juntos. Imagínese cuánto más se habría intensificado la celebración si el asunto hubiera sido salvar nuestras vidas. No puedo resistir más para mostrarle algo. Lea de nuevo Ester 4.3.

¿Cuáles son las cuatro respuestas registradas de los judíos al edicto de Amán?

Lea ahora de nuevo Ester 8.16. Este versículo nos dice que fue un tiempo de cuatro condiciones diferentes en Susa.

Por favor, escriba las cuatro:

Amigo, usted está viendo uno de los cambios más gloriosos en Ester. Dios tomó su luto, ayuno, lloro y lamentación y los transformó en luz, alegría, gozo y honra.

Medite en este proceso milagroso dibujando un diagrama que describa estos cambios completos en este espacio.

Lo que usted ve es un continente de coincidencia. Recuerde, todas las Escrituras son inspiradas por Dios. Jehová, el Dios fiel del pacto, cambia todo lo negativo de su pueblo amenazado en algo positivo. Esos términos comparados en Ester 4.3 y 8.16 son algo más que arte narrativo. Son los gritos de gozo que se oyen en las calles de Susa proclamando el amor permanente y la gracia ilimitada de Dios.

Le voy a ofrecer varios escenarios para ver con qué se identifica usted más. Primero, ¿ha caminado usted con Dios todo lo suficiente para verle hacer algo similar a Ester 4.3; 8.16 en su vida? No lo olvide, el pueblo de Dios no adquirió condiciones de perfección de repente. Continuaban viviendo en el planeta Tierra y tenían grandes batallas que pelear, pero Él había hecho en verdad lo inconmensurable y cambió sus miserias en victoria. ¿Ha experimentado alguna vez una obra de Dios que lo haya llevado a condiciones opuestas que representaran más un giro de 180 grados que una restauración?

Antes

Si fue así, anote en el margen las cuatro palabras que lo describan a usted "antes" y otras cuatro palabras que lo describan "después".

Si usted pudo terminar el ejercicio anterior en relación con su propia vida, usted ha experimentado un cambio al estilo de Ester. Si no, por favor no se sienta desanimado. El tema gozoso de su lección de hoy es que Dios puede tomar cada elemento negativo de su vida de niño y cambiarlo en algo positivo. Él no diluye simplemente las circunstancias, sino que las transfunde.

Después

Todo bendito cambio llegará al final a ser completo en el cielo, pero con frecuencia vivimos la suficiente vida con Jesús en la tierra para ver cómo se invierten los papeles a lo largo del camino. Quizá usted nunca haya experimentado un cambio total, pero ciertamente podría beneficiarse de uno en este momento.

He aquí un segundo escenario que tal vez describa este tiempo de su vida.

Si su vida al presente se caracteriza por lo negativo, escriba por favor cuatro palabras que la describan.

Ahora, mi amigo, al revisar esas cuatro descripciones, ¿cómo le gustaría que Dios las cambiara? ¿Qué condiciones del alma, en el mismo sentido de Ester 8.16, desearía que Él realizara en usted?

Por favor, escriba cuatro palabras que representen los cambios que usted anhela ver realizados por Dios en usted. Escriba lo opuesto a las descripciones originales arriba.

¿Son algunos de esos cambios no bíblicos? Me imagino que no. Excepto si usted pide algo que sea impío o vengativo, lo reto a que cambie esas descripciones en peticiones. En este momento deténgase y ore a Dios en el nombre de Jesús para que lleve a cabo un gran cambio en su vida con esos resultados exactos. Confiésele en voz alta las condiciones negativas que usted ha sufrido, después exprese el más profundo deseo de su corazón para que Él lo transforme. Ponga fecha a la petición al lado de las palabras de cambio.

Bien, hagamos un último ejercicio, anote formas en que Dios podría ser glorificado mediante la realización de lo que usted ha estado pidiendo.

Amigo, crea en su corazón estas palabras sin importar cuántas veces usted las haya oído: ¡Dios se preocupa por usted! Él quiere mostrarle lo que puede hacer con su vida y sus condiciones negativas, pero Él quiere que usted sepa sin dudar que sólo Él es el autor del cambio. Espere vigilando con los ojos bien abiertos y cuando aparezcan las primeras señales del cambio, no se atreva a llamarlas coincidencias. Alabe a Dios de todo corazón y pídale a Aquel que empezó la buena obra en usted que la termine. Él no es glorificado sólo a través de nuestro sufrimiento, también es glorificado por medio de nuestra celebración.

Vamos a dedicar unos minutos al versículo 17. Por favor disfrute el cambio del ayuno a la fiesta. Después de todo ¿cómo se puede tener una gran celebración sin comida? ¿No está usted agradecido de que Dios dispuso que el alimento fuera sabroso y no simplemente bueno para usted? Recordemos en medio de nuestra cultura sin control que la comida no es el problema. La glotonería sí lo es. La fiesta no es una forma de celebración carente de espiritualidad para celebrar. Si nuestra adoración está bien establecida, podemos en verdad bendecir el alimento y hacerlo sinceramente. Lea 1 Timoteo 4.4-5. Note la última declaración en Ester 8.

¿Qué impacto tuvo el cambio de los sucesos?

¿Cómo se relaciona Jeremías 33.9 con los acontecimientos descritos en Ester 8.15-17?

Note la interesante perspectiva de un comentarista sobre Ester 8.17: "Un elemento último con esta imagen-espejo que forman estos versículos con las cosas que pasaron antes es que los no judíos (supuestamente aquellos que habían sido hostiles y ahora se sentían en peligro) fingían ser judíos. Esta es probablemente la interpretación correcta del versículo 17b. Donde una vez Ester, inspirada por Mardoqueo, había ocultado su identidad judía y se había fusionado en realidad como persona no judía, los no judíos se las ingeniaban para hacerse pasar por judíos. La nueva posición en la corte de Ester y Mardoqueo (porque Mardoqueo no es ahora menos 'real' que su prima, v. 15) es equiparada con una nueva ascendencia de los judíos en general en Persia. El pueblo que parecía condenado no sólo había escapado a la destrucción, sino ahora ocupaba posiciones privilegiadas, y era la envidia del Imperio. Todo esto sucedió debido a su confianza en Dios y a causa de su disposición (ilustrada por Ester y Mardoqueo) de que los demás lo supieran".[10]

Tal vez el comentarista tenga razón. Quizá personas de otras nacionalidades no pretendieran hacerse pasar por judíos. Sus almas podrían haber envidiado sinceramente a un pueblo cuyo Dios era Jehová el Señor. No hay testimonio más eficaz que la innegable observación de que Dios está con nosotros y ha hecho cosas extraordinarias a nuestro favor. Lo vemos en el ejemplo del salmista que nos dice: "Y me hizo sacar del pozo de la desesperación, del lodo cenagoso; puso mis pies sobre peña, y enderezó mis pasos. Puso luego en mi boca cántico nuevo, alabanza a nuestro Dios. Verán esto muchos, y temerán, y confiarán en Jehová" (Sal. 40.2-3).

Y permita que los que lo rodean lo vean y lo reciban también.

Semana 9

Se invirtieron los papeles

Como hija de un veterano, soy muy consciente de que algunas guerras son dignas de pelearse. Sin embargo, la guerra más santa de todas ya fue ganada por Cristo en la cruz.

Preguntas clave

1. ¿Qué razones buenas podría haber tenido Ester para solicitar un segundo día de venganza?
2. ¿Por qué los judíos de Susa celebraban un día distinto que los judíos que vivían fuera de la ciudad en Ester 9.16-19?
3. ¿Qué cosas específicas cambiaron en Ester 9.22?
4. ¿Qué frase resume el libro de Ester? El libro de Ester trata acerca de…
5. ¿Cuáles son las últimas imágenes que percibimos de nuestros protagonistas judíos, Ester y Mardoqueo?

Día uno

No hubo saqueo

EL TESORO DE HOY

"Y los judíos que estaban en Susa se juntaron también el catorce del mes de Adar, y mataron en Susa a trescientos hombres; pero no tocaron sus bienes". Ester 9.15

Nuestro decidido Dios permitió que esta última semana de Ester siga un suceso de ministerio que a mí me recuerda de nuevo cuán bello puede ser un grupo de mujeres trabajando juntas. Amanda me habló de un grupo de ocho mujeres jóvenes que se habían estado comunicando por Internet, se estaban reuniendo en un lugar para pasar juntas el fin de semana. Mi hija sabía que me hubiera gustado conocerlas. Ellas tenían un vínculo profundo que ninguna de nosotras habría querido compartir. Cada una de ellas había enterrado a un preciado niño en el último año. Se habían conocido por medio de un blog de ministerio y se habían unido no sólo por causa de su pérdida sino también por su profunda determinación de glorificar a Dios a través de su duelo.

Eran de la edad de mi hija y yo podía haber mecido a cada uno de ellos por una hora completa. Muchas de ellas me confiaron fotografías de sus amados que están ahora vivos y seguros en las manos amorosas de Jesús. Esas fotos están ahora a mi izquierda mientras trabajo en la computadora. Les pregunté cuál era el motivo de oración por el cual deseaban que yo orara, luego las invité a hincarse a fin de imponer mis manos sobre ellas e interceder.

¡Qué bendición tan grande es ser mujer! Por naturaleza nos gusta hacer cosas juntas. Trabajar y jugar. Reír y llorar. Comer y orar. Vivir y morir. Una buena medida de gozar de nuestra condición femenina es disfrutar de esa conexión de corazón con otras mujeres.

No obstante, quiero que sepa que le respeto en gran manera, independientemente de que usted sea hombre o mujer. Usted ha estudiado con diligencia la Palabra de Dios en medio de la vida real. Verdadero dolor, verdadera confusión, verdaderas hormonas. No cambiaría por nada esta peregrinación por las Escrituras con usted. Usted es altamente estimado por Dios y Él lo ha visto regar la siembra de su Palabra con lágrimas. Por favor, acomódese por un momento en su asiento, respire profundo y disfrute del afecto y aprobación de Dios. Él lo conoce y lo ama mucho. Él sabe de todas sus pruebas y cargas.

Hoy comenzamos con Ester 9. Recordará que en la sesión 8 examinamos los primeros cuatro versículos. Por favor, lea Ester 9.1-4, confío que lo haga como un repaso.

Según el versículo 1, ¿qué sucedió cuando los enemigos de los judíos tenían la confianza de vencerlos?

Lo que había estado sucediendo ambiguamente a lo largo de la historia de Ester es declarado ahora explícitamente: Se invirtieron los papeles para ventaja de los judíos. El doctor Levenson dice que la clave no es que los judíos destruyeran al enemigo, sino que ocuparon una nueva posición de honor y dominio.[1] En la Nueva Versión Internacional (NVI) se traduce el versículo 1: "y los judíos dominaban a quienes los odiaban".

¿Puede usted relacionar este punto con sus propias batallas espirituales? Como Mardoqueo en 9.4, usted y yo queremos "[engrandecernos] más y más" en el honor y dominio que Cristo ganó para nosotros, pero para lograrlo debemos volvernos más y más dignos de que se nos confíe ese poder. No crea ni por un momento que porque Dios nos dio nuestro estado y dominio nosotros podemos abusar de ello. Todos hemos visto eso, Señor ayúdanos, en alguna forma nosotros lo hemos hecho. Nuestro texto principal de hoy es mucho más largo que otros en días recientes. Por favor lea 9.5-15.

¿Cuántos hombres fueron asesinados al principio en la ciudadela de Susa (v. 6)?

- ▢ 500
- ▢ 5,000
- ▢ 50,000

¿No se siente aliviado al no ver referencias a mujeres y niños entre los muertos? Esto apoya la teoría de que la redacción del edicto de Mardoqueo en 8.11 fue un cambio intencional de las palabras exactas de Amán y no un llamamiento al asesinato.

¿Quiénes son los hombres mencionados en los versículos 8 y 9? Lea el versículo 10.

- ▢ Consejeros del rey
- ▢ Seguidores de Amán
- ▢ Hijos de Amán

Una desagradable realidad de los reinos de la antigüedad era la matanza de los hijos de un gobernante asesinado. Esta medida radical aseguraba que no quedara nadie vivo para usurpar la autoridad o vengar la muerte del padre. Irónicamente, al solicitar que los hijos muertos de Amán fueran empalados públicamente, Ester trató a Amán como si él hubiera sido un rey. Si no hubiera sido Jerjes tan rápido en quitarse esa responsabilidad, él podría haberse ofendido. Una vez más su ignorancia funcionó a favor de Ester.

¿Está usted listo para algo fuera de lo común? Examine con atención esta cita: "Los nombres de los hijos de Amán llaman la atención… Algunos parecen ser nombres daiva, es decir, antiguos nombres persas de dioses paganos y demonios. Esto recalca su naturaleza malvada o afiliación con sectas".[2] ¿Se sorprendería usted? Yo tampoco.

La ciudad de Susa fue sin duda el centro de atención de Satanás en el planeta tierra para el mes sanguinario de Adar hace muchos años. Cuando Satanás tiene mucho que ganar, tiene también mucho que perder. Sus maquinaciones en contra de un hijo de Dios es un juego. Como echar suertes, podría usted decir. Sigamos descubriendo los sucesos en Ester 9.

¿Qué petición un tanto turbadora hizo Ester a Jerjes en el versículo 13?

¿A cuántos hombres más se mató (v. 15)? ____________________

La reputación de Ester ha sufrido bastante entre los comentaristas a lo largo de los siglos por causa de la solicitud de un segundo día de venganza contra sus enemigos. ¿Por qué piensa usted que hizo ella esa petición? Puesto que no disponemos de respuestas definitivas, ofrecemos algunas conjeturas. Primero, demos a Ester el beneficio de la duda.

Buenas razones

Anote en el margen algunas buenas razones por las cuales ella habría pedido un segundo día de venganza. Después ofrezca algunas malas razones.

Pregunta clave

Una buena razón pudo ser que Ester fuera consciente de que algunos enemigos temibles habían escapado en el primer día y representarían una amenaza continua. La más pobre de las razones sería rencor o resentimiento. Si ella mataba a unos cientos más simplemente porque podía, abusó de la corona. Sin embargo, basándonos en lo que hemos visto de ella, me inclino a pensar que si Ester se excedió quizá la haya motivado más el pánico que la maldad.

Una vez maté a una gran tarántula en una cabaña llena de niñas del sexto grado en un campamento de verano. Estaba tan asustada y me sentí tan protectora de las niñas que seguí golpeándola mucho después de que murió. Alguien al final me dijo: "¡Beth, ya puedes parar!" Las tarántulas y los humanos no se comparan, pero cuando escucho acerca de alguien que se pasa de la raya matando, no puedo evitar pensar en aquella tarántula y asociar mi reacción excesiva con el miedo.

Malas razones

Para la esencia de la lección. ¿Qué información nos repite el narrador tan cuidadosamente en Ester 9.10, 15, 16?

Lea de nuevo las últimas frases en 8.11. Tenga en mente que cuando escribió Mardoqueo el nuevo decreto, él usó a propósito el lenguaje de Amán para cambiarlo.

¿Qué permitía el edicto que hicieran los judíos a sus enemigos?

- saquear las propiedades
- incendiar Susa
- decapitarlos
- empalar a los hijos de Amán

Ve usted, el edicto les permitía a los judíos saquear las propiedades de sus enemigos; no obstante, leemos tres veces que ellos se negaron a hacerlo. ¿Por qué? Acabamos de tropezar con evidencia de que los judíos vieron esta batalla en términos sagrados y bíblicos. "Los judíos entendieron la ejecución del decreto de Mardoqueo como gobernada por el antiguo mandamiento de guerra santa en contra de los amalecitas".[3] Tenga este pensamiento en mente al estudiar la historia de la directriz de Dios de no saquear en ciertos momentos específicos. Esa práctica se originó con Abraham.

Lea Génesis 14.17-23. ¿Por qué no quiso tomar nada del rey de Sodoma?

Dios no insistió en que los israelitas se privaran siempre del saqueo. En realidad, Él los envió a la tierra prometida con sus manos llenas de los tesoros egipcios. Sin embargo, cuando Él dijo no, quería decir ¡No! Un ejemplo de desobediencia de su mandamiento tuvo enormes ramificaciones en el conflicto entre Amán y los judíos. No olvide que Amán era un agagueo, un descendiente directo de Agag, el rey de los amalecitas. Esta relación es clave para entender Ester 9. Lea por favor 1 Samuel 15.13-23.

¿Qué pregunta le hizo Samuel a Saúl en relación con el saqueo en 15.19?

¿Qué excusa dio Saúl en 1 Samuel 15.21?

La excusa de Saúl es equivalente a que nosotros robáramos un banco y dijéramos que queríamos el dinero para darlo a la iglesia. Como la doctora Karen Jobes explica: "No podía haber beneficio personal en una guerra santa porque los destructores no actuaban en nombre propio, sino como agentes de la ira de Dios".[4] En Ester la negativa de los judíos de no dedicarse al saqueo es una indicación fuerte de que ellos vieron la batalla como una continuación —una corrección— de la batalla anterior con los amalecitas.

En 1 Samuel 15, el saqueo no era simplemente un problema. Era el problema. La intención de los judíos en Ester era tener éxito donde Saúl falló sabiendo muy bien que, si el primer rey de Israel hubiera hecho lo que se le había mandado, la línea malvada de Amán habría sido eliminada para siempre. En vista de tales hechos, ¿estaba Ester equivocada o en lo correcto en su insistencia en un segundo día de venganza? Sólo Dios lo sabe y Él por alguna razón se mantiene en silencio.

En el siguiente párrafo de la doctora Karen Jobes, subraye los pensamientos que le ayudan más a lidiar con el concepto de violencia retributiva.

La violencia retributiva aparece por todo el Antiguo Testamento, pero Jesús enseña el amor a los enemigos en el Nuevo. Estas dos ideas parecen completamente contradictorias. La muerte de Jesús, el Mesías de Israel, "nos provee la única base para que cesen las guerras santas, y la llenura del Espíritu Santo nos provee el único poder mediante el cual uno puede amar a sus enemigos como a sí mismo… La venganza que corresponde a nuestros pecados contra otras personas y la que corresponde a los pecados de otros contra nosotros ha sido satisfecha mediante la muerte de Cristo en la cruz".[5]

Indique en el margen sus pensamientos sobre la violencia retributiva.

Una pregunta para usted

Vamos a distinguir la guerra santa de la guerra en general. Como hija de un veterano, soy muy consciente de que algunas guerras son dignas de pelearse. Sin embargo, la guerra más santa de todas ya fue ganada por Cristo en la cruz. Las cuestiones de venganza religiosa están reservadas para Cristo Jesús tanto ahora como en los días venideros cuando Él juzgue los corazones de la humanidad. Nosotros tenemos algo que aquellos que nos precedieron bajo el antiguo pacto no tuvieron. Como Jobes señala tan elocuentemente: "La estrategia de Dios en contra del pecado y del mal fue la de esperar a un guerrero perfecto, que podía llevar a cabo la justicia divina con manos limpias y corazón puro. Su nombre es Jesucristo".[6]

Día dos

Un día de regalos

EL TESORO DE HOY

"Los judíos… hacen… el día de alegría y de banquete, un día de regocijo, y para enviar porciones cada uno a su vecino". Ester 9.19

Sumérjase en Ester 9.16-19. Luego continúe con este párrafo. Voy a organizar nuestra lección con base en tres elementos de las Escrituras: La victoria, la celebración y la conmemoración. Vayamos directo a la victoria. Algunas victorias se anotan en marcadores. Esta victoria fue calculada en bajas. Antes de totalizar los muertos en todo el imperio recordemos que el total de muertos en Susa se elevó a 800 hombres (vv. 12, 15). Recuerde que la petición de Ester por un segundo día de venganza contra sus enemigos estaba limitada a Susa (v. 13) lo que agrega credibilidad a la teoría de que fuerzas enemigas conocidas se habían escapado entre los dedos de Ester durante el primer día.

Pregunta clave

Explique en el margen por qué los judíos de Susa celebraban un día distinto que los judíos que vivían fuera de la ciudad, Ester 9.16-19.

El segundo día de lucha explica por qué aquellos en la ciudad observaron su celebración 24 horas más tarde que los judíos que vivían en el campo. El versículo 16 indica que en total murieron 75,000. Si usted es como yo, tiene que recordarse a sí mismo que la pérdida de vidas se limitó a aquellos que levantaban su mano en contra de los judíos. Recuerde que el edicto sólo les daba a ellos el derecho a defenderse.

La siguiente comparación afecta mucho mi perspectiva: En 1941 los nazis forzaron a los judíos de Polonia a vivir en el *ghetto* de Varsovia. Esto se convirtió en un terreno propicio para una insurrección en contra de las fuerzas nazis de Hitler en 1943. Los judíos muy inferiores en número y superiores en poder lograron frenar en realidad al malvado gigante por un tiempo. La historia de Ester y Purim no se perdió con los nazis que mataron a los judíos en los campos de concentración que poseían un ejemplar del libro de Ester. No obstante, los judíos encarcelados escribieron copias de memoria. La historia de Ester se convirtió en algo muy precioso para los judíos que se enfrentaban a la muerte en masa, porque en ella encontraron esperanza y seguridad de que ellos, no sus enemigos, triunfarían.[7] Si Hitler se hubiera salido con la suya, los judíos habrían quedado exterminados por completo. El haber tenido el privilegio de participar en dos celebraciones de Purim en las festivas calles de Jerusalén es un recordatorio personal de que el enemigo acérrimo de los judíos no tuvo éxito.

Tan inquietante como el edicto de Amán, los nazis empezaron su ataque en una víspera de la Pascua. Las fuerzas de la S. S. entraron en el *ghetto* con un plan de venganza y después de 23 días de increíble resistencia, lograron arrasarlo todo, manzana por manzana.[8]

El resultado del levantamiento del *ghetto* de Varsovia fue lo que algunos historiadores han llamado un fracaso heroico: Un esfuerzo con enorme sacrificio pero sin una meta realizable. También puede ser un término para demostrar superioridad moral a pesar de perder la batalla.

Este es el paralelismo con la insurrección de Ester 9.16. ¿Qué tal si el levantamiento del *ghetto* de Varsovia no hubiera sido un caso de fracaso heroico? ¿Qué tal si los judíos perseguidos se hubieran levantado y luchado y hubieran matado a 75,000 de sus atacantes? ¿Les hubiéramos aplaudido? Los habríamos inmortalizado con una película ganadora del Oscar. Les enseñaríamos a nuestros hijos la historia y volveríamos a repasar nuestras partes favoritas, aplaudiendo y gritando como si nunca antes las hubiéramos visto.

No, esa clase de victoria de los menos favorecidos nunca sucedió en Varsovia, pero sí ocurrió cuando los judíos se levantaron para defenderse a sí mismos con éxito en contra de persas poderosos. El edicto de Amán autorizaba un genocidio. Para los escépticos, el edicto de Mardoqueo llamaba a un suicidio. La increíble

victoria hizo sin duda alguna que muchos persas reconocieran que una mano invisible había luchado a favor de Israel. ¿No llamamos a la providencia una obra divina a través de medios comunes? Isaías 28.5-6 nos recuerda estos mismos sucesos en Ester 9.

¿Ve usted alguna conexión entre Isaías 28.5-6 y nuestra narración de Ester? Si así es, explique.

Con base en Isaías, ¿quién llevó la verdadera corona en la victoria judía?

Hemos considerado la victoria en Ester 9. Veamos ahora la celebración y la importancia del momento. Llene los espacios en blanco basándose en Ester 9.17-18.

Esto fue en el día trece del mes de Adar, y ______________ en el día catorce del mismo, y lo hicieron día de banquete y de alegría. Pero los judíos que estaban en Susa se juntaron el día trece y el catorce del mismo mes, y el quince del mismo _________________ y lo hicieron día de banquete y de regocijo.

Note algo profundo que me habría perdido si el comentarista judío Adele Berlin no hubiera insistido en ello: "Los judíos no conmemoraron el día de su batalla victoriosa, sino el día cuando ellos descansaron de sus enemigos".[9] Los judíos no hicieron un aniversario de la guerra sino de su descanso.

¿Puede usted pensar en algunas razones que expliquen esta mentalidad? Por favor, anótelas en el margen.

Nosotros rara vez dedicamos tiempo a descansar, reflexionar y celebrar después de la victoria. Necesitamos aprender de Purim: "Purim fue una celebración espontánea por el gozo de verse a sí mismos todavía de pie en el día después de que un decreto de muerte irrevocable fue ejecutado. El día de la muerte había llegado y pasado y el pueblo de Dios estaba vivo todavía. Por eso Purim es en este sentido un sábado, un descanso gozoso después que el mal y la amenaza de la muerte habían pasado".[10]

¡Oh, mi amigo, usted se ha visto a sí mismo todavía de pie después de un tiempo en que el enemigo vino a buscar su destrucción! Dé testimonio aquí de sus planes frustrados.

Me gustaría poder leer lo que usted ha escrito, pero, por fe, voy a aplaudir y alabar a Dios en su nombre. Hemos tomado unos minutos para centrarnos en la victoria y la celebración en nuestras Escrituras. Dediquemos el resto a la conmemoración.

"En aquel día Jehová de los ejércitos será por corona de gloria y diadema de hermosura al remanente de su pueblo; y por espíritu de juicio al que se sienta en juicio, y por fuerzas a los que rechacen la batalla en la puerta".

ISAÍAS 28.5-6

Vamos a destacar formas específicas en que los judíos observaron su celebración de victoria. Lea Ester 9.19.

Note que el día fue dedicado para el gozo. ¿Qué podía haber sido más sanador para nuestras almas cansadas y desgarradas por la guerra que dedicar un "día de banquete y alegría"? A causa de la victoria de Cristo sobre el pecado y la tumba, cualquier día puede ser un día de alegría, ¿pero se puede imaginar el impacto de hacerlo deliberadamente?

A los judíos les dijeron que conmemoraran la victoria por medio de una fiesta. ¡Alabado sea Dios, hacer fiesta no es pecado en nuestras celebraciones! Por supuesto, no estoy promoviendo la glotonería, pero sí estoy diciendo que Dios no es más glorificado cuando se niega uno a sí mismo todas las cosas excepto una hoja de lechuga sin sal en un día de celebración. Vamos a pensar en esto por un momento.

¿Cuál es su menú favorito para una celebración?

El mío es un buen asado de res con todas sus salsas y aderezos, además de los frijoles, el arroz, una buena ensalada y pan. Todo eso acompañado con un vasito de vino, que los judíos en Persia con seguridad se lo tomaron. Usted puede quedarse con el postre. Yo quizá me sirva otra tajada de res. ¡Estoy hambrienta!

Echemos un vistazo al acto final de la conmemoración en 9.19. Fue un día de darse regalos unos a otros (9.19 NIV). ¿Le gusta eso?

Le va a gustar todavía más después de que estudiemos un poco la palabra hebrea ***manot*** que traducimos como porciones, y en otras versiones como regalos. Varias veces vemos en las Escrituras que se refiere a algo que se puede comer. En otras palabras, el regalo es algún tipo de alimento que es como si le diéramos a alguien una buena caja de bombones de chocolate. Hemos visto usada esa palabra antes en un contexto de alimento en nuestra narración. Lea por favor Ester 2.8-9.

¿Qué ganó Ester de parte de Hegai? ______________________________
¿Qué le dio con prontitud a Ester? ________________________________ y
____

La palabra traducida como porciones en 9.19 se traduce como alimentos especiales en 2.9. Tenga en cuenta que porciones podía ser mucho más amplio y más significativo que alimento. No puedo esperar más para mostrarle el uso supremo de la raíz de esa misma palabra. Lea el Salmo 16.5-6 como un todo integrado y tómelo personalmente.

¿Qué dijo el salmista que el Señor le asignó?

En este contexto, la palabra traducida como porción tiene un fuerte vínculo con el concepto de destino. Un autor lo explica así: "Aquí 'porción' o 'suerte' es una alusión a cómo la vida ha funcionado; el salmista está pensando en todas las

señales de la providencia de Dios que han marcado su peregrinación… la palabra conlleva sugerencias de destino".[11] Con nuestras propias palabras podríamos decir algo así: "Señor, en todo el caos y crisis, todas las amenazas y dudas, Tú has hecho que mi vida salga adelante. En vez de deshacerse mi vida, las líneas de mi vida han caído juntas. En verdad, puedo decir que me has dado una herencia deliciosa".

Mire a suerte en el Salmo 16.5. ¿Qué dice el salmista acerca de su suerte?

Usted está familiarizado con la palabra suerte. Lea de nuevo Ester 3.7 y describa su contexto.

Correcto. La misma palabra hebrea. Y esa es la manera en que los tres términos —favor, porción (o regalos) y suerte— quedan vinculados. No importa lo que la vida —o el mismo Satanás— nos traiga, el favor de Dios para con sus hijos hace que la "suerte" caiga sobre la mesa de tal manera, que en vez de destrucción, el hijo de Dios descubrirá que su porción se convirtió en su destino confiando paso a paso. Cuando todo queda dicho y hecho, verá que la porción que Dios le asignó era buena. Correcta. Rica. Llena de propósito. Probablemente la traducción del Salmo 16.5 de la RVR-60 sea la mejor. Léala en voz alta y permita que le penetre y le empape: "Jehová es la porción de mi herencia y de mi copa; tú sustentas mi suerte".

¿Qué le dice personalmente este versículo?

Una pregunta para usted

Esta es la situación, mi amigo, Satanás trató de destruirlo a lo largo del camino de su vida, pero claramente, él no se salió con la suya. Usted está todavía sobre sus pies, ¿no es cierto? En vez de desmoronarse, todas sus líneas están cayendo como corresponde. Pieza a pieza. Vislumbre tras vislumbre. ¡Qué gran herencia tiene usted!

Una vez que usted se goza con el favor que Dios tiene para usted y con la riqueza de la porción que Él le ha asignado a lo largo incluso de los desastres, usted no puede evitar compartir su porción con otros. Por eso, Ester 9.19: "Por tanto, los judíos enviaron estas 'porciones' de alimento (***manot***) unos a otros para celebrar su 'porción' o destino (***manah***) que es la suerte de Dios".[12] Ellos dieron porciones de sus porciones.

Eso nos ayuda a despertar a la bondad de Dios y a la aplastante derrota de nuestro enemigo. El día en que lo hagamos será un "día de alegría y de banquete, un día de regocijo, y para enviar porciones cada uno a su vecino" Ester 9.19. Me parece que corresponde que busquemos algo de papel para envolver regalos. De los buenos. Tenemos algunos regalos que dar a los vecinos.

Día tres

Una celebración anual

EL TESORO DE HOY

"Y escribió Mardoqueo estas cosas, y envió cartas a todos los judíos que estaban en todas las provincias del rey Asuero, cercanos y distantes, ordenándoles que celebrasen el día decimocuarto del mes de Adar, y el decimoquinto del mismo, cada año". Ester 9.20-21

Recibí ayer una carta de una joven amiga de la que me siento cerca en la iglesia. Su nombre es Abigail y ella es una de las más graciosas y alegres alumnas de primer grado que pueda usted ver en su vida. Ella quería que yo supiera que se había caído, se había cortado la barbilla y le habían dado unos puntos para cerrar la herida. También quería que supiera que había recibido un nuevo brazo y ahora podía tomar clases de golf.

Cuando Dios creó a alguien tan maravilloso como Abigail, Él permitió que naciera sin una mano. Usted apenas se da cuenta de ello debido a su encanto personal. Sus padres dicen que ella siempre insiste en orar por mí cada noche. Pensé que podía orar por mí para que yo fuera como ella: 1) tan segura en cómo Dios me ha creado y 2) no acobardada por cosas como carecer de una mano.

Si alguna vez he visto a una chica que creo está destinada por Dios a impactar a las personas, esa es Abigail. Sigamos su filosofía: ¿Carezco de una mano? Apúntame en las clases de golf.

¿Sentimos que nos falta lo que se requiere? ¿Alguien lo haría mejor en nuestro lugar? Acabo de hablar y reír por teléfono con una mamá que espera un bebé y está en en el hospital hasta que nazca el bebé. Cuando oraba por ella, le recordé que ella era la única escogida por Dios para el nacimiento de ese niño.

Quizá usted no tenga problemas con aplicar lo de "escogida" para una señora embarazada, pero piense en si usted cayó en su posición. Ester nos muestra que los sucesos comunes nunca son coincidencias en las vidas de los hijos de Dios. Nuestro texto de hoy nos invita a continuar en la línea de la lección de ayer. Después, nos dirige en una nueva dirección.

Anote cada elemento de nueva información que Ester 9.20-22 nos ofrece.

Usted tiene una excelente memoria si este segmento le recuerda algo de la sesión 8. Vamos a tocar Ester 9.22 junto con Ester 9.1 como las únicas referencias de nuestra narración al tema de los cambios. Ester 9.22 los expresa mejor.

¿Qué cosas específicas "cambiaron"?

Pregunta clave

Hemos saltado deliberadamente sobre este tema en nuestros últimos capítulos, de forma que mientras vivamos recordaremos el mensaje más celebrado en todo el Megillah (rollo). Le he pedido que recordara cambios importantes en su vida a fin de que tenga una visión y conexión permanente de la historia de Ester como algo propio. Al irse acercando nuestra peregrinación a su fin y mientras que aparecen nuestros recuerdos, ofrezcamos a Dios la alabanza que le corresponde. El salmista puso palabras maravillosas en la boca de cada adorador agradecido que deseaba expresar alabanza por una obra divina de cambio.

Lea el Salmo 30.1-3 y 11-12, luego complete en el margen las frases basándose en su experiencia.

Te glorificaré, oh Jehová, porque me has exaltado,

y no permitiste que mis enemigos se alegraran de mí.

Jehová Dios mío, a ti clamé, y me sanaste.

Oh Jehová, hiciste subir mi alma del Seol; me diste vida, para que no descendiese a la sepultura.

Has cambiado mi lamento en baile; desataste mi cilicio, y me ceñiste de alegría.

Si usted no ha experimentado lo que describe el salmista, llene los espacios en blanco con palabras que usted confía se conviertan en su testimonio. En el espíritu de Romanos 4.17 "[llame] las cosas que no son, como si fuesen".

Dios ha llevado a cabo tales cambios radicales en mi vida, mi familia y mi ministerio que apenas puedo seguir adelante sin sollozar. Amigo, Él será fiel con usted. No se inquiete. "Confía en Jehová, y haz el bien" (Sal. 37.3). A medianoche o cuando usted lo espera menos, Dios puede cambiarlo todo.

A primera vista Ester 9.20-22 parece redundante, pero nos deja constancia de la proclamación que trasformó un día de celebración en una fiesta anual.

Algunas ocasiones son dignas de celebrarse cada año. Mencione algunas.

Quizá usted haya anotado ocasiones personales tales como cumpleaños, pero con seguridad también anotó Navidad y Resurrección. Purim quizá le recuerde a usted algo como Navidad. Aunque nosotros no conocemos la fecha exacta del nacimiento de Cristo, tener una fecha al año para observar, disfrutar y celebrar el don más maravilloso que tenemos es profundamente apropiado. El comercialismo y el secularismo es repugnante, pero la oportunidad de darnos regalos es muy apropiado. Dios dio a su único Hijo como su porción y los que lo hemos recibido tenemos la alegría de dar a otros una porción generosa.

Un vistazo de Levítico 23 nos dice que a Dios le agradan las fiestas anuales. Me gusta en especial la explicación de un autor sobre las fiestas de Israel: "La misma escritura del libro de Ester reconoce el peligro siempre presente que

Por tanto, a ti cantaré, gloria mía, y no estaré callado. Jehová Dios mío, te alabaré para siempre.

la gente se fije en el mundo y concluya que no hay Dios... Los recordatorios solemnes y gozosos, son esenciales para la vida sana de la iglesia".[13]

Trate de percibir que nosotros somos el único recordatorio que algunas personas van a tener de que Dios vive, perdona, ama y permanece en control. Al tiempo que el fin de nuestra peregrinación nos reta a que consideremos qué hacer con todo lo que hemos aprendido, puede que se nos ocurra el pensamiento de que la iglesia debiera celebrar Purim. Amigo, usted y yo no necesitamos celebrar el Purim judío. Cada uno de nosotros tiene el suyo propio para celebrarlo. Dios nos dice qué acción podemos tomar cuando nos sentimos inundados de su bondad. Podemos celebrar nuestra liberación e invocar su nombre. Lea el Salmo 116.12-13 en el margen. Capte su sentido. Nosotros glorificamos a Dios cuando celebramos nuestra liberación.

"¿Qué pagaré a Jehová por todos sus beneficios para conmigo? Tomaré la copa de la salvación, e invocaré el nombre de Jehová".

SALMO 116.12-13

Purim puede ser para nosotros el recordatorio deliberado de todo lo que Dios ha hecho para hacernos libres. Como los judíos de Persia, hemos sido liberados de una abrumadora sentencia de muerte, pero el decreto que nos era contrario fue clavado en la cruz de Cristo y lleva un sello carmesí. Si usted es como yo, también ha sido liberado de un bastión que Satanás quería usar para destruirle. Estas victorias son para atesorarlas gozosamente y celebrarlas en gran medida. Eso es Purim para nosotros. No quiero regresar a la antigua opresión. ¿Y usted? Entonces usted y yo debemos procurar recordar la gran obra que Dios ha hecho a nuestro favor.

Tengo una amiga que Dios liberó de un estilo lesbiano de vida de muchos años. Ella recuerda la fecha en que tomó la decisión de hacer todo lo necesario para cooperar con Dios y salir de esa situación. Su completa liberación ocupó meses, pero ella ve correctamente su primer día como su aniversario. Ella celebra ese mismo día todos los años. Con frecuencia recibo una tarjeta pidiéndome que me regocije con ella delante de Dios por esa bendición.

Me gustaría saber la fecha exacta de mi liberación, pero el Domingo de Resurrección puede representar para cada uno de nosotros ese día cada año. Resurrección es la celebración de mi liberación comprada con sangre. No, esta gentil no necesita celebrar la fiesta judía de Purim, pero he hecho el compromiso de celebrar mi liberación en un tiempo específico de cada año, invocando el nombre de mi Dios fiel. ¿Y usted? Lea de nuevo Ester 9.22 y compárelo con 9.19.

¿Qué otras prácticas fueron añadidas a la celebración anual?

- reunirse en la sinagoga
- ayunar antes de la fiesta
- dar a los pobres

Mi familia tiene muy poca tolerancia por la falta de respeto hacia los pobres. Mi abuela fue la esposa de un diputado que murió poco antes que la economía se derrumbara. En un momento la vajilla que estaba encima de la mesa cayó al suelo como piezas rotas de una vida desecha. Fue un recordatorio constante de que un solo desastre estaba entre nosotros y la calle. Sin embargo, no fue sino hasta hace poco que Dios empezó a inquietarme para tomar una decisión de ayudar de por vida a los pobres.

Podemos cometer a veces el grave error de que se nos suba a la cabeza cuando damos a los pobres, pero nada nos ayuda más a ser humildes que cuando los pobres nos dan a nosotros. Una y otra vez, cuando era joven y daba pláticas en iglesias pequeñas, me maravillé del hecho de que quiénes daban más proporcionalmente eran los que tenían menos. Un ejemplo, sin embargo, me dejó sin habla. Keith y yo nos unimos a un pequeño equipo en Angola para ayudar en pueblos remotos con un programa de alimentación y otras necesidades. Nada es más perturbador que ver niños que mueren de hambre.

Visitamos un pueblito donde el programa de alimentación había estado funcionando con una comida al día en una escuela para niños. La mala noticia es que ellos no contaban con el dinero para alimentar a los niños mayores de 14 años excepto madres embarazadas. La buena noticia es que las caras demacradas de los niños que habíamos visto en nuestra última visita se habían transformado en rostros alegres y mejor nutridos de un color chocolate brillante.

Poco antes de marcharnos, me llamó un compañero de equipo que me dijo que los del pueblito me querían ofrecer un regalo en nombre de la organización que representaba. Me pude dar cuenta inmediatamente que algo formal estaba a punto de suceder en la reunión del lugar.

Me llevaron a la presencia de la persona que era el cabeza de la comunidad y de su esposa que iba vestida con los tradicionales colores brillantes que le llegaban hasta los tobillos. Sus dientes blancos relucían en el sol africano al sonreír de oreja a oreja. Entonces ella me acercó con digno orgullo una cesta con pequeños huevos. Huevos que ella necesitaba y yo no. Me quedé sorprendida. Quise mover mi cabeza e insistir en que ella los conservara, pero ella se mostró tan exuberante en su regalo que no pude. Con gran gozo ellos me dieron una porción de gran costo de la porción que Dios les había dado. Rara vez había experimentado un momento que me enseñara humildad de esa manera.

Una pregunta para usted

¿Le enseñaron humildad alguna vez mediante un regalo que alguien le hizo con muchos sacrificios? Si así fue, escriba su experiencia:

En el largo viaje de regreso a un modesto motel, tuve un sentimiento profundo y doloroso de mi propia pobreza. Yo sabía que era pobre en mis ofrendas. Pobre en mi sacrificio, pobre en mi expresión diaria del corazón de Dios de dar y sumamente rica en todo lo que respecta al yo.

Aquel día en el borde de un lugar muy pobre en la tierra, Dios escribió su firma mediante el gesto de aquella mujer. Me quedé asombrada por aquel resultado inesperado. Las piezas esparcidas de sus vidas saltaron del suelo sucio a una mesa generosa y una cesta de huevos vino a ser como una sabrosa sopa servida en un plato de porcelana fina.

Allí frente a mis ojos, al rico se le vio pobre y al pobre se le vio muy rico.

Día cuatro

Llamaron Purim a estos días

EL TESORO DE HOY

"Por esto llamaron a estos días Purim, por el nombre Pur. Y debido a las palabras de esta carta, y por lo que ellos vieron sobre esto, y lo que llevó a su conocimiento". Ester 9.26

Keith llamó mi atención a una esquela en el periódico. Era el cuarto aniversario del fallecimiento de un exitoso hombre de negocios de Houston. Allí estaba su fotografía y debajo de su tributo había una foto con la etiqueta: "Entrega IV". Quizá yo no sea muy brillante, pero me imagino que habían publicado las entregas II y III en el segundo y tercer aniversario de su muerte. Nunca habíamos visto una miniserie en las esquelas. No quiero dar la impresión de ser irrespetuosa, pero pensé: El público probablemente ha seguido adelante. El tributo anual continuo era un gran recordatorio para el resto de nosotros que la vida sigue adelante nos guste o no.

El segmento de las Escrituras de hoy es una sinopsis de los sucesos que de no haber ocurrido, el reino de Jerjes hubiera sido poco memorable. Nos dice por qué existe una celebración anual llamada Purim y, en muchos sentidos, por qué tenemos el libro de Ester. A fin de cuentas, la belleza de Ester no es lo que la hizo memorable. Cada generación tiene reinas de belleza. Su manera de lidiar con las personas no es lo que la llevó a ser memorable. Cada generación tiene voces que aconsejan cómo ganar amigos e influir en los demás. Ester es memorable porque Dios recordó a un pueblo que se había olvidado de Él. Lea por favor Ester 9.23-28.

Pregunta clave

Escriba en el margen una frase que sea la sinopsis del libro de Ester y sirva para completar la frase: El libro de Ester se trata acerca de...

Señale cada persona o grupo que aparece mencionado en los seis versículos (vv. 23-28) y marque con una X todo el que no aparezca.

- ■ Amán ■ Mardoqueo ■ los judíos
- ■ el rey ■ Ester

Tengo deseos de mostrarle a usted algo en la redacción de Ester 9.27: "los judíos establecieron y tomaron sobre sí... que no dejarían de celebrar estos dos días según está escrito tocante a ellos, conforme a su tiempo cada año". El hebreo repite la terminología importante de la narración de Ester que no aparece identificada en la frase "establecieron... celebrar". Uno de los comentarios judíos

traduce el lenguaje original de esta forma: "los judíos establecieron y aceptaron obligarse irrevocablemente a sí mismos y a sus descendientes...la celebración de estos dos días".[14] La palabra irrevocablemente es una traducción del término hebreo cuando lo vimos por primera vez en Ester 1.19.

¿Qué aprendemos en Ester 1.19 acerca de las leyes de los medo-persas?

Uno de los más exasperantes giros en toda la narración de Ester es la irrevocabilidad de las leyes persas. Si las leyes hubieran sido alterables en el reino de Jerjes, el decreto de Amán podía haber sido revocado fácilmente y haber salvado al parecer 75,800 vidas.

La repetición del hebreo en la sinopsis es muy intencional. Con la bendición de Jerjes, los judíos parecen estar diciendo: "¿Usted lo quiere irrevocable?" ¡Se lo daremos irrevocable! Nunca cesaremos de observar la fecha de nuestra liberación. Llame a esto ley y señale que es irrevocable". Esa es la razón por la que se nos dice que "los judíos establecieron y tomaron sobre sí... celebrar estos dos días... cada año" (9.27), lo que nos dice que Purim no está en el mismo nivel de los días santos de las fiestas levíticas como Dios mandó. No me malinterprete. Eso no quiere decir que Dios no reconoce la celebración. Él no tenía una prioridad mayor en la tierra que la liberación de los judíos en Persia.

Compare Purim con la observancia judía de ***Hanukah***, la cual también cae fuera de las fiestas de Levítico 23. En el Nuevo Testamento se conoce ***Hanukah*** como la "Fiesta de la Dedicación". Según Juan 10.22-24 Cristo mismo participó en ella.

Piense en la diferencia de esta forma: Algunas fiestas, como las fiestas levíticas, fueron ordenadas por Dios para bendecir al hombre. Otras fiestas, como Hanukah y Purim, fueron establecidas por el hombre para bendecir a Dios.

Los persas "tomaron sobre sí" establecer algunas leyes que eran irrevocables. Los judíos "tomaron sobre sí" el hacer lo mismo. Mucho antes de que Dios pusiera en marcha el plan de la redención del hombre, Él tomó sobre sí establecer leyes propias que fueran irrevocables.

Mencione en el margen los edictos irrevocables de Dios que le proporcionan a usted consuelo.

Con eso en mente, estudie detenidamente Romanos 11.25-29. No necesita explicarlo todo bien para sentirse asombrado por ello.

¿Qué dice el versículo 29 que es irrevocable? ________________________

¿En qué forma esta "ley" irrevocable de Dios es significativa para nuestra narración?

La siguiente cita me ayuda a respirar cada vez que la leo. Ryle dice acerca de la continua existencia de los judíos.

> ¿Cómo es que… esta raza singular todavía sigue flotando, aunque hecha pedazos como un naufragio en las aguas del globo… tan separada y distinta como cuando el arco de Tito fue construido en Roma? No tengo la menor idea de cómo pueden responder preguntas como estas los que profesan negar la autoridad divina de las Escrituras… entre las muchas dificultades de infidelidad no hay ninguna más insuperable que la continua separación de la nación judía… Dios tiene muchos testigos de la verdad de la Biblia, si tan sólo los hombres los interrogaran y escucharan su evidencia. Pero usted puede creer que no hay ningún testimonio más insuperable que aquel que siempre sigue permaneciendo de pie, y viviendo… Ese es el testimonio del Judío.[15]

Anne Rice, llamada a veces la "novelista vampiro", llega a una conclusión similar que la llevó a chocar con sus 30 años de ateísmo. Escribió: "Tropiezo con un misterio sin solución, un misterio tan inmenso que he dejado de procurar encontrar su explicación porque todo el misterio desafía la creencia. El misterio era la supervivencia de los judíos… Fue el misterio el que me llevó de regreso a Dios. Puso en marcha la idea de que tal vez en realidad hubiera Dios. Y cuando eso sucedió creció en mí por la razón que sea un deseo inmenso de volver a la mesa del banquete".[16]

"el cual [Cristo Jesús], siendo el resplandor de su gloria, y la imagen misma de su sustancia, y quien sustenta todas las cosas con la palabra de su poder".

HEBREOS 1.3

Hebreos 1.3 golpea en mi pecho como un bombo: Nada en el orden del universo —ningún reino o nación— se sostiene a través de los milenios excepto por el poder de la Palabra de Cristo… ya sea que ellos lo reconozcan o no. Es esta supervivencia inexplicable la que los judíos celebraron durante su primer Purim.

En gran parte los judíos han mantenido la tradición que ellos "establecieron y tomaron sobre sí". Unas costumbres que rodean a Purim permanecen igual. Algunos judíos todavía ayunan el día antes de Purim como un símbolo de los tres días de ayuno de Ester que precedieron a su valerosa presentación ante Jerjes. Muchos de ellos se dan regalos unos a otros y dinero a los pobres. Otras costumbres han ido surgiendo con el paso de los siglos. En las sinagogas ellos leen todo el Megillah de Ester en Purim. Muchos niños se visten de forma que reflejan a los personajes. Estoy segura que a usted le gustaría ver a las pequeñas y preciosas Esteres. La lectura del Megillah es un episodio estridente con llantos y gritos, y con ruidos fuertes cada vez que se menciona en la lectura el nombre del malvado Amán. El Purim se aparta y celebra como una de las fiestas más alegres del calendario judío.

Como sucede con frecuencia en las celebraciones occidentales, muchos se "ayudan" a sí mismos a sentirse más felices bebiendo en exceso hasta embriagarse. Un comentarista expresó con palabras lo que aprendí de un rabí en Jerusalén. "A los celebrantes se les permite —incluso se les anima— por escritos judíos posteriores a entregarse tan completamente al jolgorio hasta que dejen de ser capaces de distinguir entre las exclamaciones '¡Maldito Amán!' y '¡Bendito Mardoqueo!' "[17]

De alguna manera la fiesta de Purim ha evolucionado a ser un día de perder un poco los límites y dejar salir el vapor acumulado. Para simbolizar el gran tema de Ester de cambios, algunos hombres se visten como mujeres y algunas mujeres se visten como hombres. Todo lo que es posible trastornar se hace con el propósito de comunicar el mensaje.

Como Purim, muchas de nuestras fiestas cristianas se han apartado de su intención original. Indique en el margen de qué maneras.

Una de las prácticas que ha evolucionado a través de los siglos, sin embargo, es especialmente deliciosa y muy poco licenciosa. Los judíos en todo el mundo preparan galletas para Purim llamadas ***Hamantashen***. El término es extraño para nosotros, pero creo que le resultará fácil reconocer un nombre dentro de él. El nombre de las galletas literalmente significa "Bolsillos de Amán" o "Sombrero de Amán", pero en Israel se les conoce con regocijo "Orejas de Amán". El nombre viene de una leyenda que pinta al malvado Amán con unas orejas feas y retorcidas (quizá por no prestarle atención a Dios). Otros dicen que las galletas tienen la forma del sombrero de Amán. No tienen ninguna base bíblica auténtica excepto en referencia a los regalos de alimento, pero como se puede imaginar la costumbre genera mucha alegría.

Comí "Orejas de Amán" primero en Jerusalén y pensé obsesivamente en ellas hasta que encontré una panadería en Houston donde las venden. Las preparan a semejanza de las galletas de azúcar pero con el relleno tradicional (semillas de amapolas o dulce de albaricoque). Antes de hornearlas, doblan la masa sobre el relleno de frutas en tres partes, dando de esa manera a las galletas su forma triangular. Encontrará la receta para las ***Hamantashen*** en la página 224 con la esperanza de que muchos grupos las preparen y las sirvan en las sesiones de estudio como yo hice en Houston después de escribirla. Resultó sumamente divertido.

Casualmente, he planeado dirigirle a usted en este mismo día a crear un diagrama en forma triangular para ayudarle a recordar nuestras referencias del Nuevo Testamento a eso tan maravilloso que llamamos providencia. ¡Este es un momento muy oportuno! Cuando usted hace las galletas, quizá pueda ver ambas representaciones. Sería una vergüenza que terminásemos esta serie sin una visita nueva y deliberada las citas bíblicas más evidentes sobre la divina providencia.

Lea cada una de las siguientes citas bíblicas y escriba una frase al lado que describa mejor la divina providencia. Le aporto el primer ejemplo.
Efesios 1.11 Hace todas las cosas
Filipenses 2.13 ________________
Romanos 8.28 ________________

Dibuje ahora un triangulo en el margen, asegurándose de que la línea horizontal está al pie. Efesios 1.11 habla en términos amplios en lo relacionado con la providencia de Dios, de modo que pongamos en el exterior de la línea del pie del triángulo la frase que yo he aportado. De esta forma usted verá la afirmación bíblica de Efesios 1.11 como el fundamento para los otros dos. En el exterior de la línea diagonal en la izquierda escriba la frase que corresponde a Filipenses 2.13. Fuera de la línea diagonal a la derecha, escriba la frase que usted ha preparado para Romanos 8.28. Complete el diagrama trazando una "P" en el centro del triángulo representando "Providencia".

Permitamos que este sencillo diagrama se convierta en una ayuda visual que represente los lados equilibrados de la providencia de Dios. Por favor no permita que la familiaridad lo engañe en cuanto a estas verdades invaluables: Dios no sólo promete que Él "hace todas las cosas" (Ef. 1.11) "para que se cumpla su buena voluntad" (Fil. 2.13, NVI). Él promete que "dispone todas las cosas para el bien de quienes lo aman" (Ro. 8.28, NVI). En otras palabras, cada vez que Él nos mueve aquí o nos lleva allá en su tablero de ajedrez terrenal, no está satisfaciendo simplemente su propio placer sin importar su impacto sobre usted. Él está también trabajando en cada detalle —incluso en los desagradables— para su bien y el mío.

En tres lados de un todo perfecto, Efesios 1.11 nos dice que la providencia de Dios funciona de manera universal, Filipenses 2.13 nos dice que la providencia de Dios obra en el plano personal, y Romanos 8.28 nos dice que la providencia de Dios está obrando para nuestro beneficio... y no sólo para el de Él, sino su misericordia para el de todos nosotros. La providencia cancela toda coincidencia.

Una pregunta para usted

Al ir llegando al fin de nuestra peregrinación, ¿qué han venido a significar las verdades descubiertas para usted a lo largo de estas nueve semanas?

Hace unos días esperaba con ansiedad que una de mis amadas hijas me llamara para que me dijera lo que el médico le había dicho acerca de una enfermedad que podía ser muy grave. Mi consolación fue el extenso mensaje de estas nueve semanas de estudio bíblico. Dios sabe. Dios ve. Dios actúa. Su providencia no es menos evidente que lo que es abiertamente milagroso.

Concluiremos ahora con una gran receta para las Orejas de Amán (p. 224). ¡Hágalas, luego reflexione acerca de ellas y cómalas! Nada puede haber más deliciosamente apropiado que ver la doble representación en estas galletas triangulares. No importa lo que los Amanes invisibles maquinen en contra nuestra; Dios está a nuestro favor. Él obrará dentro, obrará fuera y hará que al final todo sea para nuestro bien. Tenemos su palabra al respecto. El que tenga un oído retorcido, que preste atención y oiga.

Día cinco
Con plena autoridad

EL TESORO DE HOY

"Y la reina Ester hija de Abihail, y Mardoqueo el judío, suscribieron con plena autoridad esta segunda carta referente a Purim". Ester 9.29

Apenas lo puedo creer. Hemos llegado a nuestra última lección. Es hora de recoger nuestras cosas y decir adiós. Por un tiempo no hubiera sabido qué hacer sin usted. Usted ha pasado nueve semanas conmigo, pero yo he pasado 18 meses con usted. Por el impulso del Espíritu, lo he tenido cerca de mi corazón y he escrito para usted cada semana durante este año y medio.

Su compañerismo en el peregrinaje ha sido crucial. Quizá me hubiera dedicado a estudiar Ester, pero no con esta intensidad. No habría conocido a Cristo o su Palabra de la misma manera de no ser por usted. Usted me animó y me retó a hacerlo. Todavía me queda mucho en mi búsqueda de Dios, pero no estoy donde me encontraba antes de aprender a vivir la vida motivada por las páginas de la Biblia en compañía de personas como usted. Gracias, amigo mío, por permitirme esta valiosa interacción.

Cuando es difícil enfrentar las adversidades de la vida, Dios hace de la camaradería un consuelo para el alma. Cuando me siento consternada por la manera en que los seres humanos se tratan unos a otros, Dios me trae usted a mi memoria y me protege del cinismo. Escuche mi corazón: Lo amo sinceramente. Por favor respire profundamente y luego lea el resto de nuestra maravillosa narración: Ester 9.29-10.3.

Describa las últimas imágenes que percibimos de nuestros protagonistas judíos.

ESTER	MARDOQUEO

Así, pues, termina la historia. Así se invirtieron los papeles en las provincias de Persia y la misma mujer que vivió su vida a merced de decretos ordenó lo que las Escrituras llaman "el mandamiento de Ester" (9.32). Mardoqueo, a quien se había pasado por alto, es ahora Mardoqueo el supervisor, segundo en el mando

"Estaba cerca la pascua de los judíos; y subió Jesús a Jerusalén, y halló en el templo a los que vendían bueyes, ovejas y palomas, y a los cambistas allí sentados. Y haciendo un azote de cuerdas, echó fuera del templo a todos, y las ovejas y los bueyes; y esparció las monedas de los cambistas, y volcó las mesas; y dijo a los que vendían palomas: Quitad de aquí esto, y no hagáis de la casa de mi Padre casa de mercado. Entonces se acordaron sus discípulos que está escrito: El celo de tu casa me consume".

JUAN 2.13-17

y altamente estimado. Las manos se retuercen. Los villanos son ahorcados. Los liberados cantan.

¿Piensa usted que es cierto el dicho: "A buen fin, no hay mal principio"? ¿Por qué sí o por qué no?

El libro de Ester no es la última vez en que se invierten los papeles en las Escrituras. Pasemos de prisa por los 400 años de las páginas iniciales de los evangelios. Así como Dios invirtió los papeles en el reino persa de Jerjes, invirtió los papeles de los judíos en la Jerusalén del rey Herodes. Juan 2.13-17 nos cuenta lo que sucedió (en el margen).

Los papeles se invierten en ambos sentidos. Dios no sólo es parcial. Es celoso de su casa. Cuando toda la historia quede escrita, los únicos papeles que permanecerán serán los que Él preparó. A medida que los evangelios se van abriendo, encontramos a Jerusalén no sólo reconstruida, sino también una vista espectacular de ella: "Una ciudad asentada sobre un monte no se puede esconder" (Mt. 5.14).

A diferencia de Ester en la primera parte de la narración, la belleza de Jerusalén, en su mayor parte, era superficial en aquellos días. Los judíos a comienzos del primer siglo hicieron lo que la mayoría de las personas religiosas hacen cuando carecen de una experiencia renovada de Dios. Se volvieron legalistas. Su templo era una de las más imponentes exhibiciones de la arquitectura humana en el mundo, no obstante, carecía de algo profundo. Algo que el templo de Salomón tenía aunque era menos impresionante. Le faltaba la presencia divina... de manera que se enfocaron en las ganancias. Un día inesperado, la presencia divina entró en el templo llevando una túnica de carne humana. Las mesas volaron, pero Él estableció una nueva.

El Evangelio de Lucas describe el banquete de esta forma: "Cuando era la hora, se sentó a la mesa, y con él los apóstoles. Y les dijo: ¡Cuánto he deseado comer con vosotros esta pascua antes que padezca! Porque os digo que no la comeré más, hasta que se cumpla en el reino de Dios...Y tomó el pan y dio gracias, y lo partió y les dio, diciendo: Esto es mi cuerpo, que por vosotros es dado; haced esto en memoria de mí. De igual manera, después que hubo cenado, tomó la copa, diciendo: Esta copa es el nuevo pacto en mi sangre, que por vosotros se derrama" (Lc. 22.14-16, 19-20).

Aquella fatídica noche, Dios instituyó el nuevo pacto y preparó una mesa suficiente para cada nación, tribu y lengua. Él hizo sonar la campana llamando a todos a la mesa 50 días después durante la fiesta de Pentecostés. ¿Se está usted preguntando qué tiene que ver todo esto con el libro de Ester? Me muero de deseos de mostrárselo. Lea por favor Hechos 2.5-24.

¿De dónde vinieron estos judíos temerosos de Dios según Hechos 2.5?

Señale las tres primeras nacionalidades de judíos temerosos de Dios en Hechos 2.9.

- partos
- medos
- elamitas
- de Mesopotamia
- Judea

A pesar de lo velado que parece, usted está mirando la conexión frente a frente. Muchos eruditos nos dicen que los residentes de Susa eran entre otros partos, medas y elamitas que más tarde serían testigos del primer derramamiento del Espíritu de Dios.[18] De modo que los descendientes de la generación que Ester y Mardoqueo sirvieron hicieron su peregrinaje a Jerusalén para la fiesta de Pentecostés en su año más significativo. Podrían haber sido judíos de sangre o aquellos de "entre los pueblos de la tierra se hacían judíos, porque el temor de los judíos había caído sobre ellos" Ester 8.17.

Sondeemos juntos su significado: Dios se encontró con ellos en Susa y luego Él los llevó a Jerusalén. Allí mismo en la ciudad santa los peregrinos judíos procedentes del reino de Jerjes experimentaron la fe en Cristo Jesús, el Hijo de Dios. El apóstol Pedro explica las señales que acompañarían a este gran suceso: "Mas esto es lo dicho por el profeta Joel: Y en los postreros días, dice Dios, derramaré de mi Espíritu sobre toda carne, y vuestros hijos y vuestras hijas profetizarán; vuestros jóvenes verán visiones, y vuestros ancianos soñarán sueños; y de cierto sobre mis siervos y sobre mis siervas en aquellos días derramaré de mi Espíritu, y profetizarán" (Hch. 2.16-18).

Hijos e hijas. Hombres y mujeres. Mardoqueo y Hadasa. Aquel día cuando los peregrinos "de todas las naciones bajo el cielo" se reunieron para Pentecostés, la corona de Ester se completó. La belleza de la esposa princesa de Cristo no sería superficial. Tendría la profundidad del Espíritu. Golpeada, ensangrentada y esparcida, se fortalecería en las persecuciones de Roma, se levantaría sobre sus pies reales y escribiría con "plena autoridad" para confirmar (Est. 9.29) el evangelio de Cristo Jesús. Testificaría hasta que se completara el canon de las Escrituras.

Se estremecería. Los pernos estarían a punto de ceder, pero las puertas del infierno de Amán no prevalecerían. He vivido lo suficiente y he visto demasiado para creer que "a buen fin, no hay mal principio" en términos humanos. Gran mortandad tiene lugar entre las crisis y la corona. En Cristo, sin embargo, "a buen fin, no hay mal principio" porque Él hace todas las cosas bien.

Han pasado unos momentos desde que escribí las palabras precedentes. Supongo que estoy tratando de posponer el final. La realidad es que ese es todo el Megillah y sólo queda decir adiós. Sin embargo, lo veré en la última sesión, pero no puedo terminar sin hacerle a usted esta pregunta:

¿Qué fue lo que más disfrutó acerca de estas nueve semanas? Dedique tiempo a pensar en su respuesta y luego escríbala a continuación.

"Lo que era desde el principio, lo que hemos oído, lo que hemos visto con nuestros ojos, lo que hemos contemplado, y palparon nuestras manos tocante al Verbo de vida (porque la vida fue manifestada, y la hemos visto, y testificamos, y os anunciamos la vida eterna, la cual estaba con el Padre, y se nos manifestó."

1 JUAN 1.1-2)

Una pregunta para usted

Yo he disfrutado muchas cosas relacionadas con el libro de Ester, pero nada más a lo grande que el puro elemento de historia. Eso es lo que Dios usó para cautivar mi imaginación durante muchos meses. Eugene Peterson explica el asombro de la "historia" con palabras muy superiores a las mías: "La historia no nos dice simplemente algo y nos deja ahí, nos invita a nuestra participación. Un buen narrador nos envuelve en la historia. Sentimos las emociones, nos sentimos atrapados en el drama, nos identificamos con los personajes… Las historias honestas respetan nuestra libertad; no nos manipulan… Nos llevan al mundo espacioso en el que Dios crea, salva y bendice… nos ofrecen un lugar en la historia, nos invita a participar en la historia más amplia que tiene lugar bajo el cielo ancho de los propósitos de Dios".[21]

Basándose en la descripción de Peterson, mencione una forma específica en la que el libro de Ester le ofrece "un lugar en la historia".

Cada uno tiene una historia. Ninguna es superficial. Aprendí ese hecho recientemente en una forma que nunca lo olvidaré. Después del fallecimiento de mi padre el pasado año, mi madrastra, Madelyn, decidió usar su soledad y pena para hacer algo especial: compilar lo que él había escrito acerca de la historia de su vida.

Tristemente, ninguno de mis hermanos y hermanas, ni yo misma, sabíamos que esos testimonios existían hasta, que en el primer aniversario de su muerte, ella nos dio copias como regalos. Me senté fascinada y leí cada palabra. En la última página, escondí la cara entre las manos y lloré: "Papá, nunca llegué a conocerte. ¿Por qué?"

Mi padre nunca se relacionó con los extraños. No obstante, aquellos más cercanos a él nunca llegamos a tocar ni siquiera la superficie de quién era él en realidad. Mi esposo, el gran pensador, siempre conjeturó que papá se mantenía en el exterior debido al gran dolor que sentía por dentro. Las órdenes militares lo habían llevado a la primera línea de batalla en dos guerras, le confiaron secretos, y lo llevaron a ver y a experimentar algunas cosas inexplicables. Un encuentro muy intenso, sin embargo, se convirtió en un faro de esperanza para él. Se lo voy a contar tal como mi madrastra me lo contó a mí.

Hacía varios años ella y papá estaban viendo los artículos en venta en una pequeña tienda. Él la llamó para que se acercara y notó un gesto de sorpresa en su rostro. Señaló una placa con palabras grabadas que él no había vuelto a ver en 50 años. Con una emoción no común en él, explicó dónde había visto esas palabras antes, estaban grabadas en la pared de un campo de concertación nazi que él ayudó a liberar. Estas eran las palabras:

Creo en el sol, incluso cuando no brilla.
Creo en el amor, aun cuando no lo siento.
Creo en Dios, aun cuando esté en silencio (Autor desconocido)

Mi padre escribió: "Siempre he creído que vi el lugar donde [se escribieron] estas palabras. Nadie sabrá jamás si [el prisionero] sobrevivió… Las condiciones eran horribles y los prisioneros estaban ya cerca de la muerte. Mi unidad, una parte de la División 45 de Infantería, "*The Thunderbirds*", entró en ese campo

de concentración, a los pocos días de terminarse la Segunda Guerra Mundial en Europa… Eso fue lo último que hicimos".

Lea de nuevo esas palabras grabadas en la pared de una prisión porque allí lo tiene usted: Eso es el libro de Ester resumido. Esas tres líneas sencillas predican con un poder atómico el mensaje eterno de la providencia. Y, no es coincidencia, viene de un judío desesperado buscando al Libertador.

Mi amigo, el rabí de Jerusalén, enmarcó el Holocausto de esta forma: "Nuestro Libertador en verdad llegó. Vino un poco más tarde de lo que esperábamos. Si nuestro enemigo se hubiera salido con la suya ninguno de nosotros habría sobrevivido. Pero, aquí estamos". No puedo contener las lágrimas cada vez que recuerdo esas palabras. La liberación siempre llega para el pueblo de Dios. Él puede hacer que los montes se estremezcan o mantener despiertos a los reyes.

Dios nunca escribe una historia sin un buen final. Eso incluye a la suya. Hace nueve semanas nosotros empezamos con las palabras enigmáticas de Miss Potter: "Hay algo delicioso acerca de escribir las primeras palabras de una historia".[22] Pero cuando Dios es el autor, nada hay tan delicioso como la última palabra.

Un día en las laderas de la Nueva Jerusalén, rodeados por una multitud de oyentes dispuestos, el Narrador divino contará la historia de la vida de una mujer o de un hombre. No será la de Ester, ni la de Mardoqueo. Será la de usted.

La historia empezará algo así: "Érase una vez, en los días del gran y glorioso Jesús, Rey del vasto imperio del cielo y de la tierra, que había un (a) pequeño (a) niño (a) que pensaba que se habían olvidado de él (ella). Su nombre era ______________________ pero el rey lo (la) llamó ______________________.... Esta es la historia de cómo él (ella) ganó el favor". Y con todo el drama y la emoción que un gran narrador sabe usar, el Rabí leerá a la congregación todo el Megillah de usted. Los oyentes gemirán. Se morderán las uñas por el suspenso. Será algo estridente. Con cada mención del nombre del villano, la multitud va a interrumpir y a burlarse de él. Entonces en el momento culminante de la historia, cuando parezca que perdió la esperanza, y su vida y amor estén más amenazados, Él dirá estas palabras a la multitud:

"Sin saberlo, había nacido para ocupar esa posición real en un momento histórico como este". Sólo por fe, él (ella) doblará sus rodillas… y luego se pondrá en pie, listo(a) para hacer lo que la liberación requiere. Después el Rabí mencionará su resolución: "Y si perezco, que perezca", y la multitud se pondrá en pie y aplaudirá. Pero, ¿si perece? ¿Es eso lo peor con lo que el malvado "Amán" de este mundo puede amenazar? En el día que lo lleve a cabo, esto es lo que sucederá: Usted se vestirá con sus mejores ropas y se presentará en el salón del trono, delante del rey. El rey se encontrará sentado en su trono frente a la entrada. Cuando lo (la) vea ahí él se complacerá y extenderá el cetro de oro que sostiene en su mano (paráfrasis libre de Ester 5.1-2).

Y usted se acercará.

Y doblará sus rodillas ante el Rey Jesús.

"Dios reescribió el texto de mi vida cuando abrí el libro de mi corazón a sus ojos" (Sal. 18.24, The Message, Eugene Peterson. Traducción libre.)

Receta de las galletas Hamantashen (Orejas de Amán)

2 barras de margarina
2 tazas de azúcar
2 huevos grandes
2 cucharaditas de vainilla
4 cucharaditas de bicarbonato de sodio
4 tazas de harina de trigo *o 2 tazas de harina para todo propósito y 2 tazas de trigo (la harina blanca también sirve).*

RELLENO: Yo uso mermelada de albaricoque. Usted puede usar otra clase de relleno de frutas. El tradicional es semillas de amapolas y ciruelas.

1. Incorpore la margarina y el azúcar hasta que estén bien mezclados. Añada los huevos y bata. Agregue la harina, ½ taza cada vez, bata según vaya agregando la harina.
2. Ponga la masa en el refrigerador durante la noche o al menos durante unas horas.
3. Extiéndala sobre una superficie lisa dejando que tenga un ¼ pulgada de espesor y luego corte círculos con una cortadora de galletas redonda o con un vaso de cristal. (Nota de Beth: Hágalas al menos de 3 pulgadas de diámetro de forma que pueda tener suficiente espacio para poner el relleno.)
4. Ponga una cucharadita de relleno en el centro de cada círculo. Doble los lados para formar un triángulo, sobreponiendo los lados todo lo que pueda de modo que sólo se vea un poco del relleno en el centro.
5. Hornee a 375 °F durante 10-15 minutos hasta que se doren.

Nota del editor sobre las notas bibliográficas

Producir un libro es como construir un aeroplano. Requiere una serie de decisiones para mantenerlo todo en equilibrio. Si usted quiere que el avión vaya rápido, tiene que aligerar el peso. En varios estudios hemos lidiado con las necesidades que competían, tales como el tamaño de letra y el número de palabras. De modo que con Ester hemos hecho de la facilidad para la lectura nuestra principal prioridad. Para lograrla hubo que negociar.

Los lectoress de Beth notarán que hay muchas actividades de aprendizaje en los márgenes. No es mi preferencia, pero ayuda a conservar espacio. Beth hizo un trabajo extraordinario de investigación para este estudio, pero con la prioridad de la facilidad para leer, no me quedaba espacio para las Notas bibliográficas. Así que las pusimos en Internet. Las encontrará en *www.lifeway.com/espanol*. También la guía para el líder. Oramos pidiendo que usted sea bendecido por este estudio como el equipo de LifeWay ha sido bendecido mientras lo preparaba.

PLAN DE ESTUDIO DE CRECIMIENTO CRISTIANO

En el **Plan de Estudio de Crecimiento Cristiano (anteriormente el Curso de Estudio de la Iglesia)**, *Ester* es el libro de texto en el área de Vida personal/ Enriquecimiento espiritual en el de la categoría de crecimiento cristiano. Para recibir crédito, lea el libro, complete las actividades de aprendizaje, enseñe el trabajo realizado al pastor, o a un miembro del liderazgo de la iglesia, y luego complete la siguiente información.

Puede reproducir esta página. Después de completar la información, envíela a:

Plan de Estudio de Crecimiento Cristiano
One LifeWay Plaza
Nashville, TN 37234-0117
FAX: (615) 251-5067
EMAIL: cgspnet@lifeway.com

El catálogo anual del Plan de Estudio de Crecimiento Cristiano ofrece información acerca del plan de estudio. Lo podrá encontrar en www.lifeWay.com/cgsp. Si no tiene acceso al Internet, llame a la oficina del Plan de Crecimiento Cristiano (1.800.968.5519) para el plan específico que necesite en su ministerio.

Ester

Curso número: CG- 1450

INFORMACIÓN DEL SOLICITANTE

Rev. 5-05

NO. DEL SEGURO SOCIAL	NO. PERSONAL DEL PECC*	FECHA DE NACIMIENTO
NOMBRE: PRIMERO, SEGUNDO Y APELLIDO ❑ SR. ❑ SRTA. ❑ SRA. ❑		TELÉFONO
DIRECCIÓN (CALLE, RUTA O NO. DEL APARTADO POSTAL)	CIUDAD, ESTADO	CÓDIGO POSTAL
Dirección de correo electrónico para uso de PECC		

Marque la casilla correspondiente: ❑ Yo compré este recurso ❑ La iglesia compró este recurso ❑ Otro

INFORMACIÓN DE LA IGLESIA

NOMBRE DE LA IGLESIA		
DIRECCIÓN (CALLE, RUTA, O NO. DEL APARTADO POSTAL)	CIUDAD, ESTADO	CÓDIGO POSTAL

SOLO PARA SOLICITAR CAMBIOS

❑ ANTIGUO NOMBRE		
❑ DIRECCIÓN ANTERIOR (CALLE, RUTA O NO. DEL APARTADO POSTAL)	CIUDAD, ESTADO	CÓDIGO POSTAL
❑ IGLESIA ANTERIOR	CIUDAD, ESTADO	CÓDIGO POSTAL

FIRMA DEL PASTOR, MAESTRO U OTRO LÍDER DE LA IGLESIA	FECHA

*Se pide que los nuevos solicitantes den su número del SS, pero no se requiere. Los participantes que ya han hecho estudios anteriores, por favor den su número del Plan de estudio de crecimiento cristiano (PECC) cuando estén usando el número del SS por primera vez. Después sólo se requerirá un número de identificación (ID).